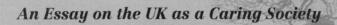
An Essay on the UK as a Caring Society

不思議の国イギリスの
福祉と教育 自由と規律の融合

真屋尚生

芦書房

はじめに

　イギリスは、筆者にとって「自由と規律」がせめぎ合う不思議な魅力と「平等と格差」が並存する根深い矛盾だらけの「不思議の国」で、訪問するたびに発見があり、眠っていた感性が呼び覚まされます。といっても、筆者はイギリスに長期間滞在したわけではなく、せいぜい合わせても５年程度の滞在歴・生活歴にしかならないし、イギリス（人）を相手にした身を削る思いをしての金銭にからむ仕事をしてきたわけでもない。そんな筆者が「イギリスの福祉と教育」について語ることは、身の程をわきまえない大胆不敵な所為といえるかもしれません。それでも、幼いころからイギリスに関心を持ち、40数年にわたり福祉に関連する研究と青年を相手にした教育に従事してきた筆者なりの「イギリス論」を「福祉と教育」の視点から開陳し、世の人びとの批判を仰ぎたい、という長年の思いに駆られて刊行したのが本書です。「福祉」と「教育」の視点といっても、純然たる学術的な意味での「福祉」と「教育」の視点とはいささか異なり、すでに一定の歴史的・社会的な評価を勝ち得ている先人の「イギリス（社会）」「福祉」「教育」論に依拠しつつ、筆者の個人的な体験をまじえ、「読書ノート・調査報告・随想」の融合を試みたのが本書であり、筆者の意図が成功しているか否かは読者諸氏の判断にお任せするほかありません。批判なきところに進歩も発展もない。

　本書の土台になったのは、筆者が研究代表者／編者を務めた以下の共同研究報告書です。

(1) 『日本大学 総長指定の総合研究　地球型社会の総合的研究　第Ⅳ期　21世紀の健康と人間　地球と人間の調和』日本大学総合科学研究所、2000年。

(2) 『課題番号 09490035　平成9年度—平成11年度　科学研究費補助金（基盤研究 B(2)）研究成果報告書　日英両国における医療保障・福祉サービスに関する比較研究』2001年。

(3) 『日本大学 総長指定の総合研究　地球型社会の総合的研究　第Ⅴ期　21世紀の地球と人間の安全保障　健康と福祉』日本大学総合科学研究所、2004年。

(4) *Interdisciplinary Research Project by the Sponsorship of Nihon University President's Grant: The Comprehensive Study of Global Society: Security of the Earth and Mankind in the 21st Century: Health and Welfare*, University Research Center, Nihon University, 2004.

(5) 『2006-2007年度　日本大学学術研究助成金［総合研究］　地球規模の少子高齢化と社会保護政策への提言』日本大学「少子高齢化と社会保護政策」研究会、2009年。

(6) 真屋尚生編『社会保護政策論　グローバル健康福祉社会への政策提言』慶應義塾大学出版会、2014年。

　書名にイギリスが含まれていることから、すぐ気付かれた方もいらっしゃるでしょう。「不思議の国」は、日本では『不思議の国のアリス』として知られ、多くの国と地域で読み継がれている Lewis Carroll, *Alice's Adventures in Wonderland*, 1865 を、「自由と規律」は、古典的名著の誉れ高い池田潔著『自由と規律—イギリスの学校生活—』岩波書店（1949年）を、それぞれ強く意識したものです。

　本書の構成と内容については、目次をご覧いただくとご理解いただける

はずですが、各2章からなる4部構成のごく大まかな骨組みと核心部分だけ以下に略述します。

「第Ⅰ部　イギリスの社会と教育」では、日英比較の視点と筆者のイギリス遊学体験をまじえ、イギリス社会の諸相——平等・不平等、貧困、偏見・差別、公・私の関係、雇用、教育ほか——の素描を試み、本書を通底する基本的な問題意識を提示した。およそ30年前に書き上げた筆者の学位論文の主題は「保険理論と自由平等」でした。

「第Ⅱ部　イギリスの貧困と福祉」では、日本の生活保護制度にもつながる救貧法と産業革命が人びとの暮らしに与えた影響に焦点を合わせて、イギリスにおける社会保障前史を概観し、社会保障理解の根本に関わるイギリスを母国とするナショナル・ミニマム（国民的最低限）論の系譜を通じて、その今日的な意義の解明に努めた。

「第Ⅲ部　イギリスの医療福祉サービス」では、オックスフォードを主たる対象にした実態調査に基づく知見を中心に高齢福祉社会イギリスの光と影を社会保護の観点から素描し、死生学をふまえて、万人に共通の生と死に関わる究極の課題を提示した。

「第Ⅳ部　イギリスから何を学ぶか」では、上記「第Ⅰ部」「第Ⅱ部」「第Ⅲ部」での考察を総合するかたちで、日英比較の視点から日英両国の医療福祉事情を検証し、社会保障と福祉国家の未来を展望しつつ、ケアリング・ソサエティ（健康福祉社会）構築に向けての指針を示した。ケアリング（Caring）は、心づかいや思いやりの感覚を中心に据えた心理、哲学、医療、教育などの分野を含む、きわめて含蓄の多い表現であり、ある意味で福祉（Welfare）を越える概念ともいえる。

さらに、10編のコラムと5編の補論によって、筆者の問題意識を多面的に理解していただけるように努めたが、筆者のイギリス理解の背景にある本書の理解に役に立ちそうな、筆者の幼児期から青年期に至る思い出とからむ、雑多な「影のキー・ワード」ともいうべき人物を数名、以下に列

挙します。こうした思い出が本書の執筆を楽しいものにしてくれました。

　なお、カバーを含め、本書で使用した写真は、すべて筆者が撮影または用意しました。外国文献からの引用に際しては、先人の訳業に敬意を払いつつ、邦訳書を参照しましたが、訳語訳文には筆者が一部修正したものが含まれています。

　筆者のイギリスとの出会いは、1953年のエリザベス女王（Queen Elizabeth Ⅱ）の戴冠式とジョン・ハント（John Hunt）隊のヒラリー（Edmund Percival Hillary）とテンジン（Tenzing Norgay）のエベレスト初登頂の模様を、もちろん白黒のニュース映画で観たときのことであったように記憶しています。その後、中学校に進学すると、万有引力のニュートン（Isaac Newton）や文豪シェイクスピア（William Shakespeare）から「007」のショーン・コネリー（Sean Connery）などに至るさまざまな出会いがありました。大学進学後は、ビートルズ（The Beatles）やミニスカートのマリー・クワント（Mary Quant）やモデルのツイギー（Twiggy）などが、いやでも目や耳に入るようになりました。

　こうした流れの中で、本書の最後に民主的で知的な市民社会としての日本の成熟を願う思いを Cool Head と Warm Heart で書き加えたのが、「あとがきにかえて　日英五輪狂想曲」です。壮大な無駄の制度化にして悪しき商業化の象徴ともいえる東京オリンピックには挙国一致？で賛成し、日本学術会議の予算10億円程度—国民1人当たりの負担10円弱—に大騒ぎをする日本人！　自己弁護のためにいうわけではありませんが、学問・研究は目にみえるかたちで何かの役にすぐ立たなくてもよい。少し飾っていえば、対価を求めない真善美の探求、これでよい。これを、個人として、社会として、どれだけ許容できるかによって、その人の、その社会の、市民的な成熟度と文化の水準が図られる、といえましょう。真の豊かさやゆとりとは、そうしたものではないでしょうか。日本学術会議のあり方については、大いに議論の余地がありそうですが、金を出している政府の役に

立たなければならないなど、論外です。

　本書の出版に至るまでに多くの人びと、とりわけ次の方々からいただいたご指導とご支援は、筆者にとり生涯の宝といっても過言でありません。記して感謝します。

　1983−1985年のオックスフォード大学遊学以来、40年近い交流が続く、研究協力者にして師でもあり、友人でもある Sir Muir and Lady Jackie Gray, Mr George and Mrs Teresa Smith, Mrs Julia Parker, Professor Paul Johnson, Dr Brian and Mrs Irena Powell, Mrs Izumi K Tytler, Dr Rebecca Surender, Mrs Phillida Purvis, Mr John H Randle, すでに故人となった Dr Alex Gatherer, Sir John Hanson, Professor Sir John Grimley Evans, Mrs Pamela Fyfe, みんな忘れがたい人びとです。

　オックスフォード大学との筆者の研究交流を支えていただいた（元）Baylor College of Medicine 教授の（故）五十嵐眞博士、2人の（元）日本大学総長・瀬在幸安博士と小嶋勝衛博士、研究関連事務を手際よく処理してもらった（故）栗原満義さん、坂下正則さん、浅野祥司さん、（故）栗原隆さん、若林政弘さん、牧金子さん、山崎恭子さん、金木公子さん、草原奈知子さんほか、日本大学教職員の皆さんに大変お世話になりました。

　また畏友ともいうべき2人の（元）同僚にも助けてもらいました。亡き吉田達雄教授とは何度もイギリスほか海外に出かけ、聴き取り調査や施設の見学などを行いました。現在も交流が続く竹内幸雄博士からは、たびたびイギリス経済史についての有益な示唆を得ました。とりわけ本書における歴史的な記述に関しては懇切丁寧な助言をもらいました。異分野から共同研究者として協力していただいた（元）日本大学医学部長・片山容一博士、医学部准教授・野村泰之博士ほかの方がたからも多くの目から鱗の知的刺激をいただきました。あらためて深甚なる謝意を表します。

　筆者のイギリスとの交流は、2人の亡き友人によって支えられていたことも記しておかなくてはなりません。大学の先輩・太田徳甫さんにはロン

ドンで、（元）厚生省／OECD の池田宏司さんにはパリで、大変お世話に
なりました。イギリスにおける高齢者を対象にした健康と福祉に関する調
査研究活動は、駐日英国大使館、The British Council, The Daiwa An-
glo-Japanese Foundation（大和日英基金）からの支援に負うところ大で
した。オックスフォード大学グループとの共同研究では、青梅市の皆さん
にも高齢者の生活実態に関する調査で大変お世話になり、全面的な協力を
していただきました。

　最後になりましたが、若き日の筆者が慶應義塾大学で「保険経済学」の
手ほどきを受けた（故）庭田範秋教授と「社会保障」の歴史的背景を教え
ていただいた（故）藤澤益夫教授から蒙った学恩があって本書がなったこ
とを書き添えなくてはなりません。

　皆様、本当にありがとうございました。

　出版事情がきわめて困難な中で、かなり型破りな本書の出版を芦書房に
引き受けてもらいました。とりわけ佐藤隆光さんには、企画の段階から編
集・出版に至るまでの作業を万事万端遺漏なく処理していただきました。
心から感謝します。

コロナ禍が続く 2021 年　立春

　　医師としての生涯を地域医療に捧げ
　　10 年に及ぶ病との戦いの末　2021 年 1 月 30 日に旅立った
　　中学校以来の友　松田賢君との思い出とともに

　　　　　　　　　　　　　　　　　　　　　　　　真 屋 尚 生

目　次

はじめに　*1*

第Ⅰ部　イギリスの社会と教育 *11*

1. ここが不思議なイギリスの社会 *13*
　■ 2つの対照的な島国 *13*
　　＜コラム＞日本の皇室の先祖は？　*19*
　■ 自己責任と政策介入 *24*
　■ 難解にして明解な「公」と「私」の関係 *30*
　■ 雇用・教育をめぐる根強い人種的偏見 *33*
　　＜コラム＞勉強しない自由 *41*
　■ 差別の諸相 *42*
　　＜コラム＞イギリス版「ひょうたんからコマ」 *46*

2. 昔も今も不思議な大学オックスフォード *49*
　■ イギリスの学校教育制度 *49*
　■ オックスフォード大学とアダム・スミス *54*
　■ オックスフォード遊学記　1983−1985年／2004−2005年 *63*
　　＜補論＞カレッジ生活に不可欠な保険 *78*
　　＜コラム＞エリートの価値観 *82*

第Ⅱ部　イギリスの貧困と福祉 *87*

3. イギリス社会保障前史 *89*
　■ 救貧法の時代 *89*

目次　7

　　＜コラム＞ 産業革命を支えた農民層　*95*

　　＜コラム＞ 労働力の再生産と賃金　*96*

　　＜補論＞ 児童労働哀史　*110*

　❷　簡易生命保険の発展　*116*

　❸　社会保険の登場　*123*

　❹　「ベバリジ報告」の衝撃　*128*

　　＜補論＞ 福祉と戦争　*134*

4. ナショナル・ミニマム論再考　*141*

　❶　ウエッブ夫妻のナショナル・ミニマム論　*141*

　❷　A. マーシャルのナショナル・ミニマム論　*144*

　❸　A. C. ピグーのナショナル・ミニマム論　*148*

　❹　W. ベバリジのナショナル・ミニマム論　*150*

　❺　ナショナル・ミニマムとコミュニティ・ケア　*155*

　　＜補論＞ 社会保障は「未来への投資」か　*166*

第Ⅲ部　イギリスの医療福祉サービス　*177*

5. オックスフォードの市民生活と福祉サービス　*179*

　❶　高齢者在宅介護計画の概要　*179*

　❷　高齢者の意識と生活　*182*

　　＜コラム＞ ある在宅家族介護　*189*

　❸　地域住民に密着した GP 制度　*191*

　❹　コミュニティ・ケアの新展開　*199*

　❺　高齢者介護計画の問題点　*205*

　　＜コラム＞ 静かにゆっくり走る救急車　*214*

　　＜コラム＞ Dr Alex Gatherer　*217*

6. イギリスの老人ホームとホスピス *219*

1 日英比較：住宅のナショナル・ミニマム *219*

2 イギリスの老人ホーム *226*

  ＜コラム＞快適だが高価な民間老人ホーム *231*

3 イギリスのホスピス *234*

4 生と死を考える *238*

  ＜補論＞死との向き合い方 *242*

第IV部　イギリスから何を学ぶか *249*

7. 日英比較：医療福祉事情 *251*

1 社会サービスと社会保険 *251*

2 財政的制約と効率主義 *258*

3 専門的職業人の活躍 *263*

4 医療福祉サービスをめぐる新たな潮流 *267*

8. 日本型ケアリング・ソサエティの探求 *275*

1 社会保障の理想と現実 *275*

2 社会保障と自助努力の関係 *283*

3 ケアリング・ソサエティの構築に向けて *292*

あとがきにかえて　**日英五輪狂想曲** *303*

主要参考文献 *317*

索　引 *326*

第Ⅰ部
イギリスの社会と教育

上段の写真：ロンドン中心部の西端にあるホランド・パーク（Holland Park）でサッカーを楽しむ親子。ホランド・パークの広さは、およそ 22 万平方メートルで、甲子園球場の総面積の 5.5 倍以上あり、日本式庭園もある。入園料はなく、四季を通じて、誰もが自由に訪れ、楽しむことができる。2002 年 8 月。

　中段の写真：イギリス最古とされるオックスフォード大学アシュモール博物館の案内板。無料であることが FREE ADMISSION と大きく表示してある。左側の絵は、ラファエル前派の画家チャールズ・コリンズ（Charles Allston Collins）の代表作「修道女の黙想」（Convent Thoughts）。2019 年 9 月。

　下段の写真：アシュモール博術館近くの路上に跪き、念入りに鉄柵のペンキ塗りをする職人。古い建造物の保守を手間暇かけてするのがイギリス流。後姿が写る革鞄を持ったスーツ姿の男性との対比が、階級社会イギリスの名残りをとどめる。2019 年 9 月。

1. ここが不思議なイギリスの社会

成功疑いなしというようなところに、名誉などというものが、あるはずがない。
かえって失敗必至というものにひるまず、努力するところにこそ、
多大の名誉が輝くものなのである。

T.E.ロレンス『砂漠の反乱』[(1)]

1 2つの対照的な島国

社会経済指標の日英比較

日英両国の社会構造の特徴と直近の主要な社会経済指標を示すと、大略、
表1-1、表1-2、表1-3のように整理できるであろう。これらの中で、
とりわけ、次の諸点に留意する必要がある。

(1) イギリスに比べ、極端に自殺率が高い日本。

(2) 農産物の自給率が極端に低い日本。

(3) エネルギーの生産量と消費量が均衡しているイギリスに対し、著し
く均衡を欠く日本。

(4) 教育に力を注ぐイギリス。

(5) 社会支出の比重が小さい日本。

(6) 社会保障給付費が高齢者に偏る日本に対し、家族を重視し、社会サー
ビスを中心に、各政策分野に給付費が満遍なく配分されているイギ
リス。

(7) 勤倹貯蓄が美徳ではなくなった日本。

(8) 大都市における公園面積が極端に狭い日本。

(9) 政府対外援助に力を入れるイギリス。

表1-1 似て非なる日英両国の社会構造

日　本	イ　ギ　リ　ス
少子高齢・核家族社会	少子高齢・核家族社会
潜在的多民族・世襲社会	顕在的多民族・階級社会
雇用不安社会	失業包摂社会
住宅政策貧困社会	公共住宅政策重視社会
単線型教育・没個性社会	複線型教育・個性重視社会
都市型生活志向社会	田園型生活志向社会
先例重視・保守志向社会	先例重視・中道志向社会
単一価値基準・建前重視社会	複合価値基準・建前重視社会
迎合主義未成熟市民社会	個人主義成熟市民社会

（筆者作成）

　21世紀において一段と進展するであろう少子化・高齢化・核家族化が
もたらす諸問題に、いかに対処していくかは、日英両国共通の政策課題と
いってよいであろう。日本もイギリスも、少子＝高齢＝核家族社会である
点では共通している。しかし、日英両国の社会構造と価値観・社会規範は、
表1-1に示すように基本的に異質であり、社会福祉・社会保障、さらに
は社会保護の展開のあり方にも、それが反映されている。後に論及する医
療福祉問題と関連する日英両社会の異質性について、若干の予備的考察を
しておこう。

　日本は、しばしば単一民族社会といわれる。また日本は、所得格差が少
なく、国民の大多数が中流意識を持つ、もっとも自由で平等な社会とされ
たりもする。果たしてこれを無条件に認めることができるであろうか。周
知のように、多くの人種的に日本人と異なる人びとや外国籍・外国生まれ
の人びとが、日本に長年にわたり居住したり、永住したりしている。これ
らの人びとの多くはアジア系であり、外見上は「日本人」とほとんど違い
がないため、日本社会の多民族性は潜在化しがちである。こうしたことか
ら、陰湿なかたちでのさまざまな差別問題が、日本ではしばしば発生する。

表1-2 社会経済指標の日英比較

	日　本	イギリス
推計人口（1,000 人／2018 年）	126,443	67,142
高齢化率 （65 歳以上人口／カッコ内は中位年齢／2020 年推計）	28.9（48.7 歳）	18.7（40.5 歳）
平均寿命（年／2016 年）	男：81　　女：87	男：80　　女：83
自傷行為と自殺未遂を含む自殺率 （人口 10 万人当たり／2015 年）	10.6	3.6
交通事故（人／カッコ内は人口 10 万人当たり／2016 年）	死者数：4,698（4） 負傷者数：614,155	死者数：1,792（3） 負傷者数：179,592
離婚率 （1,000 人当たり／日本：2018 年、イギリス：2016 年）	1.7	1.8
合計特殊出生率（日本：2017 年、イギリス：2016 年）	1.42	1.79
面積（km²／2018 年）	377,974	242,495
国内総生産（名目 GDP／100 万米ドル／2017 年）	4,867,348	2,631,228
1 人当たり国内総生産（名目 GDP／米ドル／2017 年）	38,402	39,758
1 次エネルギー生産量と最終エネルギー消費量 （ペタジュール／カッコ内は 1 人当たり消費量（ギガジュール）／2016 年）	生産量：1,481 消費量：12,269（96）	生産量：4,968 消費量：5,400（82）
主要農水産物の自給率（%／2017 年）	穀類：31.0 肉類：61.9 魚介類：54.2	穀類：94.4 肉類：74.7 魚介類：54.6
週当たり実労働時間（全産業／時間／2018 年）	計：38 男：43 女：32	計：36 男：40 女：32
失業率（%／2018 年）	2.4	4.0
就学者 1 人当たり学校教育費 （購買力平価換算米ドル／2016 年）	就学前教育：7,473 高等教育：19,191	就学前教育：7,699 高等教育：23,771
国民負担率（%／日本は見通し、イギリスは実績）	2020 年度 44.6	2017 年度 47.7
国内総生産に対する社会支出（%）	2015 年度 21.9	2018 年度 27.9
1 人当たり国内総生産（米ドル／2017 年）	38,402	39,758
家計貯蓄率（%／2017 年）	2.3	4.2
総医療費（対 GDP 比＝%／2018 年）	10.9	9.8
1 人当たり医療費（ドル／2018 年）	4,766	4,070
人口 1,000 人当たり医師数（人／2018 年）	2.4	2.8
1 人当たりの公園面積（平方メートル／人）	東京都：6.0 特別区：2.9	ロンドン：26.9
DAC 加盟国の経済協力支出額（政府開発援助：ODA） （100 米万ドル／2017 年：下段は対 GNI 比＝%）	総額：11,463 0.23	総額：18,103 0.70

注：1）貯蓄率＝家計の貯蓄／可処分所得
　　2）DAC は OECD 開発援助委員会（Development Assistance Committee）。
資料：総務省統計局編『世界の統計』2020 年版、日本統計協会、2020 年。
　　　金融広報中央委員会『暮らしと金融なんでもデータ』2019年版、金融広報中央委員会、2019 年。
　　　厚生労働省「OECD 加盟国の保険医療支出の状況（2018 年）」。
　　　国土交通省『平成 15 年度 首都圏整備に関する年次報告（平成 16 年版 首都圏白書）』2004年。

表 1-3 社会保障給付費の政策分野別構成比の国際比較 （％：2015 年度）

	日　本	イギリス	ドイツ	フランス	スウェーデン	アメリカ
高　齢	45.9	32.2	31.0	39.3	34.3	31.8
保　健	33.7	34.2	32.1	27.3	23.3	42.5
家　族	7.0	15.4	8.4	9.1	13.2	2.6
その他	13.4	18.2	28.5	24.3	29.2	23.1

注：日本は 2017 年度。「その他」は「遺族、障害・業務災害・傷病、積極的労働市場政策、失業、住宅、ほか」。
資料：国立社会保障・人口問題研究所「社会保障費用統計（2017 年度）」「政策分野別社会支出の国際比較（構成割合：2012 - 2017 年度）。

　昨今は、「嫌韓」「嫌中」「ヘイト・スピーチ」など、新たな装いの下での偏見や差別が顕在化し、深刻な社会問題となりつつある。今や日本社会は多民族社会へと向かいつつある。多民族社会というのが言い過ぎであるならば、複数民族混住社会と言い換えてもよいが、少なくとも 21 世紀の日本は単一民族社会ではありえない。21 世紀における社会福祉・社会保障・社会保護に関わる諸施策の実施に際しては、この点について十分に配慮する必要がある。

　平等についてはどうであろう。社会保険としての医療保険では制度が分断され、いまだに年齢や居住地による給付格差が存在している。職業選択の自由は憲法によって保障されているが、政界・財界・芸能界……果ては学界においてさえ、なぜか近年は、2 世・3 世や 2 代目・3 代目などが目立つ。これに対してイギリスはどうであろう。アメリカほどではないが、イギリスでもちょっとした人種のるつぼ的な状況がみられる。しかも日本とは異なり、イギリス社会の多民族性は、人種・民族の違いが一目でわかる類のものが多い。したがって差別問題も顕在化しがちであり、それだけ深刻でもある。たとえば、イギリスにおいても、もちろん職業選択の自由は認められているが、ある種の職業選択をめぐる人種差別的な状況がある。

ここ 30−40 年の主として筆者の個人的な体験と観察に依拠する事例を 2 つ 3 つ紹介しよう。

　1980 年夏の初めての訪英以来、イギリスの路上で、筆者が黒人の警察官を初めて見かけたのは 1997 年のことで、ただ 1 度だけである。アジア系—イギリスでアジア系という場合にはインド・パキスタン・バングラデシュ系を通常指す—、中国系の警察官を見かけたことは 1 度もない。また調査研究のためイギリスの相当数の病院や老人ホームなどを訪問したが、そこでアジア系の医師をみかけることはあっても、非白人系の看護師に出会ったことは 1 度もない。消防士にも黒人・アジア人はほとんどいないようである。義務教育レベルの教員で管理職に就いている非白人系のイギリス人も少ないようである。しかし、これらの職業はけっして世襲されているわけではない。日本における世襲的職業の典型ともいえる開業医についても、イギリスには、2 代、3 代、あるいはそれ以上にわたって、家職としての医業を引き継ぐという事例は、まずない。もっともイギリスには、王室を頂点にした世襲貴族制と一代貴族制がある。しかし、イギリス社会

＜非白人系の消防士の姿が見えない出動中のロンドンの消防自動車：2018 年 9 月＞

における日常生活において、実質的な重みを持っているのは、職業と密接に関連した階級制度であり、日本のように国民の大多数が中流意識を共有しているなどということはない。それでいて、イギリスでは、医療サービス・社会サービスには、平等原則が曲がりなりにも貫かれている。

　日本社会における格差問題に関連して、もう1つ問題提起をしておこう。少子高齢社会における公的年金財政の逼迫への有力な対応策の1つとして、高齢労働力・女性労働力の活用の可能性について論議されることが多い。ところが日本には、年齢層別・性別の労働条件格差が依然として存在し、公的年金に関しては有利な立場にある、とされる中高年齢層が、構造的な不況が長期化し、技術革新・情報革命と一体化した急激な規制緩和に伴う雇用調整が進行するもとで、こと雇用機会・労働条件に関しては必ずしも恵まれた立場にはない。こうした状況のもとで、高齢期においても生活のために労働を継続しなければならない社会が、果たして真に住みよい社会・暮らしやすい社会といえるであろうか。なかんずく女性の平均寿命は男性よりも長く、女性の労働条件は男性のそれよりも相対的に悪いので、高齢期における雇用労働を主要な柱にした少子高齢化対策は、女性にとって、二重三重に不利な施策ということにならないであろうか。一生涯働き続けたい、と日本人の多くは本当にそう思っているのであろうか。生活のために働かざるをえない人たちが多い。これが実情ではなかろうか。

　高齢者の生活に関連する各種の指標を日英両国間で比較しても、過密な人口と夏の暑さを除くと、高齢者にとって、イギリスよりも日本のほうが豊かで住みよい社会のようにみえる。だが、はたしてそうであろうか。少なくとも筆者がイギリスで観察した限りでは、大方のイギリスの高齢者は、金銭的には必ずしも豊かではないにしても、所得を得るための労働から解放された、ゆとりある老後・退職後の生活を享受しているようにみえる。

＜コラム＞　日本の皇室の先祖は？

　40年近く前の筆者の体験です。入館料が無料であるにもかかわらず、大学の博物館とは思えないほど内容が充実した、イギリス最古とされるアシュモール博物館（The Ashmolean Museum）で開催された特別講演会に招待されたことがあった。講師はボストン美術館館長フォンテイン博士（J. Fontein, The Museum of Fine Arts, Boston）で、演題は「朝鮮と日本の文化的関係の諸側面」（英語の演題は失念）であった。博士は、スライドを交えながら、両国の古墳にみる共通点を説明し、両国の文化的な関係がきわめて親密なものであることを強調した。そして、仁徳陵の発掘が許されるならば、この分野の研究は飛躍的に進展するのであるが、当時の日本の宮内庁がこれをかたくなに拒み続けているため研究が進まないので、いかに宮内庁を説得するかが今後最大の課題である、と結んだ。

　この後、オックスフォードの慣例ともいえるシェリイとチーズのパーティが開かれた―筆者が当時所属していた St Antony's College が当時の浩宮殿下（今上天皇）を招待したときも、もてなしはシェリイとチーズだけだった。そこで、以前から顔見知りの日本の思想・古典文学を専門にしているイギリス人研究者から生真面目な口調で話しかけられた。「今日の講演内容からすると、天皇の先祖は朝鮮半島からわたってきた可能性があるが、もしそうならば、あなたは、日本人として、どのように感じますか？」筆者は感じるままに冷静かつ率直に答えた後、次のように付け加えた。「日本では、学界はいざ知らず、日常的な話題として、こうした問題が取り上げられることは、まずありません。一種のタブーともいえるでしょう。多くの日本人は、こうした質問に出くわすと、すっかり戸惑ってしまうか、あるいは中には本気で怒りだす人たちがいるかもしれません。」

　21世紀の今の日本で、あなたが、外国人から、こうした質問を投げかけられたならば、どのように反応し答えますか。当時、イギリスにも、ある種のタブーはあった。たとえば、アイルランド問題を人前で論議することは、一種のタブーであった。

　もし読者がアシュモール博物館を将来訪問することがあれば、時間を少し調整して、オックスフォード大学自然史博物館（Oxford University Museum of Natural History）に足を延ばすことをおすすめしたい。両博物館の間は歩いて10分足らずで、この博物館では、ルイス・キャルロの『不思議の国のアリス』（Lewis Carroll (Charles Lutwidge Dodgson), *Alice's Adventures in Wonderland*, 1865）に登場する、すでに絶滅したドードー（dodo：学名 Raphus cuc-

＜アシュモール博物館の正面入り口：2019年9月＞

＜オックスフォード大学自然史博物館：2005年2月＞

ullatus）に会うことができるほか、大人も子どもも驚くほど盛り沢山の貴重な標本資料を無料で楽しむことができる。

　付記：私自身としては、桓武天皇の生母が百済の武寧王の子孫であると、続日本紀に記されていることに、韓国とのゆかりを感じています。武寧王は日本との関係が深く、この時以来、日本に五経博士が代々招へいされるようになりました。また、武寧王の子、聖明王は、日本に仏教を伝えたことで知られております。（宮内庁「天皇陛下お誕生日に際し（平成13年）天皇陛下の記者会見　平成13年12月18日　宮殿 石橋の間」。）

男女平等が1世紀経過しても実現しない日本

　社会保障は、基本的にすべての国民・住民の生活維持に直接関わる制度であり、社会保障を通じて提供される各種の給付・サービスは、各人の個別的なニーズに対応したものであることが望ましい。しかしながら日本では、社会保障制度の運営や実際的な対応においては、夫婦単位・家族単位・世帯単位での生活が現実的・一般的とされ、しばしば個人は、その中に埋没していく。それどころか、家族構成員の間における差別的な扱いにつながっていくことさえある。

　たとえば、どのようにすれば、「無収入・無所得」の被扶養配偶者・専業主婦（主夫）（国民年金の第3号被保険者）に保険料負担能力を付与することができるのか？　彼女たち（彼ら）の多くは不安定就業者であり、いくばくかの稼得を有しているが、税制上の壁があって、その水準は、絶対的にも相対的にも低い。つまりパート労働に代表される非正規労働によって老後・退職後の生活を確保しうるだけの年金給付を受けるに足るだけの保険料を負担することは、非常に難しい、ということであり、（主として）女性が正規労働者としての労働に継続して従事できるようにするためには、家事・育児・介護などに関連する社会的な支援策の整備が不可欠になる（表1-4参照）。平塚らいてうは、100年前の1919年に発表した「現代家庭婦人の悩み(2)」において、これに関連する問題を提起している。

　日本では長年にわたって、たとえば、被用者を対象にした健康保険にお

表1-4　日本人男女の1日当たりの家事育児時間

	男　性	女　性
夫婦のみの世帯の家事時間	45 分	1 時間 59 分（男性の 2.6 倍）
夫婦と就学前の子どもの世帯の家事時間	47 分	2 時間 11 分（男性の 2.8 倍）
夫婦と就学前の子どもの世帯の育児時間	1 時間 10 分	2 時間 27 分（男性の 2.1 倍）

資料：内閣府『男女共同参画白書』2020 年版、勝美印刷、2020 年、25 ページ。

ける被保険者本人と被扶養者との間の給付率の格差が容認されてきた。こうした格差の存在は、社会保障における平等原則重視の視点からは絶対に容認できない。こうした社会保障の理念にも関わる非常に重要な課題が、日本では本格的な議論の対象とされることなく、放置されてきた、という歴史的事実を誰しも否定できないであろう。公的年金保険制度における個人単位を徹底させるのであれば、年金以上に日常生活に深く関わり、誕生から死に至るまでの生命の維持に直結している、といってもよい医療保険制度における、たとえば、制度間や年齢差による給付率の格差の解消にも取り組むべきであろう。それも、財政上の観点から給付率を引き下げて、低水準で均一化・均等化・平準化する、という方向でではなく、人びとの医療保障ニーズに見合ったかたちでの調整を行う必要がある。

　基本的人権としての生存権と密接不離の関係に社会保障制度があることからすると、社会保障制度は、理念的には、個人を対象にした個人単位の対応を図っていくべきであるが、現代の日本社会における通念は、生活は夫婦・家族・世帯を単位として営まれるものとしている。それに社会保障における財政上の制約が加わり、事態をますます複雑化させ、ひいては混乱を引き起こしてさえいる。公的年金制度についていえば、国民年金のように個人単位の制度と、厚生年金保険のように個人単位の部分を不明確なかたちで包含しつつ、夫婦単位になっているものとが並存しており、不明確な立場におかれている無所得の専業主婦と低所得の勤労女性をめぐる議論を引き起こすことにもなっている。

　ちなみに、1971 年に設立されたスイスのシンクタンク世界経済フォーラム（The World Economic Forum）が 2006 年から毎年発表している経済活動への参加・機会、教育的到達度、健康・寿命、政治活動の 4 つの要素を指数化して評価した「男女格差報告」（The Global Gender Gap Report）2019 年版では、日本は、2018 年の 110 位から 2019 年には 121 位に順位を下げている―イギリスは 21 位で、1 位はアイスランド。表 1 - 5、

表1-5　高等教育男女別在学率の国際比較（年：%）

	男　性	女　性
日本（2014）	65.1	61.3
イギリス（2014）	50.7	68.5
ドイツ（2015）	68.4	66.3
フランス（2014）	57.7	71.5
スウェーデン（2015）	50.3	77.5
アメリカ（2016）	76.1	102.3

注：就学年齢以外の在学者を含むため、100%を超える場合がある。
資料：総務省統計局編『世界の統計』2019年版、2020年版、日本
　　　統計協会、2019年、2020年。

表1-6　日本における正規被用者に占める女性の割合

年	1985	1990	1995	2000	2005	2010	2015	2020
割合（%）	29.7	30.1	30.7	29.7	30.2	31.1	31.5	34.0

資料：厚生労働省編『厚生労働白書』2013年版、総務省統計局「平成28年 労働力調査年報」
　　　「労働力調査（詳細集計）2020年7-9月期平均（速報）」。

＜ロンドン中心部西端にある公園（Holland Park）でみかけた、
のどかな育児風景：2004年8月＞

表1‐6をみると、こうした評価もうなずける。内閣府『男女共同参画白書』2020年版も、2019年12月に実施した調査に基づき、「1日当たりの家事や育児の時間」について、前掲表1‐4に示すように、男女間に2倍から3倍近くの格差があることを明らかにしている。

② 自己責任と政策介入

交通規則とタバコ規制

イギリスでは、1978年版の道路交通規則（*The Highway Code* Prepared by the Department of Transport and the Central Office of Information 1978）には飲酒運転についての規制がなかったが、現在（2020年）は、呼気100ミリリットル中のアルコール含有量35マイクログラム（100万分の35グラム）、または血液100ミリリットル中のアルコール濃度80ミリグラム未満ならば、自動車の運転が可能に変わっている。それでもこの法定の上限は厳格には守られておらず、酒気帯び運転が日常的に行われているにもかかわらず、飲酒運転の取り締まりは事実上行われていない。その一方で、速度違反取締用のスピード・カメラとカメラの設置を知らせる標識を、いたるところに見かける。

バスの運転手は立ち乗り乗客定員を厳守するが、かなり乱暴な運転をする運転手が多い。自転車は専用車線が歩道に設けられている場合を除き、車道を通行しなければならないため、右折の際は、右手を上げ、自動車の間を縫って、中央車線に移り、自動車の流れを判断しながら、右折しなければならない。むろん、自転車からおりて、横断歩道をいったん直進し、信号が変わるのを待って、再度歩道を渡ることもできるが、ほとんどの自転車利用者は、前者の方法で、自動車に交じって右折している。なれないうちは、かなり恐ろしい。大方の歩行者は、信号には関係なく、自己の判断で道路を横断するが、歩行者の信号無視による横断歩道での事故を見た

＜住宅街で自動車を徐行させるために４分の１マイル（約
400メートル）／２分の１マイル（約800メートル）にわ
たり道路に瘤（Humps）があることを示す標識：2005年
3月＞

＜住宅街で自動車を徐行させるために狭められた道路：
交通渋滞を引き起こすこともある：2005年3月＞

ことは１度もない。

　ロンドンなどの大都会を除くと、イギリスの道路には交通信号が非常に
少ない。それでいて自動車事故はヨーロッパ大陸諸国よりも少ない。しか
も信号がある場所でも、歩行者は自己の判断で信号を無視し、どんどん道

路を横断する。これに対して警笛を鳴らす運転者はまずいない。そもそもイギリスには、警笛を鳴らせ、という交通標識がない。深夜の警笛使用を禁止しているほか、警笛の使用には厳しい制限を設けている。また歩道を自転車に乗って通行することも禁じられている。

　こうしたイギリス流のゆったりした暮らしぶりで、日本が今の物質的な豊かさを維持できるかどうか。いうまでもなく、物質的な豊かさの達成は、生活上の一大危険＝貧困を取り除くための大前提になるが、多くの人たちが時間と金に追い立てられるようにして暮らしている日本社会が、本当に豊かな社会といえるかどうか。

　総務省統計局『世界の統計』2020年版によると、人口10万人当たり交通事故死者数（2016年）は、イギリス3人に対し、日本4人、自動車1億台キロメートル当たり事故件数は、イギリス290件に対し、日本393件⁽³⁾で、日本の道路のほうがイギリスよりもはるかに恐ろしい。ちなみに、イギリスでは日本と同じで「人は右、車は左」。

　イギリスでは、喫煙率が高く、健康水準が低いのは、概して低学歴・低所得の労働者層、ということが各種の調査結果によって明らかにされており、喫煙率を引き下げるための多様な取り組みが、政府・学界・NGO などによって推進されている。たとえば、タバコ税の大幅引き上げ、受動喫煙規制の法制化（屋内公共空間と職場での禁煙）などが、その代表的なものであるが、タバコ産業・企業も、巧妙なマーケティング戦略を用いて、これに対抗する一方で、化学・製薬・食品などの分野への進出を図ると同時に、規制が緩やかな発展途上国へのタバコの輸出を推進している。

　今日のように社会保障制度が発達した社会では、人の生死を、個人・家族の問題としてだけでなく、社会全体の福祉に関わる問題として考えなければならなくなってきている。たとえば、喫煙のために健康を害する人が増えれば、それだけ社会全体としての医療費の負担が増える。しかも、喫煙は周囲の人びとにも害を及ぼし、極端にいえば、殺人行為（Smoking

＜タバコのカートンに印刷されたタバコの有害性を強烈な表現で訴える警告「喫煙は命を奪う」Smoking kills：「喫煙は動脈をつまらせ、心臓発作と脳卒中を引き起こす」Smoking clogs the arteries and causes heart attack and stroke という警告もある：2005 年 3 月＞

Kills）を犯していることにもなる。ただし、喫煙によって（平均）寿命が短縮すると、年金給付費は減少する。イギリスのタバコの値段は非常に高く、2004 - 2005 年時点で、多分、20 本（あるいは 10 - 15 本？）入りで、800 - 900 円程度であったように記憶する。むろん、このうちの大部分は税金である。

　2004 年 5 月 17 日付の『フィナンシャル・タイムズ』（the *Financial Times*）—日本でいえば『日本経済新聞』に相当する、イギリスで発行されている世界的な経済紙—の記事によると、イギリスでは、毎年、職場での間接喫煙が原因で、400 人が死亡しているが、そのうち飲食業・接客業では、死亡者 47 人と、非常に危険度が高い、という調査結果が、この日開催される学会で報告されることになっていた。日本では、タバコの有害性について、多くの人びとが認識しているが、「日本のたばこ価格を他の先進諸国と比べてみると、日本は最も安い価格帯に属している[4]」と指摘されて久しく、先進諸国のなかでタバコ規制政策がもっとも遅れているのが日本である。

貧困とスティグマ

　1983 年 8 月中旬から 1985 年 9 月下旬まで、途中 3 カ月余りの帰国をはさみ、イギリスで生活する機会に恵まれた。この間、大部分をオックス

フォード大学に所属し、パブ通いのかたわら、イギリスの福祉政策・福祉制度の調査研究に従事した。イギリスの社会経済に関連するさまざまな分野の授業やセミナーへの参加、福祉関係者との交流、関係機関の訪問調査、資料文献の収集等を通じて、最初に再認識させられた点の1つは、日本とイギリスでの基本的な専門用語の語義・定義・概念の違いであった。

たとえば、日本で社会政策（social policy）といえば、少なくとも筆者と同年配以上の世代で、大学で社会政策またはこれに隣接する領域の講義を聴講した経験を持つ人たちは、それが、いわゆる社会問題一般を対象にした「政策」ではなく、すぐれて労働・雇用・失業、さらにはこれらに関連する福祉をめぐる領域を対象にした「研究・学問・政策・科目」と理解するであろう。日本の社会政策をめぐる論議は、従来ややともすれば、社会政策と生産との関係を主とし、分配との関係を従としがちであった、といってけっして過言でない。

これに対して、イギリスで social policy（社会政策）といえば、厳密な定義ではないが、日本でいわれる広義の「福祉政策」「社会保障政策」に近く、主として分配をめぐる課題を扱っている場合が多く、公正・平等・自由などの概念が重視され、具体的な研究対象としては、所得保障、医療保障、雇用保障（主として失業・雇用をめぐる平等）は、もちろんのこと、家族・住宅・環境・教育・余暇・非行・人種・人口・交通などに関わる領域を内包している。ちなみに social security（社会保障）は、もっぱら所得保障を意味し、しばしば social insurance（社会保険）と同義と解される。ベバリジといえば、日本では「社会保障」「社会保険」が一般的に連想されるが、イギリスでは後述するように「近代的社会政策の守護神」と評される。

福祉国家（welfare state）と福祉社会（welfare society）の関係についても一言しておきたい。20世紀後半の日本を含む先進諸国は、市場経済を基盤にしつつ、すべての国民・住民に基本的人権としての生存権、換言

すると、一定水準の福祉を、国家の責任責務として、社会保障を中心にしたさまざまな制度・政策を通じて保障するようになった。これを福祉国家という。福祉国家という言葉は、第2次世界大戦中のイギリスにおいて、戦争国家（warfare state）ナチス・ドイツに対し、国民の福祉を優先するイギリスの体制を象徴する標語として用いられるようになった。しばしば「揺り籠から墓場まで」（from the cradle to the grave）が、その代表的な理念とされる。

これに対して福祉社会には明確な概念はなく、一般に福祉国家とほとんど同義に使用される場合が多いが、以下の点で福祉国家とは異なる。福祉国家が1つの国家体制であるのに対し、福祉社会はより開かれた社会経済的な状況としてとらえられる。また福祉国家という場合には、国家の政策・行政に関わる課題が、したがって国家の責任が、議論の中心になるのに対し、福祉社会という場合には、市民・住民の意識や態度や参加などに関わる問題が重視される。

福祉先進国であるはずのイギリスにも、少なくとも20世紀末には社会サービスを受けることを「恥」とする、あるいは「蔑視」する市民がいた。とりわけ教育水準と生活水準が相対的に低い高齢者の間に、こうした傾向が残っていた。かつての「救貧法＝公的扶助」に対する嫌悪感・スティグマの残滓といえよう。こうした意識が、権利としての社会保障・社会サービスから、貧しい人びとを遠ざけることになる。ここでいうスティグマとは、人種、肉体、行動、職業、宗教、などをめぐる差別・被差別と深くかかわる概念で、もともと烙印を押すこと、汚名を着せること、侮辱した扱いをすること、などの意味を持つ。イギリスでは、16世紀あたりまで、身体強健な貧民・浮浪者を治安維持の観点から取り締まり、見せしめのために焼き鏝で体に烙印を押していた。その後も、救貧法は、救貧とは名ばかりの差別的で過酷な内容を有する制度であった。こうしたことから、貧民に対する拒否感・嫌悪感を、スティグマというようになった。今日にお

いても、資力調査を伴う給付や精神障害（stigma attached to mental health）・認知症（stigma attached to dementia）などにからんで、しばしば問題になる。

　なにしろイギリスは、福祉国家ではあっても、現役時代のサッチャー首相が、「この世で最も簡単なことの１つは、国家、つまりあの想像上の母親の象徴が、われわれ全員を、過酷な現実から、つまり重荷を背負うことから守ってくれるであろう、と信じたい誘惑に屈することである[(5)]」と断じる、自助努力の本家本元の国でもある。貯蓄率も高まるはずだ。

❸　難解にして明解な「公」と「私」の関係

　イギリスでは、公序良俗に反しないかぎり、個人の自由な判断・選択・裁量が最大限に認められている。換言すると、自助努力にも結びつく個人主義的・自由主義的な暮らし方・生き方が広範囲に認められ、それが社会の隅々にまで浸透している。「公＝規制」と「私＝放任」の混在ぶりの事例をいくつか紹介しよう。

Public は必ずしも「公」を意味しない
　イギリスでは、不特定多数の人びとに開かれている状態や組織などであれば、公的機関の関与や公権力の介入などがなくても、Public という。
（1）*Public* School は「私立」学校で、「公立」学校ではない。歴史的には貴族の子弟にのみ入学を許していた私的な教育機関＝私立学校が、一定の条件のもとに、富裕な市民（紳士）の子弟を受け入れるようになり、*Public* School と呼ばれるようになったが、組織としては、依然として純然たる私的な存在であり、実態は *Private* School（私立学校）で、全寮制の学校が多い。
（2）*Public* House（Pub）は「私営」の居酒屋で、「公営」の居酒屋で

＜天井の低さが古さを示す Oxford で人気のパブ Turf Tabern：1980 年代には、女性バアテンダーも女性同士の客もほとんどいなかった：2009 年 9 月＞

はない。会員など、一部の資格を有する者にだけ利用が許されているクラブ（club）とは異なり、誰もが自由に出入りできる、という意味で *Public* な存在であるが、古いパブには、必ずといってよいほど、常連客がいて、席や立ち位置などについての暗黙の了解事項があることが少なくない。かつては、同じパブの中に、労働者専用の区画と紳士（ホワイト・カラー）専用の区画があって、それぞれ出入口も料金体系も別、という時代もあり、女性は出入りできなかった。

(3) *Public* Limited Company（PLC）は株式公開会社・上場企業で、「公営」有限会社ではない。PLC は、資金さえあれば、誰でも投資可能、という意味で、Public な会社なのである。

(4) イギリスには、日本のような有料道路網はなく、イギリスでは、ほとんどすべてのよく整備された道路を無料で走行できるが、交通量の増加に伴い、次々と道路整備計画が打ち出されている。道路は、いうまでもなく典型的な公共財である。とはいえ、自動車道の利用率は、有料無料にかかわらず、自動車を保有することができる相対的な富裕

層・高所得層のほうが、自動車を保有できない相対的な貧困層・低所得層よりも、圧倒的に高くなる。そのため、自動車道路の整備は、相対的な富裕層・高所得層を優遇する政策である、との批判も出てくる。

　他方、日本では、2009年に「土日祝日」を中心にした高速道路利用料金割引制度が実施されたのを皮切りに、現在、ETC深夜・朝夕・休日割引があるが、筆者は、いまだにその恩恵に直接あずかることはない。何しろ車を所有していないのであるから。また、聞くところによると、この制度が実施されてから、タクシーや観光バスの運転手諸氏も、週末休日に道路が混雑することが多くなり、とても迷惑しているとのこと。「土日祝日」が休業になる人たちは多いが、すべての人びとがそうなるわけではなく、平日が休業日になる人びとにとって、この制度は、なんとも恨めしくも、腹立たしいのではなかろうか。

Private から *Public* がみえてくる

(1) イギリスでは、日本で便利に使われる「公共性」に相当する言葉が使われることは、筆者が経験したかぎりでは、ほとんどない。『オックスフォード英語辞典（OED）』1933年版・第8巻には、「公共性」を意味する publicness という単語が収載されているが[(6)]、現在ではめったに使われない、と記されている。筆者は、イギリスで、この単語を一度も耳にしたことはなく、何人かの知識人に尋ねても、見たことも聴いたこともない、という返事が返ってきた。わずかに比較的最近目にした論文で publicness に初めて出会った。「人びとと空間と障壁の関係が、公共性の程度を決める上で非常に重要である。(The relationship between people, space, and barriers is crucial to identifying the degree of publicness.)[(7)]」

(2) イギリス人の生活の中には、*public* がシッカリ根付いている。より正確には、イギリスでは、*public* の対極にある *private* が何よりも尊

重される、というべきかもしれない。他人の領分をけっして侵さないことが、社会生活をしていくうえでの、暗黙の、そして共通の了解事項なのである。混み合った電車やバスでも、隣り合う乗客同士が、できるだけ体が触れ合うことがないように、たがいに一定の距離を保とうとする。こうした状況を考慮して、バスの立ち乗り（standing）の定員が少なく抑えられ、記憶では5人だった。歩行中に体が他人とほんの少しでも触れ合うと、まず100人中99人は、ためらわず「ごめんなさい／失礼（Sorry）」と謝る。

(3) 1980年代の半ばに、サッチャー政権による規制緩和・民営化が強力に推し進められ、その一環として、公営集合住宅の個人への売却が行われたが、「私有財産」になった区画の扉や外壁などの色が、公営部分のそれとは明らかに違う色に塗り替えられ、「私有財産」であることが誇示されている光景を、何度か目にしたことがある。

　これにやや似た社会現象は、19世紀後半に労働者階級の間に簡易生命保険が猛烈な勢いで普及したときにも観察されている。当時、簡易保険に加入していることは、労働者の間における相対的な社会的地位の高さを表わす象徴の1つであった。そこで、簡易保険の保険料集金人たちは、隣人たちに集金に来たことが分かるようなかたちで集金をして回り、顧客の歓心を買うことに努めた。また、加入者の側でも、来客に簡易保険に加入していることを誇示するために、「集金帳」を来客の目に付きやすい場所においたり、ぶらさげたりしていた。[8]

4 雇用・教育をめぐる根強い人種的偏見

　1980年代のイギリスにおける人種的偏見を、「イギリス人の社会的態度」（R. Jowell and C. Airey, British Social Attitudes, *Social Trends15*, 1985）[9]を参照しつつ紹介しよう。

偏見と差別

　全員一致ともいえるほどに、イギリス国民は、自国を人種的偏見が存在する社会と認めている。年齢が下がるにつれ、こうした認識が強くなり、人種的偏見は今後も続く、とみている。国民の 90 パーセントは、アジア人（インドまたはパキスタンからの移民：以下、特に断らないかぎり同様）に対する偏見がある、とみている。しかも 3 分の 2 近くの国民は、イギリスにいるアジア人と黒人は、人種的な理由から就業の機会を奪われ、差別を受けている、と考えている。

　1960 - 1970 年代には、移民を規制する一連の立法と同時に、人種関係の改善と人種差別行為の禁止が推進されたが、その後、移民の絶対数が増加しすぎた、と考えられており、イギリス人は、移民の増加を望んでいない。イギリス人の移民に対する拒絶反応は、白人・黒人の別を問わないとはいうものの、アジア人と黒人に対しては決定的である。

　移民の増加は、学校教育の上にも当然影響を及ぼす。さまざまな文化的背景を有する少数民族の子女たちのために、学校教育のなかにそれぞれの民族に固有の文化を何らかの形で反映させるべきとの声もあるが、文化的統一性よりも文化的多様性を強調する教育方法を採用すべきである、というほど強いものではない。たとえば、その必要のある者に対する英語教育と一般カリキュラムの拡張に対しては強い支持がある反面、特別な宗教教育または母国語教育に対する支持は相対的に少ない。

　どのように人種差別主義者をみているかについても、興味深い結果調査が出ている。「極端な人種差別主義者が教員になるべきか否か」については、3 分の 2 が「否」としている。人種差別的な書籍の出版は、4 分の 3 近くの者が認めるとし、人種差別主義団体が、自らの見解を表明するために公開の集会を開くことも、過半数が認めている。

　こうした人種差別の原因については、必ずしも決定的な答えがあるわけではないが、たとえば、イギリスの若者は、アジア人・黒人との間には、

皮膚の色は別にして、態度、価値観、生活様式、行動において、相当な隔たりがある、とみている。また、相対的に学業成績のよいアジア人の子女に対する反感が、白人の子どもの間にみられたりもする。黒人の暴力、アジア人の料理の匂いなども、繰り返し取り上げられる。極右政党は、政治的な勢力を失ったが、イギリスからの非白人排除政策の心理的象徴として力を増してきている。⁽¹⁰⁾

　他方、黒人の若者の白人社会、たとえば、警察に対する不信には根強いものがある。黒人と白人を比較すると、歩行中および運転中に警察官の尋問を受ける回数で、黒人が白人を上回ることから、しばしば警察の人種差別が問題になり、人種差別を理由に警察官を免職できるようにすべきとの提案さえなされている。⁽¹¹⁾

　アジア人は、自らの置かれている状況を、どのように受け止めているのであろうか。ある若い女性は、イギリスを母国と考えたくても、イギリス人が受け入れてくれず、偏見を持たれている、と考えている。また、ある者は，イギリスで生まれ育ち、長年住んでいるが、イギリスが自分の母国とは思えない、という。イギリスで生活したい、というアジア人高齢者の大部分は、イギリスそのものがよいからではなく、家族があり、子どもがイギリスで生まれたから、などを理由として挙げている。しかし、将来については、高等教育を受けた若い世代が自立し発展していくであろう、との見通しを抱いていたりもする。⁽¹²⁾

　なお、前掲 *Social Trends15* に掲載されている「労働力調査」(Labour Force Survey, 1983) に基づく人種および出生地別人口統計によると、人口5403.5万人（他の調査では約5600万人）のうち、白人94パーセント、その他6パーセントになっている。この6パーセントのうち混血を除くと、インド人1.6パーセント、西インド諸島人またはガイアナ人1パーセント、パキスタン人0.7パーセント、中国人0.2パーセントになる。

黒人学生が増えた！

　1980年代のイギリス社会に存在した人種的な偏見と差別を直接間接に裏付けるような筆者のオックスフォードでの体験をご紹介しよう。なお念のためお断りしておく。1980年代に筆者が公私両面において親疎の程度はさまざまながら交流をもった上・中流階級から労働者階級にいたるまでのイギリス人——イギリス人といっても、イングランド系、ウエイルズ系、スコットランド系、アイルランド系、さらにはさまざまな移民系、それぞれに個性を持っており、「イギリス人」として一括りにして語ることには問題があるが、ここではその点に立ち入らない——の多くは、幾分はにかみ屋ではあっても、少なくとも筆者に対しては明るく親切で友好的であり、個人的に人種的な偏見や差別に直面することは、ほとんどなかった。ある程度の年配の人たちは、非常に礼儀正しく、筆者にとって、イギリスは暮らしよい国であり、イギリス人は好ましい人びとであった。

　ある日のこと、ホルゼイ（A. H. Halsey）教授の社会学関係のセミナーに出席した。報告者は、人種問題の権威レックス（J. Lex）教授であった。報告と質疑が終わり、懇談に移ったとき、Lex教授が大略次のような話をした。「久しぶりにオックスフォードに来たが、しゃれた服装で颯爽と往来する黒人学生の増加ぶりに目をみはった。かつては考えられないことであった。彼らは、すべて海外からの留学生だろう。イギリスで生まれ育った黒人の若者は、オックスフォードにはほとんどいないはずだ。まだまだイギリスには根強い偏見と差別が残っている。」これに対し若い白人学生が間髪を入れず返した。「あなたは、オックスフォード大学の現状を、まだ十分理解されていない。どこのカレッジにもイギリス生まれの黒人の若者が大勢いる。ただし、彼ら／彼女らは、皆、食堂で働いている。学生ではない。」

　1980年代に日本に居住していた外国人は、人口の1パーセントに満たないが、日本社会にも人種的な偏見と差別が、ときに日本人自身のもつ劣

等感と微妙に一体化しながら、根強く存在している。偏見も差別も生活の根底に根差すものであり、偏見と差別が存在し続けるかぎり、言葉の真の意味における「福祉社会」は実現しないであろう。

移民文化

　移民のイギリス社会に対する影響については、議論の分かれるところである。C. ホームズ（C. Holmes）は、イギリス社会における移民と雇用、賃金、経済成長、国際収支、インフレーションとの関係、および移民の文化的影響について、歴史的経緯をたどりつつ簡潔に整理している[13]。

　20世紀初頭のユダヤ人の移民は未熟練労働者の供給過剰を助長した、といわれるが、賃金についての一般的な影響はわずかなものであった、ともいう。また中・長期的にはユダヤ系企業が、新しい市場を獲得し、地域的な雇用と賃金率を刺激した点に注目すべきである、との意見もある。1950-1960年代初頭にかけて、西インド諸島とアジアからの大量の移民がイギリスに流入した。このとき、イギリスでは労働力不足が生じており、移民がこれを補った。しかし、その後、経済情勢が変化し、労働組合は移民を差別し、賃金切り下げを防止するために組織された移民の団体も自らの経済行動をある程度規制するようになったため、雇用に対する移民の影響は部分的なものにとどまった。賃金については、移民によって提供される低賃金労働が費用軽減要因として作用し、いくつかの産業では賃金上昇を抑え、ひいては社会サービス費の節約にもなった、という。さらには、移民労働者がコスト・プッシュ・インフレーションと価格上昇を抑止し、究極的には実質賃金の上昇に結び付いた、とする見解もある。その一方で、この時期の移民は、全般的・相対的な賃金水準には重要な影響を及ぼさなかった、ともされる。

　次に移民の社会的影響についてもみておこう。移民が居住する住宅および地域は、彼ら／彼女らが従事する職業および稼得する賃金と絶対に切り

離して考えることができない。新来の移民は、1つには新奇な環境のなかで相互の緊密な絆を強化するため、一定の地域に集中する傾向がある。そして時間の経過とともに、古くはユダヤ人が、20世紀後半になると、ポーランド人、キプロス人が、また中国人も、特定の地域から徐々に分離していった。これに対し、イギリス連邦（The Commonwealth）に加盟するイギリスの旧植民地などからの移民は、今（1980年代）なお、特定の地域に集中しており、アジア系の少数民族の間では、集中と分離が進んでいる。イギリス連邦からの移民とパキスタン人は、先住者が流出してしまった大都市の荒廃した地域の新しい住民となることが多い。この新しい住民が、スラム化する都心部にあって、古くして新しい社会問題を引き起こしている。過去100年間を通じて大量の移民が流入してきた時期には、住宅だけでなく、さまざまな問題が必ず派生してきている。これに対する政府の役割が問われ、社会政策の課題として論議されてきた。移民は、社会政策の範囲と性格に関する論争を生み出してきた。

　移民の文化的影響は、主要な移民居住地において際立っている。多種多様の移民のニーズを充足するための商店、食料品店、レストラン、クラブ、信用機関、モスク、などが設立された。しかしながら、マルタ人などいくつかの集団やポーランド社会の一部は、民族意識を徐々に喪失していった。これに対して、中国人は、優れている、と自ら考える自らの文化を放棄することはなかった。第2世代のパンジャブ人シーク教徒や若いジャマイカ人は、イギリス文化を拒む一方で、親たちの古い価値観の文化の型をそのまま継承せず、修正してきている。イギリスに流入した移民の意識は、新しい環境のなかで感知したり経験したりした拒絶、敬意、差別によって、異なってくる。たとえば、失業、住宅、教育などの面での不利益に対するイギリス国内での闘争が、他国での黒人の闘争と結びついたりするときには、文化的な差異の表明が政治的な次元にまで発展し、白人社会との対立にまで高められる。

雇用と教育

　イギリスに移住し生活する少数民族が、しばしば直面する困難や差別は、雇用、住宅、教育に関連するものが多い。まず雇用についてみていこう。イギリスに住む西インド諸島出身者の間では、教職は高く評価され、社会的階梯を上るための1つの方法であった。しかし1980年代になると、昇進の可能性の欠如と人種差別を理由に、若い黒人が教職に就くことに、彼ら／彼女ら自身が反対している、とロンドンを除くと唯一人しかいない黒人の中等学校長はいう。保健サービスの分野においても差別は存在する。黒人の医師は、人気がない老年医療専門医や精神科専門医に目立って多い。看護師はといえば、黒人の場合、少数の者が上級職に就けるにすぎない。国民保健サービス（NHS）は、多数の黒人の清掃人や食堂関係の労働者を雇用しているが、管理職・事務職に黒人は少ない。また救急サービスは黒人が立ち入れない領域になっている。

　地方政府についても同様である。この時期の32の地方政府からなる大ロンドン（The Greater London Council）を対象にした調査では、黒人は、上級職553名中15名、特殊技術監督者132名中6名、消防士6951名中50名に過ぎなかった。

　民間企業における雇用をめぐる人種差別も著しい。ホワイト・カラーの職種の求人に応募した黒人・アジア人は、しばしば面接さえ拒まれる。製造業においては、工場では黒人労働者の数が半数を超えていても、ホワイト・カラーの職種は、ほとんど黒人には閉ざされている。企業は労働市場分断政策を採りつつある。雇用が保障された高報酬の専門職によって構成される中核は白人で充足し、これを取り巻く容易に省力化が可能な肉体労働者や事務職員には、女性と黒人を配置する。失業についても人種間で格差がある。1974年には、白人・黒人ともに、失業率約4パーセントであったが、1982年までに、白人男性13パーセント：白人女性10パーセント、アジア人は男女とも20パーセント、西インド諸島系黒人男性25パーセン

ト：女性 16 パーセントと、格差が非常に拡大した[14]。

　次に教育に目を向けよう。1980 年代のイギリスでは、全教育課程を通じて成功を収めうるか否かは、社会階級、性別、人種のいかんにかかっている、といわれた。中流階級の子女は、労働者階級の子女より成績がよい。女子は、5 - 16 歳の義務教育を修了するまでに標準以下の成績になる。白人は黒人より成績がよい。

　初等学校（5 - 11 歳）での成績は、物理的な住宅事情に左右されるところが大きい。貧弱な住宅、過密、浴室などの設備の不備と、無断欠席日数の増加などに関連性があり、読書量・計算能力の低さにも関係している、といわれる。少数民族は、すでにみたとおり、都心のインナー・シティ（the inner city）と呼ばれるスラム化した劣悪な旧市街地の住宅地域に密集しており、新しい貧困層とも呼ばれる。こうした生活条件の悪さが、子女の学業成績にも影響を及ぼすことになる。さらに学校においても、人種差別、不適切なカリキュラム、言葉の上での障害、教員との交流の少なさが、黒人の子女にとって不利な条件となってくる。

　一般的な傾向として、次の 4 点があげられる[15]。

(1) 西インド諸島出身の子女は、他のいかなるグループの子女よりも精神障害児特別支援学校に入学することが多い。

(2) 西インド諸島系黒人とトルコ系キプロス人の子女は、他の移民グループの子女より成績が悪い。

(3) 大部分の少数民族のコミュニティから通学する学童は能力別学級編成が行われる場合、下級クラスにおける比率が標準以上になる。

(4) 一般的に、インドとパキスタン出身の学童は、他の移民グループの子女より成績がよい。

＜コラム＞　勉強しない自由

　日本では、首都圏をはじめ大都市における生活費は国際的にも最高水準にあり、首都圏と大都市に大学は集中している。したがって、大学生の生活費—必ずしも本来的な意味での教育費だけでなく、高度消費社会における平均的な大学生としてのプラス・アルファ部分を含む生活費—も当然高くなり、いきおいアルバイトに精を出す／出さざるをえない大学生も増えてくる。もちろん、大学生のアルバイトは、経済的な動機に基づくものばかりとはいえない。かといって、大学生としての生活費の高さがアルバイトの誘引になっていることを否定もできない。アルバイト経験を通じての知識や技術などの習得にも、「人生に無駄なし」と考えれば、それなりの意義は認められるが、本来、学生時代になすべきことは、こうした次元での知識や技術などの習得ではないはずである。

　第 3 次産業の中には、学生アルバイトを前提にしている、としか考えられない、たとえば、究極の消費者サービスとしての 24 時間営業を行い、急成長を遂げた業種・業態がある。コンビニエンス・ストアがその代表である。コンビニエンス・ストアは、高齢者、なかんずく 1 人暮らしの高齢者にとって、なかなか便利な存在であり、その意味では民間活力利用型の高齢者福祉の一端を担っている、との意見もある。しかしながら、見方を変えれば、コンビニエンス・ストアは、社会的に不健康で、反福祉的な業種・業態ともいえる。365 日 24 時間サービスを提供し続けるためには、常に誰かが深夜労働に従事しなければならず、こうした営業形態は、人間の健康という視点からすれば、きわめて不自然かつ不健康である。こうしたことが常態化している業種・業態が最大の成長産業の 1 つであった社会が、健全な社会であろうはずがない。「しかるべき賃金さえ支払えばよい」「金にさえなればよい」ということではすまされない問題が、そこにはある。

　イギリスの大学生がアルバイトをしないわけではないが、少なくとも講義よりもアルバイトを優先させる、ということはない。アルバイトをする必要も通常はないし、何よりも勉強が忙しく、アルバイトに時間を割くことができない。このように日本の大学生とは対照的な学生時代を過ごした若者が、いずれ中核となって構成するイギリス社会が、日本のそれとは異質であることは当然である。日本の学生諸君と保護者の皆さんに次の言葉を贈ります。「学校とは学問をする人間の行くところ、然らざる人間は行かない—はっきりしているではないか。」（池田潔『自由と規律—イギリスの学校生活—』岩波書店（岩波新書）、1963 年、24 ページ。）

5 差別の諸相

黒人警察官がいない！

　イギリスは近代的な議会制民主主義発祥の地といってもよく、日本と比べ、多くの面で、政治的・社会的に成熟しているが、さまざまな社会的矛盾を内包している社会でもある。たとえば、根強い年齢差別（高齢者差別）、障害者差別、性差別、人種差別などは、その一例といえよう。

　筆者が初めてイギリスを訪問したのは、1980年のことで、それ以来、1983–1985年の約2年間と2004–2005年の約1年間の滞在を除くと、長くても2ヵ月程度の滞在でしかないが、おそらく30回近くイギリスを訪問している。この間、筆者が街頭で黒人警察官を見かけたのは、たったの3回。それも、比較的近年のことである。ところが、2004–2005年の滞英期間中に非常に驚いたことに、ほとんど毎晩のようにテレビで放映される、警察官の活躍をテーマにしたドラマやドキュメンタリー番組の中で、黒人警察官がかなり重要な役を演じていたのである。そこで、幾人かのイギリス人に、「黒人警察官が急に増員されたのか？」と質問したところ、あれは、人種差別のない、いわば理想の社会を念頭において、意識的に黒人警察官が多く登場し活躍するような筋書きにしてあるのだ、という答えが返ってきた。

　そういえば、筆者が知るかぎりでは、アメリカ映画に黒人警察官が主役で初めて登場するのは、1967年の作品「夜の大捜査線」（In the Heat of the Night）が嚆矢で、主演は Sidney Poitier。Morgan Freeman, Denzel Washington, Eddie Murphy, Will Smith, などが刑事や警察官の役で活躍するアメリカ映画しか観たことがない人たちは、アメリカでは、黒人警察官は当然のことのように思っているかもしれないが、こうした傾向は、アメリカ映画の長い歴史からすると、ごくごく最近のことなのである。

日本でも、比較的最近まで外国人には閉ざされていた職種・職業があったが、イギリスには、イギリス人としての市民権・国籍を取得していても、そしてまた相当の能力を持っていても、皮膚の色・人種によってなかなか就けない、運よく就けても、昇進・昇格が困難な職種・職業が従来あった。教員・医師・看護婦（看護師）・警察官・消防士、などがそれである。こうした傾向は徐々になくなってきているが、完全に開かれた社会・平等な社会、というにはほど遠い。

　服装が警察官によく似ていて、（日本の）警察官と似たような仕事をしているので、警察官と間違えてしまいそうなのが、イギリスの駐車違反取締員（parking attendant）だ。駐車違反取締員は地方公務員の一種で、違法駐車・駐車違反の車を摘発する。デジタル・カメラを持って、街頭を歩き、違法な路上駐車を摘発する。この仕事は、一種のあら捜しのようなものだから、白人のイギリス人にはあまり人気がないそうで、筆者が見かけた駐車違反取締員は、大方、黒人かインド・パキスタン系と思われる人たちばかりであった。これも、イギリス社会には、依然として差別的な側面があることを示している、といえよう。

　人種差別とは、まったく違った性格の問題になるが、比較的単純なストーリーの警察・犯罪をテーマにしたドラマが好まれる社会的背景についても考えてみる必要がありそうだ。また、民営化政策の一環として、交通取り締り業務を、地方自治体が業者に委託する傾向も出てきているようである。以前、刑務所の民営化が話題になった国柄でもあり、公と私の関係を考える上で、非常に興味深い。

　イギリスでは、アメリカほどではないが、20世紀の後半から、多民族化が急速に進んでいる。イギリスは、かつては広大な植民地・領土を地球上のいたるところに保持し、日が沈むことがない、とまでいわれていたが、これらの植民地・領土の多くは、第2次世界大戦後、イギリスから独立した後も、イギリスと太い絆で結ばれていて、政治・経済などの分野にとど

まらず、教育・文化などの面でも、交流が盛んになされている。こうした状況は、当然に人の交流も活発化させ、イギリスは徐々に多民族社会化してきている。

中華料理が食べられなくなる！

　大方の日本人には、極端にいえば、塩と胡椒だけで味付けした、淡白なイギリス料理が口に合わないようであるが、筆者はかなり気に入っている。とりわけイギリスのロースト・ビーフとデザート類のなかには、秀逸の部類に入るのではないか、と思われるものが少なくない。ただし、イギリスに限らず、ヨーロッパでは、量の多さに閉口することがしばしばある。そのイギリスで、経済的・人的な国際交流の活発化・高度情報化などを背景にした一種の食文化革命が進行している。たとえば、アメリカ系のマクドナルドやケンタッキー・フライド・チキンの店は、ちょっとした町には、必ずといってよいほどある。イタリア料理やフランス料理についてはいうまでもなく、インド料理、トルコ料理、メキシコ料理、タイ料理、ベトナム料理などの店も、ずいぶん多い。大都市を中心に、まがいものくさい日本料理店も増えてきている。ロンドンのパディントン（Paddington）駅構内の広場の真ん中には、回転寿司の店があり、結構繁盛しているようであった。そうした中で、食の王者ともいわれる中華料理は、イギリスにおいて独自の地位を保持しながら、今日に至っている。冗談半分ではあるが、イギリスでは、人が住んでいるかぎり、そこには必ず中華料理店がある、とさえいわれる。言い換えると、中華料理店が見つからない土地には、人は住んでいない、ということになる。

　その中華料理をめぐって、興味深い記事が、2004 年 6 月 2 日付けの『ガーディアン』（the *Guardian*）—イギリスの代表的な労働党系の全国紙—に掲載されていた。イギリス政府が移住者・移民の取り締りを強化する方針を打ち出したことによって、イギリスの中華料理店、とりわけ持ち帰り料

理店（takeaway）が大きな打撃を受けることになる、という。つまり、手軽で、安価な中華料理を提供している持ち帰り中華料理店の厨房を、これまで支えてきた、まじめで、腕のいい、しかも低賃金―不法滞在者＝時給2.5ポンド（約500円）、正規滞在者＝時給3.4ポンド（約680円）、イギリスの最低賃金＝時給4.5ポンド（約900円）―の、多くの中国人不法滞在者を、これらの店の経営者の多くが、2年間の収監・多額の罰金を免れるために解雇せざるをえなくなり、人材不足による、一種の経営危機に直面する事態が生じかけている、という。ちなみに、イギリスには、2004年当時、7600軒の中華料理店があり、年間17億ポンド（約3400億円）の売り上げを達成している。不法滞在者といえども生活権・労働権はある、ということになるのか、どうか。

　なお、念のため―イギリス人は、大悪？大敵？に立ち向かい、悪を懲らしめたり、謀略を暴いたりする探偵やスパイが大好きである。古くは、Arthur Conan Doyle による Sherlock Holmes の登場あたりを皮切りに、G. K. Chesterton, F. W. Crofts, Agatha Christie, Dorothy L. Sayers, Colin Dexter などによる名探偵物、Graham Greene, Ian Fleming, John le Carré などによるスパイ物、Cecil Scott Forester, Alistair MacLean などによる冒険物、などなど。

　それにしても、イギリスには不思議なことが多く、イギリスはおもしろい。

＜コラム＞　イギリス版「ひょうたんからコマ」

　イギリスの缶ビールには、プラスティック製のコマが中に入っている銘柄が数種類ある。２度目のイギリス長期滞在を始めて１ヵ月ばかりたった 2004 年 4 月のある日、440 ミリリットル入りアルコール度４パーセントの缶ビール JOHN SMITH'S ESTB 1758 EXSTRA SMOOTH を偶然買った。缶には、小さな文字でコマ入りの表示 Floating widget inside があったが、気付かなかった。

　ビールをコップに注ぐと、カラカラと音がする。缶の中に異物でも入っているのか、と最初は不審に思ったが、味に違和感はなく、異物が混入しているようでもない。中身を飲み干した後、注ぎ口から缶の中をのぞくと、注ぎ口からは絶対に出てこない大きさの、半透明のプラスティック製の何かが入っているところまで確認できたものの、正体は依然として不明。缶を切り裂いて、正体を突き止めることにした。すると、缶の中からプラスティック製のコマが出てきた。

　イギリスのビールは、基本的にあまり泡を重視しない醸造法をとっているようで、パブでのカウンター越しに、ビールを注文した際に、グラスの上部に泡がたくさんあると、スプーンなどで、泡を取り除き、その分だけビールを継ぎ足してくれる。したがって、パブで飲むイギリスのビールには、最初から、ほとんど泡の部分はない。あっても、ほんの少しで、すぐ消えることから、それまでイギリスのビールの「泡」にはあまり注意を払わなかった。

　缶を解体し、中身（コマの構造）を確認した後、これは、泡立ちを調整するための仕掛けらしい、と気付いた。あらためてコマ入りの缶ビールを買い求め、「実験」すると、きれいな泡立ちが最後まで続くことが確認できた。こうした泡立ちは、イギリスのビールの伝統に反するようだが、これはこれで、見た目も美しく、おいしく飲むことができる。イギリスのパブとビールに精通すれば、イギリスの社会・文化・歴史などについての理解が増すこと受け合い。

　2008 年になって知ったことだが、日本で販売されているアイルランド原産の缶ビールにもこのコマ（floating widget）が入っていた。コマを開発したのは Guinness Book で有名なアイルランドの醸造業者とのこと。

　イギリスでは、全国のパブを網羅した数種類のガイドブックが毎年発行されている。筆者にはお気に入りのパブがいくつかあるが、ビールの銘柄では、オックスフォード近郊にあったスポーツ・カーMG の工場ゆかりの Old Speckled Hen が極上。残念ながら、日本では飲むことができない。

注

(1) T. E. ロレンス（柏倉俊三訳）『砂漠の反乱　アラビアのロレンス自伝』角川書店（角川文庫）、1966 年（Thomas Edward Lawrence, *Seven Pillars of Wisdom*, 1926）226 ページ。なお、邦訳は原著の簡約版からのものである。

(2) 小林登美枝・米田佐代子編『平塚らいてう評論集』岩波書店（岩波文庫）、1987 年、参照。

(3) 総務省統計局編『世界の統計』2020 年版、日本統計協会、2020 年、250 ページ。

(4) 望月友美子監修『Recommendations for Tobacco Control Policy: Tobacco Free＊Japan　ニッポンの「たばこ政策」への提言　Instruction Book』Tobacco Free＊Japan 事務局ほか、2004 年、50 ページ。

(5) *50th Anniversary of the Beveridge Report 1942－1992*, prepared by The Department of Social Security and The Central Office of Information, 1992, p. 11.

(6) *The Oxford English Dictionary, Being Corrected Re-issue with an Introduction, Supplement, and Bibliography of a New English Dictionary on Historical Principles Founded Mainly on the Materials Collected by the Philological Society*, Volume VIII Poy－Ry, 1933（rpt. 1978）, Oxford University Press.

(7) Vassilis Kostakos et al., Designing Urban Pervasive Systems, *Computer*, 2006.

(8) Paul Johnson, *Saving and Spending: The Working-class Economy in Britain 1870－1939*, Oxford University Press, 1985（ポール・ジョンソン（真屋尚生訳）『節約と浪費―イギリスにおける自助と互助の生活史―』慶應義塾大学出版会、1997 年）参照。

(9) Roger Jowell and Colin Airey, British Social Attitudes, in Ted Ramprakash（ed.）*Social Trends 15*, 1985 ed., Central Statistics Office, 1985.

(10) R. Cochrane et al., I am not National Front myself, but …, *New Society*, No. 1121, pp. 255－258.

(11) G. Gaskell et al., How young blacks see the police, *New Society*, No. 1182, pp. 261－263.

(12) M. Stropes-Roe et al., As others see us …, *New Society*, No. 1192, pp. 187－189.

(13) C. Holmes, The impact of British society 1870-1980, in T. Barker et al., *Pop-

ulation & Society in Britain 1850-1980, New York University Press, 1982, pp. 172－202.

(14) D. Thomas, The job bias against blacks, *New Society*, No. 1141, pp. 167－169.

(15) *ibid.*

＜補注＞

　私たちがイギリスと呼び慣れている国の正式名称は、グレイト・ブリテンおよび北アイルランド連合王国（The United Kingdom of Great Britain and Northern Ireland：The UK）であるが、本書では慣例に従い、イギリス・英国をもって連合王国を指すものとする。統計数値等に関連し、調査地域等を示す場合は、UK と略記することもある。グレイト・ブリテン（ブリテンと略称することもある）は、イングランド（England）、ウエイルズ（Wales）、スコットランド（Scotland）からなる。ユニオン・ジャック（Union Jack）の名で知られるイギリス国旗は、イングランド、スコットランド、アイルランドのそれぞれの守護聖人であるセイント・ジョージ（St George's Cross）、セイント・アンドルー（St Andrew's Cross）、セイント・パットリク（St Patrick's Cross）の3つの十字を組み合わせたものである。イングランド人（English）の多くがアングロ・サクソン系（Anglo-Saxon）であるのに対し、ウエイルズ人（Welsh）、スコットランド人（Scottish）、アイルランド人（Irish）の多くは、ケルト系（Celt）で、それぞれに固有の歴史と文化と民族的誇りを持っているが、今日、日常生活の上では際立った実質的な差違は見られない。イギリス人の総称として用いられる British（people）は、ややあらたまった言い方である。

2. 昔も今も不思議な大学オックスフォード

人それぞれの生まれつきの才能の違いは、
われわれが気付いているよりも、実際はずっと小さい。

アダム・スミス『国富論』[1]

１　イギリスの学校教育制度

義務教育とエリート教育

　1980年代のイギリスの教育制度は、急速な技術革新の進行、教育に対する多様なニーズの増大、出生率の低下＝児童数の減少等を背景に、改革を迫られていた。イギリスの教育改革の方向には、北欧・西欧諸国同様、2つの流れがあった。第1に、中流・上流階級の子女のための初等・中等教育（primary and secondary education）コースとその他のすべての階級の子女のための初等教育（elementary education）コースとの間にあった典型的な19世紀以来の区分を、国が廃止したことである。前者は大学と専門職へとつながり、後者は肉体労働と未熟練労働へとつながっていた。第2に、高等教育（higher education）が拡張されたことである。これら2つの方向は、ヨーロッパの教育制度をアメリカの制度に近付けるものであり、教育の機会均等と普遍的高等教育へ向かうものであった。[2]

　むろんヨーロッパの制度とアメリカの制度には、いまでも大きな差異がある。ヨーロッパでは、総合中等教育（comprehensive secondary education）の発展が、アメリカに比べて遅い点を指摘できる。イギリスでは、20世紀前半に貧困家庭の子女を、もともとラテン語教育を行っていた歴

史の古い、人格教育・科学教育を重視し、今日では18歳時まで大学受験教育も合わせ行う中等グラマー・スクール（secondary grammar schools）に入学させるための奨学金制度の発展をみた。他方、グラマー・スクールの入学試験に失敗した子どもたちの多くは、1944年に教育法（The Education Act of 1944）が制定され、労働者階級の子女のための初等教育が廃止されるまで、さまざまな種類の初等学校（elementary schools）に留ったが、教育法制定後は、すべての児童を対象にした初等・中等教育が行われるようになった。それでも実際には、グラマー・スクール、職業教育を行う技術学校（technical schools）、第2次世界大戦後に設立された一般教育を重視する新制中等学校（secondary modern schools）の区分が、中等教育段階には残った。そのため公的中等教育の3重構造のもとで生じる人生の余りに早い段階における児童の選別、グラマー・スクールの地域的偏在、社会階級間での合格率の格差、などが強く批判されることになった。[3] かくして1960年代に至り、労働党（The Labour Party）主導のもとに総合中等教育運動が盛んになり、総合学校（comprehensive schools）が急速に増加した。総合学校は、能力や適性に関係なく、一定地域の児童をすべて受け入れている。

　イギリスには、また独特の教育内容をもつパブリック・スクール（public schools）と呼ばれる私立の教育機関—スコットランドでは公立学校をpublic school という—があり、その大部分は、男女別学で、生徒数500-800名、通学生も増えてきてはいるが、寄宿制を主たる特徴にし、相当難しい試験を受けて、12-13歳で入学し、大学受験時の18歳まで在学する[4]。パブリック・スクールの入学には、子どもの学力はむろんのこと、親の経済力、社会的地位、同窓会関係の人脈、などが影響する。子ども2人をパブリック・スクールに入れるための費用は上級教員の手取り年収全額に相当する[5]。有名パブリック・スクールからは、オックスフォード・ケンブリッジ両大学（Oxbridge）に進学するものが多い。しかし長期的には

私立学校の比重は低下傾向にある。第2次世界大戦後の1945年からサッチャー政権時の1983年に至る間の保守党下院議員（Tory MPs）の学歴をみると、表2-1に示すように大きく変化している。イギリスの義務教育年限は、現在5-16歳で、90％以上の児童・生徒が、実質的には地方教育局によって運営されている国立学校（state schools）に通い、無償で教育を受けている。その一方で、1980年代には、学校に通うことなく教育を受けている児童が6000-8000人いる、と推測されていた。これらは、健康上の理由で学校に通わないのではなく、1944年教育法の規定に基づいて、合法的に学校以外で教育を受けている子どもたちである。こうした児童の中には、13歳にしてオックスフォード大学で数学の学位を得た少女もいる。

教育機関は運営と財政の両面から、かなりの自治能力を管理機関が持つ公立学校、中央政府から直接補助金を受領している学校、個人・企業・慈善団体による私立学校の3つに分類される。イングランドとウエイルズでは公立の学校は、2つに大別される。1つは、カウンティ・スクール（county schools）と呼ばれ、地方教育局を通じ全額公費負担によって設置維持される。他の1つは、ボランタリー・スクール（voluntary schools）と呼ばれ、各種の宗派（religious denominations）によって設立され、全額公費負担によって維持されている。

公立学校（maintained schools）のカリキュラムの選定は、校長と教員に大方まかされ、政府は指針を示すに止る。ただし、これらすべての学校

表2-1　保守党下院議員の学歴構成割合の変化（％）

	1945年	1983年
パブリック・スクール出身者	83	47
パブリック・スクール→オックスフォード・ケンブリッジ出身者	50	25

資料：Martin Burchand and Michael Moran, Who Are the New Tories?, *New Society*, Vol. 70 No. 1138, 1984, p. 48.

では宗教教育が行われることになっており、1944年教育法によって、毎日の授業開始に先立ち、児童全員が集まり、キリスト教で、かつその中の特定の宗派に偏向しない、という前提で、礼拝をしなければならないことになっているが、BBC（British Broadcasting Corporation）の調査によると、毎日実行している学校は、回答のあった3793校中2132校（56％）、全児童が常時参加している学校は、2254校（59％）にすぎない。多くの都市部の学校では、シーク教徒（Sikhs）、イスラム教徒（Muslims）、ヒンドゥー教徒（Hindus）の子女の方が、キリスト教徒（Christians）の子女より多くなってきている、という事情もあり、宗教教育は両親がすべきとの声が高まってきている。(9)

　1年は、秋・春・夏の3学期に分割され、児童は、満5歳の誕生日直後に始まる新学期から入学するが、入学式も卒業式もない。5歳未満（3-4歳）の子どもの約45パーセントは、保育学校（nursery schools）と通常呼ばれる幼稚園に通っている。

　また多くの子どもが、保護者や任意団体によって組織された未公認の保育所（informal preschool playgroups）に通っている。教育課程は、初等教育（primary education）、中等教育（secondary education）、継続教育（further education）の3段階に分かれている。前2者が義務教育で、10.5-12歳の間に初等から中等に移る。初等教育は、年齢段階に応じて、5歳未満の保育学校、5-7または8歳の幼児学校（infant schools）、7または8-12歳の初級学校（junior schools）に分けられ、大多数の公立学校は男女共学になっている。就学年齢が低いため、児童の登下校には保護者が大抵つきそう。

　スコットランドでは、幼児学校と初級学校の区別がない。イングランドとウエイルズには、8-14歳児を対象にした中級学校（middle schools）があり、年齢に応じて初等課程か中等課程のいずれに在学するか区分される。(10)中等教育施設は中等学校（secondary schools）と総称される。すで

にみたように総合学校の比重が圧倒的に大きいが、歴史的経緯や地方教育局の方針を反映して、一地域内にさまざまな種類の中等学校がある。

義務教育以後

義務教育修了後の教育は一般に継続教育と呼ばれるが、義務教育修了後も引き続き大学受験準備等のために中等学校に在籍する者と大学生は、継続教育課程にあるとは通常みなされない。全日制、定時制、夜間の学校のほかに、学校での学習と企業での実習を一定期間ごとに繰り返すサンドウィチ・コース（sandwich course）、昼間通学のための時間が労働者に与えられるデイ・リリース（day release）等、特色ある継続教育課程がある。

これらに対し、大学（universities）、オープン・ユニバーシティ（The Open University）、教員養成課程（Teacher Training）、後に大学に改変されることになるポリテクニク（polytechnics）と呼ばれる高等専門学校などは、継続教育とは区別され、高等教育（higher education）機関になる。2020年現在、イギリスには100余りの大学があり、私立の5大学を除き、政府が大学の経費の80パーセントを優に超える負担をしており、事実上、国立大学といって差し支えないが、特別財政協定によって大学の自治は保証されている。[11] イギリス人アンダーグラデュエイト（undergraduate：日本の学部学生に相当）を対象にした地方政府による奨学金制度が非常に充実している。日本の学部卒業に相当する学位（degree）を取得するには普通3年または4年を要する。医学および獣医学コースでは5年または6年かかる。もちろん大学に入学するためには、試験を受けなくてはならない。オープン・ユニバーシティは、日本の放送大学のモデルになった制度で、1971年に開設された当時は、新入生約2万人で、その40パーセントの職業が教員だったが、およそ10年後の1983年には教員の比率は、14パーセントにまで下り、主婦の比率が、10パーセントから17パーセントに上昇して、第1位になっている。[12]

イングランドとウエイルズでは、新規に教職に就く場合、一般に認定された教職課程を履修しなければならない。教員養成課程は、大部分の大学と多くのポリテクニクにある。大学卒業資格のない者は、通常3年または4年で教育学士（Bachelor of Education）になり、大学卒業者は、1年で教員資格（Certificate of Education）を取る。イングランドとウエイルズにあるポリテクニクでは、あらゆるレベルの広範な科目についての高等教育が行われている。スコットランドと北アイルランドにも、これに相当する機関がある。[13]

　以上概観した通り、イギリスの教育制度は、歴史的な選別主義的エリート教育の名残りを残しつつ、新しい社会的要請に対応すべく、その方向を模索している。20世紀のイギリスにおける教育改革は、自由主義的発想に基づいて進められてきており、平等（equality）と自由（liberty）を結び付けたが、総合学校運動を除いては、友愛（fraternity）との結び付きは無視されてきた。[14]豊かな社会においては、絶えず能力を再開発する必要があり、生涯教育―生産者教育と消費者教育―の本質的な意義はこの点にある、といえようが、能力とは何かについての絶対的・客観的な基準の提示は事実上不可能であり、[15]したがって今日一般的に利用されている能力を判定測定する方法は、大方便宜的なものであるとすれば、複合的なイギリスの教育体系は、運営の仕方にもよるが、人間の多様性にある程度合致していた、ともいえよう。少なくとも、イギリスの複合的な教育制度は、偏差値偏重の相対評価による画一的な評価方式と比べ、はるかに人間の特性にそったものであったのではなかろうか。

2　オックスフォード大学とアダム・スミス

オックスフォード大学小史

　オックスフォード（Oxford）という地名は「牛の渡し場」―「牛（ox）」

に川を渡らせる「浅瀬（ford）」—に由来する。ちなみに、中国（中国語）では、Oxfordを「牛津」と表記する。何かにつけ、オックスフォード大学のライバルと目されるケンブリッジ（Cambridge）大学は漢字では「剣橋」大学と表記する。こちらは、ケム川（Cam）との音合わせの「剣」とブリッジ（Bridge）の漢語訳の「橋」の組み合わせからきている。両大学を表わす場合は、オックスブリッジ（Oxbridge）という。

　イギリスの大学では、12–13世紀のイングランドにそれぞれ設立されたオックスフォード大学（The University of Oxford）とケンブリッジ大学（The University of Cambridge）が、ボートやラグビーの対抗戦などで、日本ではもっともよく知られている、といってよかろう。しかし、スコットランドにあるセイント・アンドルーズ（St Andrews）、グラスゴー（Glasgow）、アバディーン（Aberdeen）、エディンバラ（Edinburgh）の4大学も歴史が古く、創立は15–16世紀にまで遡る。イングランドにはオックスブリッジ2大学しかなかった時代に、スコットランドには大学が4つあった。

　19世紀に至るまで、社会・経済・政治において相対的にイングランドに対し劣勢であったスコットランドに、イングランドの倍にあたる4つの大学が存在していたことを、日本で知る人はあまりいないであろうが、イングランドに対するスコットランドの対抗意識の強さと教育研究に対する熱心さを示している。今日においてもスコットランド人は、こうした歴史を誇りとしており、教育熱心である。その他の大学は、日本の大学と比べ古い歴史を持つものもあるが、いずれも19世紀以降に設立されている。これらの相対的に新しい大学の建物は、19世紀の煉瓦を使ったビクトリア朝（Victorian）の建築様式だったことから、軽蔑の意味をいくぶん込めて赤煉瓦大学（redbrick universities）と呼ばれたが、その後、市民大学（civic universities）と呼ばれるようになった。第2次世界大戦後、教育の機会均等と高等教育の拡張が強く要請されるようになり、1960年代

には 18 大学が設立され、1960－1978 年にかけて、学生数は 7 万人から 28 万人に急増した。(16) これら新しい大学の建物には、現代的な建築様式が取り入れられたため、板ガラス大学（plate glass universities）と呼ばれた。歴史を誇るオックスブリッジと異なり、新しい大学は日本の大学のあり方に近く、学部の連合体組織になっている。

　オックスフォードには、2020 年時点で 38 のカレッジがある。直訳すると「新学寮」を意味する 6 番目に古いニュー・カレッジ（New College）は、1379 年（日本では足利義満の時代）の創設で、すでに 640 年の歴史を持っている。それでも「ニュー＝新しい」カレッジなのが、イギリス的で面白い。よくも悪くも、歴史を大切にするのが、イギリス人・イギリス社会の特徴の 1 つである。オックスフォードでは、11－12 世紀（日本では平安時代）に、すでに講義が行われており、それが今日まで続いている。

　ケンブリッジは、オックスフォードに約 100 年おくれて創設された。1088 年創設のイタリアのボローニャ大学（Alma Mater Studiorum-Università di Bologna）の歴史は、オックスフォード大学よりも、さらに長い。こうした歴史・時間の流れに耐えて生き続けている制度や建物などがあるイギリスやヨーロッパの社会は、日本の社会とまったく異質である。2 つの社会が、そしてそこで暮らす人びとが、相互に理解し合い、さらには同化するまでには、国際化・グローバル化が何かにつけ論議され、欧米人と日本人の間における食べ物や着る物などに大きな差がなくなりつつあるとはいえ、気が遠くなるような遠い未来のことのように思われる。

麗しき助け合いの精神

　こうした歴史を誇るオックスフォード大学であるが、その歴史は、栄光にのみ包まれていたわけではない。経済学に少しでも触れた経験があるならば、アダム・スミス（Adam Smith）の名を知らない人は、まさかいないだろう。スミスの代表作『国富論』（*An Inquiry into the Nature and*

Causes of the Wealth of Nations：The Wealth of Nations, 1776）の名は
知っていても、全巻読了した人は、経済学部・経営学部・商学部などの現
役学生・卒業生であっても、おそらくそう多くはないであろう。古典とは
そうしたものかもしれない。経済学の古典、しかも大部の著作とあれば、
活字嫌い／読書離れを最大の特徴の1つにする昨今の若い学生諸君が敬遠
するのも無理からぬことかもしれない。しかし古典の古典たる所以は、時
間の流れによって、その新鮮さを失うことがなく、常に読む者に新しい感
動と知的刺激を与えてくれる点にある。そのうえ『国富論』は実におもし
ろい。『国富論』の刊行は1776年で、アメリカがイギリスからの独立を宣
言した年でもある。日本では、平賀源内がエレキテルを完成した年でもあ
る。そんな遠い時代であるにもかかわらず、スミスは、240年以上も後の
現代の日本の教育事情・大学事情を見通しているかのようなのである。そ
こが、実に面白く、見方によると、悲しくもなってくる。まず、そのさわ
りの部分を大河内一男監訳『国富論　Ⅲ』（中央公論社）によって紹介し
よう。

　「もし教師の服する権威が、かれ自身そのメンバーである団体、すなわ
ち学寮または大学にあり、かつ、そこでは他のメンバーの大半も、かれ同
様、教師であるか、あるいは教師たるべき人びとであるならば、彼らは共
同戦線を張って、あいみ互いにすこぶる寛大であろうとし、誰もが、自分
の義務をなおざりにしても、とがめられないという条件のもとに、仲間が
なおざりにしても、それを黙過しているらしい。[17]」

　筆者自身は、スミスが強調した競争よりも、現代社会においては協同の
ほうが大切と日頃から考えている。複数の人間のいるところ、どこでも、
相互扶助、仲間同士の助け合いが必要である。ただし、それが、もたれあ
い、なれあいになり、物事のけじめ、是非善悪の判断をつけられないまで
になってしまったのでは、よくない。その意味において、スミスの指摘に
素直に耳を傾けなくてはならない人は、職業や職種などを越えて多いので

＜ロンドンの中心部にある王立芸術院（The Royal Academy of Arts）の後ろに建つアダム・スミス像：2019年9月＞

はなかろうか。この引用は、若き日のスミスが学んだオックスフォード大学の教授に対する批判である。スミスは、オックスフォードで6年間過ごしたのち、オックスフォードに失望して、中途退学し、故郷のスコットランドに帰っている。

　筆者の知る限り、現代のオックスフォード大学の教授・研究者のほとんどは、スミスの時代とは全然違っており、彼ら彼女らは、研究教育に非常に熱心で、学生も大学生活を楽しみながら、実によく勉強している。もちろん、なかにはもっぱらワインの飲み方の研究ばかりしている、などという粋な先生や、あまり勉強しない学生もいるようではあるが、無視できる程度の絶対的少数派でしかない。いつの頃からこのような変化が生じたのかは分からない。

「たまたま教師が、もののわかる人であれば、学生に講義をしながら、自分のしゃべったり読んだりしていることが、ナンセンス、あるいはほとんどナンセンスに近いことだと自覚しているのは、いい気持でないに決まっている。また学生の大部分が、かれの講義をさぼったり、あるいは出席はしても、おそらくは一見明白な無視、軽蔑、嘲弄の色を示しているのに気づくのも、いい気持でないにちがいない。だから、彼が一定回数の講義をせねばならぬことになれば、ほかになんの利害がなくても、こうした動機だけからでも、聞くに耐えるくらいの講義をするために苦労しようという気持になるだろう。ところが、あの手この手と思いつくものだから、おかげで勉励へのそうした刺激の鋭さは、てきめんに鈍ってしまう。教師は、生徒に教えようと思っている学問を、自分で彼らに説明してやる代りに、なにかそれに関する本を読んでもいい。そして、もしその本が外国の死語で書かれているなら、生徒に対して、自国語に訳してやることによって、あるいはもっと楽なやり方だが、生徒に、彼の前で訳をさせ、ときどき思いつきをいうことによって、おれは講義をやっているんだというつもりになることもできる。これならば、ほんのわずかな知識と勉強でもって、軽蔑にも嘲弄にもさらされることなく、あるいは、まったく馬鹿げた、理に合わぬ、または、とんでもないようなことは少しも言わずに講義することができよう。⁽¹⁸⁾」

大学における自由と規律

いかに大学での講義を学生諸君にとって魅力あるものにするか。これについてはいろいろ議論もあろうが、その基本は、何といっても、どれだけ教員が自分の専門の勉強をしているか、これに尽きる。その意味において、講義を魅力あるものにする責任は、第1に教員の側にある。ほとんどの教員は、勉強をすることが好きで教員になったはずである。少なくとも勉強が嫌いではなかったはずである。また勉強は本来楽しいものである。勉強

をすれば知識が増え、いろいろなことがわかってくる。それだけでも楽しい。ただし勉強の楽しさは、スポーツ（観戦）や音楽（鑑賞）や飲食飲酒などの楽しさとは、いささか異なる。勉強を感覚だけで楽しんだり、もっぱら受け身のかたちで楽しんだりすることは、通常難しい。というのも、理性による思慮と選択を行い、実行しなくてはならないのが、勉強だからである。さらに、職業としての学問ということになると、また別の意味での難しさと苦しさも、ときに加わってくる。ここのところが難しい、また苦しい。その意味において、教員も人の子なので、ついつい楽なほうへ流されることがある。

　その上、幸か不幸か、スミスの指摘している教員同士の相互扶助には、なかなかに強固なものがある。したがって、学生諸君が魅力ある講義を望むのであれば、これは、学生諸君が、厳しく教員を採点し、教員に、教員が、教員として、本来なすべき勉強をせざるをえないようにさせる以外に方法はないのかもしれない。それには、学生諸君自身が、もっと勉強する必要がある。なぜならば、学生としてそれなりに勉強していなくては、どの教員が本当に勉強しているのかどうか、正しく判断することができないからである。ましてや、講義に1度や2度出席しただけで、つまらないからといって、その後の講義をさぼるべきではない。というのも、数ある講義のなかには1年あるいは少なくとも半年休むことなく出席して、はじめて、その魅力がわかるものがある（かもしれない）からである。端から出席しないで、学生諸君の間での、成績評価が甘い、という表層的な評判だけで講義の善し悪しを判断するのはよくない。こうした学生諸君の行動が、ますますつまらない講義を増やしていく可能性すらある。

　いずれにしても、大学の構成員は、教職員、学生ともに、それぞれの立場で勉強をする、という社会的責任を負っているはずなのであるが、そうなっていないところに問題がある。もちろん、教員にとっては、勉強すること自体が仕事そのものの根幹を形成し、学生諸君、より正確には学生諸

君の保護者・父母の皆さんが負担する入学金・授業料によって、大方の教員とその家族は生活の基盤を支えられている。したがって「勉強」する―あえて「研究」という語の使用は避ける―ことに関する教員の責任は、学生諸君のそれよりはるかに重い。学生諸君が講義に出席していない、勉強していないとすれば、せっかく入学金・授業料を払いながら、これに対応するサービスを受け取らないで、金を無駄使いしている、ということであり、個人的にも社会的にも大きな浪費空費が行われていることになる。しかし、自由主義経済体制下においては、基本的に金の使い方は個人の自由なので、賢明とはいえないが、こうした金の使い方も許されるであろう。また少なくとも、大学という本来は研究教育のための社会的制度の維持に、財政面で、講義に出席もせず、勉強もしない学生諸君（の保護者の方々）が負担している入学金・授業料が何がしかの寄与をしている、とはいえよう。

「学寮や大学の校規は、総じて、学生の便益のためではなしに、教師の利益のため、もっと端的に言ってしまえば、教師の安逸のためになるようにできている。その目的は、どんな場合にも教師の権威を維持し、そして教師がその義務を怠ろうがやり遂げようが、学生の側はどんな場合にも、教師があたかもその義務を最大の勉励と能力でもってやってのけたかのように、教師に対してふるまうことを強いることにある。校規は、教師という階層は完璧な知と徳をもっているのに、学生という階層は最低に欠陥だらけで愚かだ、という前提に立っているかのようだ。しかし、教師がほんとうにその義務を果たしている場合には、学生の大半が、いやしくも彼らの義務を怠るなどという例はない、と私は信じている。真に出席するに値する講義ならば、そういう講義の行われているところでは、どこでもよく知られているとおり、出席を強制する校規などおよそ必要がない。もっとも、強制と拘束も、児童、あるいは少年といってもごく小さい者たちを、教育のうちで、一生のそういう早い時期の間に身につけることが、彼らの

ために必要だと考えられる課程に強いて出席させるためになら、ある程度必要なことは疑いなかろう。けれども、12−13歳をすぎれば教師がその義務を果たしているかぎり、強制とか拘束とかは、教育のどの段階を行ってゆくにも、その必要はまずありえない。若い者の大部分は、とても寛大なもので、教師の指導を無視したり、軽蔑したりする気になるどころか、教師の側で彼らの役にたとうという、まじめな意図を示しさえすれば、教師がその義務を果たすうえで、いろいろ間違いがあっても大目に見るし、時には、えらく怠慢なことをしても、世間には知られないように、かばおうとさえする気になるのが普通なのである。」⁽¹⁹⁾

　大学教員は完全無欠の人間ではないが、教員と学生の関係を考えると、近年は急激に変化しつつあるとはいえ、常識的には、教員のほうが強い立場にある、といえよう。それだけに教員と学生との関係においては、教員の側で自己規制することが大切である。昨今流行の規制緩和では駄目なのである。大学教員としての筆者は、いわゆる講義の際に出席を取ることはしない主義だったが、比較的少人数のクラス、たとえば、ゼミナールなどでは出席を取った。というのも、出席を取ることによって、学生諸君の名前と顔を早く覚えることができるからであり、学生諸君一人一人の成長の度合いを知ることが容易になるからである。若干ではあるが、学生諸君の名前を呼ぶことによって、学生諸君との間での人間的な交流が深まることも期待できなくはない。あえていえば、筆者にとっての、これらが出席を取ることの効用であった。

　したがって、受講者の多い講義では、そもそも学生諸君の名前を覚えられないので、出席は取らなかった。時間的にも不経済である。名前を呼ぶ分だけ、講義の時間が短くなる。出席カードを配り、講義の後で整理する方法もあるが、多数のカードの整理に時間を取られるうえ、機械的なカードの整理では、上述の筆者にとっての出席を取る意味がなくなる。また出席を取ってもらうことだけを、ほとんど唯一の目的にして教室に足を運ぶ

学生諸君の多くは、講義の邪魔になるだけのことが少なからずある。これも筆者が出席を取らなかった理由の1つである。にもかかわらず、学生諸君のなかには、出席点なるものがあるかのごとく考えているから、困惑する半面、面白くもある。また、近年は、学生諸君の出席状況を記録し管理できるカード式の学生証を発行している大学もあり、学生諸君の中には学生証カードを何度も紛失したことにして、複数のカードを所持し、仲間同士でカードを持ち合い、架空？出席記録を残す不届き者もいる、と聞く。何とも奇妙な話である。学生諸君には、是非とも、この際、大学で学ぶことの意味を考え直してほしいものである。文部科学省の方針によるとはいえ、講義への形式的な出席を教員も学生諸君も重視するということは、スミスによれば、教員の手抜きの隠蔽のためと、学生諸君が240年以上も前の12-13歳の児童程度の知的発育水準にしかないから、ということになる。これでは、文部科学省も、大学教職員も、大学生も、あまりに情けない。

　自由主義者で、国際法の大家だったヒルティ（Carl Hilty）は、旧制高校生の愛読書／必読書だった『眠られぬ夜のために』のなかで、次のように述べている。「ある事柄が義務であるかぎり、それをなすべきかどうかを、もはや問うてはならない。これを問うことが、すでに裏切りの始まりである。[20]」

❸　オックスフォード遊学記　1983-1985年／2004-2005年

個性尊重教育

　イギリスでは、学校教育に代わる「個人教育」「家庭教育」「集団教育」などが認められ行われている。これは、必ずしも学校教育に対する不信不満を意味するものではなく、子どもの特性個性に応じた教育を一番しやすい立場にあるのは、子どものことを一番よく知っている親であり、家庭でならば、究極の個人教育・少人数教育が可能、という認識に基づくもので、その内容が妥当な場合には学校教育の代替として容認されている。

もともとイギリスの貴族階級・上流階級の家庭では、家庭教師・お抱え教師による個人教授が行われていた。この個人教授の伝統は、オックスフォード大学とケンブリッジ大学のテュートリアル（Tutorial）と呼ばれる個人指導方式に引き継がれ、両大学の教育を他の大学の追随を許さない独自のものにしている。

　オックスブリッジは、イギリスのみならず、世界でも有数の歴史と実績を誇る大学であるが、その仕組みは非常に複雑で、大学関係者の中にも正確に説明できる者は1人もいないであろう、とさえいわれている。両大学は、多額の国庫補助を受けており、日本的な文脈では国立大学法人に似た組織＝公的な組織と解しうるが、大学を構成するカレッジ—しばしば日本では両大学の College をコレッジと表記する—は、純然たる私的な組織で、国庫補助は一切なく、各カレッジは、それぞれ固有の資産、たとえば、土地家屋、美術工芸品、金融資産、などを所有する、経済的にはそれぞれが独立した存在で、カレッジ間における「貧富の格差」が大きい。一般的にいって、歴史がある古いカレッジほど、有力な卒業生や後援者なども多く、財政的に豊かで健全である。この完全な自治権を有するカレッジを抜きにしての大学としてのオックスブリッジはありえず、学生は、公的組織ともいえる大学、つまり国立大学の学部・学科に所属すると同時に、純然たる私的組織としてのカレッジにも必ず所属している。

　なお、イギリスには私立大学は数校しかないが、もっとも古い1983年に設立されたバッキンガム大学（The University of Buckingham）は、元・首相の M. サッチャー（Margaret Thatcher）を名誉総長に戴いていた。大学の自治を象徴する、ほとんど日本では知られていないエピソードが彼女にはある。1985年1月30日付けのイギリスを代表する全国紙『ガーディアン』（The Guardian）と『タイムズ』（The Times）両紙は、次のように報じている。「1985年1月29日に開催されたオックスフォード大学の教職員会は、オックスフォード出身のサッチャー首相に対する名誉学位の

授与を反対 738 票・賛成 319 票で否決した。20 世紀に入って、名誉学位授与候補者になりながら、学位を授与されなかったのは、彼女を含め 2 人しかいない。彼女の教育政策・福祉政策に対し、オックスフォード大学は断固として反対の意思表示をした。」

　イギリス経済の長期的な衰退の一因は、オックスブリッジを卒業した第 1 級の人材が、産業界に進まず、「公」「国」への奉仕を志したことにある、との説には根強いものがあり、これについては「＜コラム＞イギリスのエリートの価値観」であらためて紹介する。両大戦期には、非常に多くのオックスブリッジの学生・卒業生が志願兵（volunteers）として参戦し、進んで危険な任務・作戦に従事したため、彼らの戦死率は非常に高かった。伝えられる第 2 次世界大戦期における（一部の）空疎な大言壮語だけの大日本帝国エリート職業軍人の無責任さ・傲慢さ・頑迷さ・醜悪さとは段違い、といえよう。イギリスでは、いまだに子どもたちの間で根強い人気があったり、子どもたちが憧れたりする職業・職種は、「公共の福祉」に関連する、たとえば、看護師・教員などである。

儀式と服装

　1980 年代のオックスフォード大学に入学するためには、全国共通試験 GCE（General Certificate of Education）で 5 科目について上級 "A"（Advanced Level）または普通 "O"（Ordinary Level）レベルの試験に合格し、そのうち最低 2 科目は "A" でなくてはならない。そしてさらに大学独自の複数選択科目についての筆記試験と面接試験を受けなくてはならない。その際、希望する順に 6 つのカレッジを挙げておく。[21] オックスフォード大学への入学は、同時にカレッジへの所属を意味する。

　入学式（Matriculation Ceremony）には、男子の新入生（freshers）は、ダーク・スーツ、ダーク・ソックス、黒靴、白の蝶ネクタイ、白シャツに、丈の短い暗色のガウン（sub-fuse）と上部が四角なひさしのない黒の式帽

（mortar board）という恰好で臨まなければならない。女子の新入生は、ダーク・スカート、黒のストッキング、黒靴、黒ネクタイ、白シャツに、ガウンと式帽—女性専用のものもある—で臨む[22]。むろん、新入生を迎える大学側も、地位・学位に応じて定められた服装をする。儀式は、大部分の者には理解できないラテン語で行われる。学生がこうした正装をするのは、このときを除くと、試験を受けるときと学位を授与されるときだけである。

　日常の学生の服装は、日本の学生とほとんど変らず、セーターにジーンズという姿が多い。明らかに違う点は、スポーツを楽しむとき以外に、ポロシャツを着ている学生は皆無で、たいてい男子学生は、ネクタイなしでワイシャツを着ている。大学やカレッジの紋章や名前の入ったトレーナーやTシャツまたカレッジ・カラーの2メートルにも及びそうな首巻（scarf）やネクタイが、カレッジや町の洋品店や土産物店で売られているが、たまに首巻をしている学生の姿をみかける程度で、1980年代に、この種のトレーナーやTシャツを着ていたのは、次の3つのグループだったが、昨今は英語学校の生徒にも観光客にも中国人が目立つ。

(1) オックスフォードに多くある大学とは関係がない英語学校の生徒：夏には日本人もかなりいたようだが、イタリア人やアラブ人が多かった。

(2) 観光客：アメリカ人と日本人が特に目立った。

(3) テンプラ学生／教員：よく顔を知られた人物も数名いた。

オックスフォードの学生は、日常生活の中では硬直した形式にあまりこだわらない。1980年代当時の教員も学生も、全般に服装は、日本人のそれと比べると、簡素を通り越し、粗末といっても過言でないほどで、多くの教員は、くたびれた背広または替え上衣を着て、ネクタイを締めていた。

カレッジ

　オックスフォードの1年は10月に始まる。10-12月のミカエルマス

（Michaelmas）、1-3月のヒラリー（Hilary）、4-7月のトリニティ（Trinity）の3学期（Term）が、冬のクリスマス休み（Christmas Vacation）、春のイースター休み（Easter Vacation）を間にはさんである。7-9月は長い夏休み（Long Vacation）になる。各学期中、講義やセミナー等がある正味8週間をフル・ターム（Full Term）といい、この間、学生はカレッジを離れることができない。

　オックスフォードの研究教育活動全般を支えているのが、カレッジ制度である。カレッジは「学寮」と普通訳されるが、日本にはこの種の大学と一体化した制度はなく、わずかに旧制高等学校には共通点・類似点があったようだ。オックスフォード大学は、創設時期の新旧、宗教的な背景、性別（19世紀後半までは男子のみの大学で、その後、女子カレッジが設立され、現在はすべて共学）、所属する学生・研究員・教員の専攻などで特色を有する自治能力と固有の財源を持つ、2020年時点で45のカレッジと宗教的な背景を持つパーマネント・プライベイト・ホール（Permanent Private Hall：PPH）の連合体であるが、PPHの中には過去に財政的に行き詰まり、閉鎖されたものもある。

　各カレッジには、フェロー（Fellows）と呼ばれる数10名の研究教育スタッフがいて、ドン（Don）—ラテン語のdominusに由来し、lord／masterの意—というニックネイムが広く使用されている。大学には、政府から補助金が与えられるが、カレッジには補助金が一切与えられない。そのため、フェローに必ずしも十分な給与を支給できないカレッジもある。そこで、カレッジのフェローが大学の講師を兼任することによって、カレッジと大学の両方から給与を受け取る制度ができ上った。むろん研究上の要請が学部制度の導入を促した点も忘れてならない。日本の企業に資金を投資しているカレッジもある。

　カレッジの長は、マスター（Master）、ウォーデン（Warden）、レクター（Rector）、プロボスト（Provost）、プリンシパル（Principal）、プレジデ

＜モードレン・カレッジの鹿が放し飼いされている庭園（Magdalen College Deer Garden）：2018 年 9 月＞

ント（President）、などと呼ばれる。大学の長（Chancellor）は、終身の名誉職で、大学評議会（Convocation）で選ばれる。実質的な大学の最高責任者（Vice-Chancellor）は、通常、カレッジの長の中から大学教職員会（Congregation）によって選ばれ、任期は 4 年である。

　2018 年 12 月時点での大学全体の学生数は、約 2 万 4200 名で、そのうちアンダーグラデュエイトとグラデュエイト（日本の大学院生に相当）とが各 49 パーセント、その他が 2 パーセントになっており、グラデュエイトの比率が非常に高く、男女の比率は、男性 53 パーセント：女性 47 パーセントで、ほぼ拮抗している。

　カレッジには、通常 200－400 名の学生が所属し、そのカレッジのフェローあるいは専攻分野によっては他のカレッジのフェローの中から選ばれた指導教員（Tutors／Supervisors）について個人指導（Tutorial）を受ける。学生は、入学の時点で既に専攻する分野をかなりしぼりこんでおり、しばしば入学式に臨む前に指導教員から文献目録が送られてくる。個人指導は、学位論文（thesis）の作成に向けて 1 週間に 1 回程度ある。それに

は、あらかじめ小論文（essay）を用意し、指導教員に提出しておかなくてはならないので、その準備がなかなか大変である。

どのカレッジにも立派なワイン貯蔵室（cellar）があるが、なかには、カレッジのワイン・コレクションに全情熱を注ぎ込んでいるフェローを指導教員に割り当てられ、十分な指導を受けられない不幸な学生もいた／いる、と聞く。学生の一身上の問題については、各カレッジの学監（Dean）が相談にのる。カレッジは、勉学を中心にした一種の生活共同体で、大食堂（dining hall）、バー（bars）、談話室（common room）、図書館・図書室、礼拝堂、建物で囲まれた方形の庭（quadrangle／quad）、スポーツ施設等は、カレッジに必ずある。一部の新しいカレッジを除き、大食堂ではフェローと学生の席が異なり、フェロー専用の食卓は一番奥の一段高い場所にあり、これをハイ・テーブル（High Table）という。談話室にもフェロー用（senior common room）と学生用（junior common room）の別がある。また、すべてのカレッジに、入口を入るとすぐの位置にロッジ（lodge）と呼ばれる受け付けがあり、ピジョンホール（pigeonhole）と呼ばれるカレッジのメンバー全員の郵便受けがある。ロッジには、5–6名のポーター（porters）と呼ばれる管理人が、朝・昼・夜の3交代で常時詰めている。

さらに特筆すべきは、学生の50–70パーセントに対し、ベッド、机、椅子、本棚、洋服ダンス等、学生生活に最低限度必要な家具を備えた居室が、カレッジの敷地内またはその近所に用意されており、学生たちが寝食をともにできる点である。教職員も、昼食はほぼ毎日、夕食はときどき、学生とともにとる。ただし、休暇中は、カレッジ内の居室を明け渡さなければならないことが多い。その際、私物はカレッジの倉庫などに一時移すことになる。夏休みには、学生用の居室が、学会や国際会議などでオックスフォードに集まった人たちの利用に供されたり、夏季講習（summer school）参加者の宿舎に割り当てられたり、英語学校の夏季講習参加者に

<モードレン・カレッジ（Magdalen College）の食堂と朝食：2018年9月>

貸したりされる。カレッジにとって、こうした学生用の居室の転用が副収入源になる。休暇中もオックスフォードで過ごす学生は臨時の引っ越しをさせられることがある。カレッジ内の宿舎は、利便性からも経済性からも安全性からも学生にとって最善の居住空間といえるが、居室が不足しているため、通常、3年間のカレッジ生活のうち1年間はカレッジ外で暮らすことになる。カレッジの新設と学生数の増加で、オックスフォードの学生の住宅事情は、近年急激に逼迫してきている。

　大方のカレッジには、あらゆる専攻分野の研究者がおり、したがってさまざまな分野を専攻している学生が所属することになり、学生は日常的な交流を通じて視野を広げることができる。通常、大学生活3年のうち2年をカレッジ内で過ごす。既婚者用の住居も、カレッジの近くに大抵ある。大学直轄の居住施設も多くはないがある。カレッジ外に住む場合は、カレッジの許可を得た上で、1980年代のことだが、ごく一部の例外を除き、アンダーグラデュエイトはオックスフォードの中心地から6マイル以内、グラデュエイトは12マイル以内に住まなくてはならない。カレッジこそは、オックスフォードの学生生活すべての基盤といってよいであろう。

　カレッジの食事時間が45分から1時間程度と限られているうえ、1980年代には一般のレストランなどの営業時間も規制されていたため、食事を取りそびれてか、授業中に腹の虫をグウグウいわせている学生が多かった。

＜グリーン・カレッジ（Green College：現 Green Templeton College）の象徴の旧天文台：壁面に星座の彫刻がある Radcliffe Observatory（後）と開閉式丸屋根の Rotunda：2004 - 2005 年の間、Rotunda が筆者の研究室だった：2018 年 9 月＞

有名パブリック・スクール出身の学生、たとえばイートン校出身者（Etonians）などは、カレッジの献立にあっても、大方の日本人が好む、白身魚に衣をつけた揚げ物と拍子木切りにしたジャガイモの揚げ物で、塩と酢（vinegar）―パブなどでは、ケチャップや特製？のソースもつく―を振りかけて食べる、もともとは労働者の食べ物だったフィッシュ・アンド・チップス（fish and chips）は、けっして口にしない、という。イギリスといえば、多くの日本人は紅茶（tea）を連想するだろうが、イギリス人は、むしろコーヒーを職場での休憩時間（coffee break/tea break）によく飲む。また食後には、まず 10 人のうち 9 人以上がコーヒーを飲む。

玉突き（billiards／snooker）、小さな手投げ矢の射的（darts）の設備は、いずれのカレッジにもあり、比較的人気がある。オックスフォードの町の三方を取り囲むように流れるアイシス（The Isis）と呼ばるテムズ川（The Thames）とその支流チャーウェル（The Cherwell）では、春から秋にか

けて平底のボートを長く重い櫂1本で操作する舟遊びパンティング（punt-ing）が、19世紀の半ば頃から行われている。これは、オックスフォードとケンブリッジに特有の舟遊びだが、ボートの操作方法は、両大学で異なる。また、イギリスには、年齢・性別を問わず、散歩（walking）を楽しむ人たちが多く、雨の日でも傘を差さず、しばしば犬を連れて散歩している。こうしたことから、雨天散歩用の雨具がいろいろある。

講義・セミナー・試験・クラブ

　講義は、原則として1科目60分8回で完結という短かさのため、休講は絶無に近く、毎回1時間きっちり行われ、開始が遅れることも、延長されることもない。教室には、椅子はあっても机のないことが多い。授業中、教師も学生も、あたりかまわず派手な音を立てて鼻をかむ。しかも何度も同じハンカチを使って、これをやった後、しばしばシャツの袖口にハンカチを突っ込む。食事の際もほぼ同様である。イギリスは天候の変化が激しいせいか、風邪を年中引いている人間が多いのかもしれないが、鼻水をズルズルいわせている者をみかけたことはない。

　学生は、さまざまなカレッジ・学部・研究所などで行われる講義・セミナーに自由に参加でき、各種の図書館や博物館などを利用できる。多数の学部が、大学の管轄下にあり、カレッジの枠を越えて専攻分野別に組織されているが、学部が話題になることは、ほぼ皆無で、何かにつけ学内外の人びとが取り上げるのはカレッジだけ。研究所の多くも同様である。時間割は学期ごとに変わり、社会科学・人文科学系統の講義は、原則として、1テーマについて週1回8週8回で完結し、午前9時から午後1時まで60分単位で通常行われるが、この間、休憩時間は一切なく、1つの講義が行われた教室・建物から次の講義の会場への移動に一苦労する。ちなみにカレッジその他の主要施設は、東西1キロメートル余、南北2キロメートル余の地域に分散しており、この間の移動には自転車が利用されること

が多い。もっとも学生の出席状況は、日本同様、学期初めに非常によく、その後、目に見えて悪くなっていく。しかしそれを見越してか、第1回目の講義の際、参考文献目録が配布されることが多い。たとえば、筆者が偶然にも当時の浩宮殿下（今上天皇）と一緒に1983年秋のミカエルマス・タームに出席したP. マサイアス（Peter Mathias）教授担当の「イギリス経済史1700 – 1870年」（British Economic History 1700 – 1870）の参考文献目録には、何と17項目に分類された450冊を超える文献が網羅されていた。さぼった分は文献を頼りに独習せよ、ということであろう。

　セミナーは、午後4時半か5時に始まることが多く、90 – 120分続く。いわゆるゼミ生（セミナー所属の学生）は存在せず、オックスフォード大学内部または他大学などから報告者が毎回招かれて、研究発表を約1時間行い、これをもとにしてアンダーグラデュエイトも参加しての議論が戦わされる。セミナーは、講義同様、アンダーグラデュエイト・グラデュエイトの別なく公開され、関連分野のフェローも多く参加する。教員と学生の関係は、おおむね非常にインフォーマルで、たとえば、前記のマサイアス教授に対して、学生は「ピータ」と教授のファースト・ネイムで話しかけるし、授業やセミナーの進め方等にもどんどん注文を付ける。

　秋が過ぎ、長く暗い冬が終り、待ちに待った春になり、カレッジ対抗ボート・レースに熱中し、1年で最も美しい文字通り百花繚乱の初夏が訪れると、トリニティ・タームの終了間際の6月末に各カレッジで学生主催の大パーティ（Summer Ball）が開かれる。服装に日頃無頓着な学生も、このときばかりは、男子はタキシード、女子はイブニング・ドレス、または民族衣裳というフォーマルな装いで、ディナーと盛大な酒盛り（booze）に続くディスコやロック・コンサートで夜を徹して楽しむ。だが6月は試験の季節でもある。3年目の大方のアンダーグラデュエイトは、目付きが変わり、殺気立ってくる。論文の作成は自明のこととして、筆記試験を受けた上で、最後の難関、面接試験（the viva voce examination）に臨まなくてはなら

ない。筆記試験は、1科目3時間で通常12科目程度受験しなければならない。優等（Firsts）を取ることは、学生本人の誇りであり、優等生を多く出したカレッジは、これまた鼻が高い。捲土重来を期す学生の姿もあれば、シャンパンを頭から振りかけて祝福し合っている学生の姿もみられるのが、この時期である。学位授与式（Conferment of Degrees）たる卒業式（graduation ceremonies）は1年を通じて9回ある。

＜オックスフォードの目抜き通り（Broad Street）での学費値上げ・教育への市場原理導入に反対する学生集会：1999年10月＞

＜アイシスでのカレッジ対抗ボート・レースで Osler-Green Boat Club の主将で医学系大学院生の Paula Blackmore を激励する筆者：2004年5月＞

＜ Green College の Summer Ball：2004年6月＞

勉学とは別の面で、オックスフォードの学生生活を豊かなものにしているのが、さまざまな公認の学生団体（clubs, societies and other organizations）である。その頂点にあるのが、全学自治会 OUSU（Oxford University Students' Union）で、住宅、反人種差別、就職、奨学金、生活相談、娯楽、新入生歓迎会、同性愛者の権利、学部、保健・福祉、海外留学生、平和、受験生勧誘、第三世界出身研究者、クラブ、教育、図書館、海外、女性、などの委員会によって構成されている。クラブ活動は、一般、舞踊・演劇、音楽、ジャーナリズム、政治、地域貢献、食事・ワイン、国際、宗教、スポーツなど、ありとあらゆる領域に及ぶ。またこれらのほかに、1世紀以上の歴史を誇る学生の政治クラブ The Oxford Union や卒業生の組織 Graduate Representative Council などもある。

図書館と書店

　オックスフォードでは、図書館が、また素晴しい。各カレッジの図書館以外に、学部（Faculty／Department）や研究所（Institute）などのアンダーグラデュエイトにも利用できる図書館が、今は状況がずい分変わったが、1980年代には主要なものだけで40を優に超えていた。中でも圧巻は、ボドリー図書館（The Bodleian Library／The Bod）で、1983-1985年当時は、オックスフォードのランド・マークの1つでもあるラドクリフ・カメラ（Radcliffe Camera）ほか7つの建物にまたがる24閲覧室、2400席、スタッフ400名からなり、その規模において大英図書館（The British Library）に次ぎ、開館は17世紀初頭である。ごく一部の特別展示室を除き、観光客を含む一般市民には非公開で、利用できるのはオックスフォード大学関係者のほか、しかるべき推薦状・紹介状を有する他の機関や大学所属の研究者・学生に限られる。学生は、顔写真付きの名刺大の入館証を毎年発行してもらわなくてはならないが、その際、ガウンを着て宣誓する。当時、宣誓すべき文言は、日本語を含む10数ヵ国語（あるいは20数ヵ国語

だったかもしれない）で用意されていた。

英語での宣誓の文言は以下の通り:

I hereby undertake not to remove from the Library, or to mark, deface, or injure in any way, any volume, document, or other object belonging to it or in its custody; not to bring into the Library or kindle therein any fire or flame, and not to smoke, in the Library; and I promise to obey all rules of the Library.

2019年に10数年ぶりに入館手続きをしたときには、宣誓はなくなっており、外国人である筆者の母国日本の現住所を英語で表記した疎明資料の提示を求められ、パスポートでの代用を試みたが、パスポートには日本の住所の英語表記はなく、これは駄目で、ともに期限切れの入館証とカレッジのメンバー・カードを提示して、2020年3月末まで有効の通常は有料の入館証を無料で入手した。

ターム中は月曜日から金曜日の朝9時から夜10時まで、休暇中は夜7時まで、土曜日は午後1時まで利用できる。閉架の文献は、原則として1週間リザーブできる。1983-1985年当時、約7万部の写本、480万冊の書籍（うち75万冊が開架）、さらに地図、楽譜、マイクロコピーが所蔵されていた。毎年、著作権法（The Copyright Acts）に基づいて、グレイト・ブリテンで発行される4.6万種類の書籍とパンフレット、10.1万部の定期刊行物が、また購入・寄贈によって、約3.1万冊の書籍とパンフレット、7.7万種類の定期刊行物を受け入れていた。その後もこれらの数は増え続け、現在、その多くはオックスフォード郊外の書庫に移されている。筆者が1983-1985年に思索に最適の雰囲気に魅せられて頻繁に利用したボードリー図書館のなかで最古の一角にあるデューク・ハンフリー図書館（Duke Humfrey's Library）には、通路をはさみ両側に鎖で結び付けられた古書と写本が並ぶ木製の時代を経た書棚と机と椅子があり、部屋の南北両側の窓からやわらかな自然光が入る。天井を見上げると、青・赤・金で彩色さ

<大学図書館の象徴的建物ラドクリフ・カメラ：2019 年 9 月>

<デューク・ハンフリーズ図書館内の階段（閲覧室は撮影禁止）：
2019 年 9 月>

れてはいるが、色あせた大学の紋章が格子状に並び、その中にラテン語
DOMINUS ILLUMINATIO MEA「主はわが光なり」の文字が読み取れる。

　オックスフォードには、オックスフォード大学出版局（Oxford University Press：OUP）の直営店のほか、多数の書店がある。古書店では、

1835年開業―2002年に閉店―のソーントンズ（Thornton's Bookshop）とウォーターフィールズ（Waterfields Bookshop Secondhand Antiquarian）の2つが群を抜いていた。しかし何といっても圧巻はブラックウエルズ（Blackwell's）である。美術、音楽、児童の部門は、それぞれ隣接近接する別の建物にあるが、これらを除く、すべての分野の書籍類が一店に集められており、著者名、書名等をいえば、ただちにコンピュータで在庫状況を調べてくれ、品切れの場合はもちろん取り寄せてくれる。学生を含む多くの大学関係者は、信用取引の個人口座を開設している。

　ブラックウエルズでは、古書も扱っている。日本では、著名な学者、蔵書家が亡くなると、その蔵書が一括して図書館や研究所などに寄贈されたり、買い取られたりして、「○○文庫」などと名付けられる場合が多い。むろんオックスフォードでも同様のことがある。しかし多くの亡くなった学者の遺族は、ブラックウエルズを含む古書店に故人の蔵書を売りに出す。経済的理由もあろうが、最大の理由はほかにある。故人が金と時間をかけて集めた蔵書が、図書館の書庫にほとんど利用されることなく死蔵されるよりも、たとえ散逸することになろうと、真に「1冊」の価値を知る者、「1冊」を必要とする者、「1冊」を読みたい者に、それぞれ買い取られ、活用されることをよしとするからである。したがって、これらの書店では、思いがけない貴重な文献が一度にどっと売りに出されることがある。学生や研究者の中には、死期の迫った大家や蔵書家の命が燃え尽きる日をひそかに待っている者が少なからずいるとのこと。これらの書店は、新刊書については、書き込み、アンダーラインの有無多少にかかわりなく、大体定価の半値で引き取ってくれる。

補論　カレッジ生活に不可欠な保険

　オックスフォードは、かつて覚醒剤汚染・自転車盗難多発地区でもあっ

た。1980年代の全学自治会（OUSU）は、一般学生向けの手引書に麻薬（Drugs）の項を設け、注意を喚起している。「特記すべきは、オックスフォード警察が、非常に活発に麻薬取締活動を最近している」とし、問題をかかえている学生のための相談機関を紹介している。[23] 自転車盗難については、大学の学監の学生向け覚え書き（*University of Oxford, Proctors' Memorandum 1983-84*）の最後に、自転車の盗難が大きな問題になっているとし、錠をしっかりかけること、なるべく動かない物に自転車を固定する状態で錠をしっかりすること、登録番号を控えておくこと、と警告している。[24] またOUSUの新入生向けの手引書（Oxford University Students' Union, *Freshers' Mailing*, 1983）も、その最後で「数1000台の自転車が盗まれている。頑丈な錠を買い、注意せよ。」と呼びかけている。当時の『朝日新聞』（1986年1月28日・朝刊）「エコー」欄は、1985年の東京都内における自転車盗難被害届は約50万件に達した、と報じている。人口1000万人を超える東京の50万件に対し、当時の人口12万人のオックスフォードの、しかもかなり限定された地域での数1000台が、どういう意味を持つか容易に理解できるであろう。

　何かにつけ盗難が多く、自転車を乗り付けて講義などに出席した学生が、盗難防止のため前照灯と尾灯をいちいち取りはずし、大事そうに机の上に並べて、ノートを取っている姿を、教室でよく見かけた。自転車の盗難が多発したせいでもないであろうが、イギリスには、もっぱら学生のための保険を扱うことから出発したユニークな組織エンズリイ保険サービス（Endsleigh Insurance Services Limited）がある。OUSUも加盟している全国学生連合（National Union of Students：NUS）は、1965年に学生の保険ニーズに応えるためにエンズリイを設立した。その設立の当初からエンズリイは、保険会社によって直接またはブローカーを通じて提供される既成の保険証券を販売する方法はとらなかった。学生の保険ニーズは特殊であるとし、学生固有のニーズに合致する独自の保険を常に設計して成長

を遂げ、増大を続ける需要を満たすに足る十分な財政的な裏付けを得るために、その後、NUS は、エンズリイを、オランダのゴウダ保険会社（Gouda Insurance Company of the Netherlands）とイギリスのフレンズ・プロビデント生命保険会社（Friends' Provident Life Office in the U.K.）に売却している。

　エンズリイの保障は卒業時に終了するわけではない。産業界に身を投じたり、専門職に就いたりする若い卒業生からの需要が増え、エンズリイは、卒業生の団体（graduate unions and associations）のほか、公務員組合（Civil Service Union）、船員・搭乗員組合（Merchant Navy and Airline Officers Association）、全国教員組合（National Association of School Masters）、女子教員組合（Union of Women Teachers）などにも保険を提供している。学生または卒業生が個人保険および家計保険の分野において持つと考えられる、あらゆるニーズを満たすための保険を、エンズリイは用意している。ほとんどすべての場合に、自ら保険証券を発行し、保険者に代ってすべての保険金請求を処理する。こうした方法を採ることによって、迅速かつ効率的なサービスを提供する。エンズリイが扱う主要な保険種目には、財産保険、楽器保険、カメラ保険、スポーツ保険、自転車保険、自動車保険、オートバイ保険、旅行保険、生命保険、などがある。

　学生生活の危険度を考える限り、1980 年代のオックスフォードは、カレッジの内外を問わず、イギリスでは最も安心して学生生活を享受できる場所といえそうであるが、そのオックスフォードにして、けっして気を抜いて暮せるような土地柄ではなかった。ちょっとした店には、特に書店には、万引（shoplifting）をした者は警察に突き出す旨の強い調子の警告が、よく目立つ場所に掲示してあった。ブラックウエルズには、防犯カメラが設置してあり、出（入）口のそばに「あなたのバッグの中には支払いを忘れたままになっている本が入っていませんか」―その後、この警告文は強い調子のものに改められた―という意味の婉曲な表現を用いた掲示があった。

学生は、多くの日常的な危険に取り囲まれて生活しており、被害者になることが多いようであったが、学生のなかには、勉強に熱中するあまり、カレッジの図書館の蔵書を無断で持ち出し、返却することをすっかり忘れてしまっている勉強一筋の不心得者もいた。

　保険は、市民としての生活を自己の責任において、つまり危険に対応した保険料を負担することによって守っていくための制度と、彼らは考えている。これに対して福祉には、弱者救済的な要素があることを暗黙の前提としている。保険は、すぐれて個人の自由に関わるもので、社会的不平等に対して直接作用し、これを除去するものではない。社会的不平等を前提にした上での平等、つまり危険の程度に応じて保険料をそれぞれ負担し、個人間の公平を保つ、という考え方に保険は立脚している。むろん、危険を認識した上でのことではあるが、保険では、初めに保険料負担ありきなのである。これに対して社会保障は、社会的不平等を問題にする。また何よりもニーズの充足を重視する。むろん、それには費用負担が伴い、往々にしてニーズと費用負担能力の均衡がとれていない場合がある。このギャップを埋めるに際し援用されるのが、福祉的発想といってよかろう。ただし公的・政策的な福祉対応は、常に平均的水準以下のものを平均的水準に押し上げたところで止まる、と考えるべきではない。たとえば、教育では、現実的な制約はあるにせよ、無限とされる可能性が追求される。今や教育は福祉の重要な分野を形成するに至っている。高等教育に関していえば、もはや弱者救済的福祉観では対応できなくなってきている。新しい福祉観の確立が求められる所以である。福祉については、費用負担の問題を無視することも軽視することもできないが、やはり初めにニーズありきということになろう。

＜コラム＞　エリートの価値観

　イギリス経済の長期的な衰退の一因は、オックスブリッジを卒業した第1級の人材が、産業界に進まず、「公」「国」への奉仕を志したことにある、との説がある。

　たとえば、A. ギャンブルは『衰退するイギリス』で次のように述べている。「祖国の永続的な価値を田舎の生活・産業革命以前のイングランドと同一視することがもてはやされ、実業・貿易・応用知識が疎んじられ、……才能のあるイギリス人の多くは金融・言論・公共部門の職業に就き、産業界にはめったに入らない……」(Andrew Gamble, *Britain in Decline : Economic Policy, Political Strategy and the British State*, 4th ed., St Martin's Press, 1994, p.36：都築忠七・小笠原欣幸訳『イギリス衰退100年史』みすず書房、1987年、66ページ)。

　M. ウィーナーも『イギリス文化と産業精神の衰退』で次のように指摘している。「(19) 60年代と (19) 70年代の新しい教育哲学者でさえ、多くの伝統的な経済的事業や技術革新に対する偏見を持ち続けている。」(Martin J Wiener, *English Culture and the Decline of the Industrial Spirit*, Cambridge University Press, 1981, p.134.)

　P. スタンワースの記述も興味深い。彼が論文「エリートと特権階級」でエリートの就職について取り上げている順番は、「教会」「軍隊」「法曹」「政府官庁」「議会」「産業と金融」で、ルビンスタイン (W D Rubinstein) の所説に言及しつつ、次のように述べている。「非常に富裕な人たちは、その富を商業と金融業で得た。階級構造の下層は、産業労働によって変質していったのに対し、新しい富裕層の中で支配的なエリートたちは、商業と金融業に関わった。」(Philip Stanworth, "Elites and Privilege", in Philip Abrams and Richard Brown (eds.) *UK Society : Work, Urbanism and Inequality*, Weidenfeld and Nicholson, 1984, pp. 251-261, 275.)

　R. ダーレンドーフも『イギリスについて』でイギリスの経済的衰退について次のように語っている。「専門職、金融機関、報道機関、官庁などはまぎれもなく才能ある若者たちに人気がある職業である。ところが産業は3番目とまではいかなくても精々2番目の選択なのだ。イギリスの上流階級ののんびりした鷹揚な風情を誤解してはならない。結局はこれが上流階級のスタイルなのであり、それを見れば、その人が上流階級の人間であるかないか識別でき、連中は権勢を天与の属性と心得ていることがうかがい知れる。彼らは技術や経済についてはアマチュアかもしれな

いが、こと経営となるとプロである。イギリスの中流階級は苦しい目に遭うことも
なければ、野心も持たず、ただ、幸福で従順な存在なのだ。支配階級でもなく、尽
きざる欲望に駆り立てられるでもない階級、これがイギリスの中流階級なのである。」
(Ralf Dahrendorf, *On Britain*, British Broadcasting Corporation, 1982,
pp. 47, 57：天野亮一訳『なぜ英国は「失敗」したか?』ティビーエス・ブリタ
ニカ、1984年、63、77-79ページ。)

　女性の見解にも目を配っておこう。J. クーパーは『階級』で次のようにみている。
「上流階級と労働者階級の夫は、妻が外で働くことを好まない。彼らは、彼らの帰
宅を、掃除ができていて、定刻に食事が用意され、子どもたちのしつけができてい
る自宅で、妻が待っていることを望む。中流階級においてのみ、仕事が、地位を示
す標識と考えている。」(Jilly Cooper with drawings by Timothy Jaques,
Class : A view from middle England, revised ed., Corgi Book, Transworld
Publishers, 1980, p.156.)

　もっとも、19世紀末まで、中流階級の女性の職業は、事実上、家庭教師 (gov-
erness) 以外にはなく、淑女 (gentlewomen) にとって家庭教師は尊敬される
職業ではあったが、しばしば雇い主と家事使用人の間にあって非常に不愉快な立場
に置かれていた (Julia Parker, *Women and Welfare : Ten Victorian Wom-
en ; Public Social Service*, Macmillan Press, 1989, p.13)。

　しかるがゆえに、J. S. ミルは『女性の隷従(女性の解放)』で次のような激しい
問題提起を試みている。「男女間に現在存在する相違のうち、もっとも争う余地の
ないものですら、それは、もっぱら環境によって作られたものであり、生まれつき
の能力に相違があるのではない。」(John Stuart Mill, *The Subjection of Wom-
en*, 2nd ed., Longman, Green, Reader, and Dyer, 1869, p.105：大内兵
衛・大内節子訳『女性の解放』岩波書店(岩波文庫)、1984年、122-123ペー
ジ。)

　最後に日本人の日本とイギリスの教育のあり方に関連する見解を2つ紹介して
おこう。

　「日本は、資本主義が衰える前に、社会そのものが腐り果ててしまうのではない
でしょうか。ヨーロッパ、とくにイギリスは資本主義が没落しても、人間社会はみ
ずみずしい感性と旺盛な思考力をもって生きながらえていくような気がします。」(飯
田鼎『イギリス・衰亡と再生』亜紀書房、1976年、252ページ。)

　「日本をここまで引き上げたのは、日本人の俗物根性であり、英国を没落させた

のは英国人の教養であったと考えられます。イギリスの教育は成功したがゆえに没落をもたらしたのですから、このように教育が成功すると、人はお金よりも文化的たのしみを選ぶようになります。」（森嶋通夫『イギリスと日本―その教育と経済―』岩波書店（岩波新書）、1977年、151ページ。）

　以上の見解は、「18世紀から19世紀末に至るイギリス国家の形成過程における最大の特徴の1つが、福祉・教育・文化の提供を友愛組合（friendly societies）や篤志病院（voluntary hospitals）などのボランタリー組織に委ねていた」（Martin Daunton, *State and Market in Victorian Britain : War, Welfare and Capitalism*, The Boydell Press, 2008, p. 255）という伝統と、「19世紀以来、帝国主義や海外膨張の必要性として、経済利害以外に博愛主義や文明化の使命などが語られ続け、自由主義的・民主主義的帝国主義、人道主義的介入などの言辞が提起」（竹内幸雄『自由主義とイギリス帝国主義―スミスの時代からイラク戦争まで―』ミネルヴァ書房、2011年、273ページ）され、自由と規律がせめぎ合ってきたイギリスの社会思潮を間違いなく反映しており、「福祉国家は、階級と社会的秩序を構造化するもっとも重要な制度」（岡沢憲芙・宮本太郎監訳『福祉資本主義の三つの世界　比較福祉国家の理論と動態』ミネルヴァ書房、2001年（Gøsta Esping‐Andersen, *The Three Worlds of Welfare Capitalism*, 1990）62ページ）ということになろうか。

　こうしたエリートの価値観の裏返しともいえるイギリス的な考え方・生き方も1つ紹介しておこう。歴史を少しさかのぼると、地域住民と大学関係者（Town and Gown）が長きにわたり対立していた大学都市オックスフォードは、今や観光都市でもあり、大学とも関係が深い情報・科学技術・出版・製薬など、幅広い分野にわたる産学共同事業の一大拠点でもある。オックスフォードでの産学共同は、立志伝中の人物W. R. モリス（Sir William Richard Morris）による1937年のナフィールド・カレッジ（Nuffield College）の設立が画期の1つをなす。彼は、小さな自転車店から身を起こし、オックスフォードを基盤にして一大自動車産業を発展させ、産学共同を目指して、社会科学中心の、オックスフォードで初めての、男女共学の、グラデュエイトだけのナフィールド・カレッジを設立するための資金を提供している。これなどは、日本全国津々浦々で展開されているようにもみえる、さまざまな種類・段階の教育ビジネスとは、発想においても規模においても天地の差があるように思われるが、どうだろう。

注

(1) Adam Smith, *An Inquiry into the Nature and Causes of the Wealth of Nations*, in R. H. Campbell and A. S. Skinner（eds.）*The Glasgow Edition of the Works and Correspondence of Adam Smith*, Vol.Ⅱ, Liberty Classics（An exact photographic reproduction of the edition published by Oxford University Press in 1976 and reprinted with minor corrections in 1979）, p. 28：アダム・スミス（大河内一男監訳）『国富論 Ⅰ』中央公論社、1976 年、28 ページ。

(2) Julia Parker, *Social Policy and Citizenship*, Macmillan Press, 1979, p. 93.

(3) Peter Bromhead, *Life in Britain*, Longman, 1982, pp. 17－20.

(4) Central Office of Information, *Education in Britain*, HMSO, 1982, pp. 4－5, 154.

(5) *Ibid.*, p. 154.

(6) Parker, *op. cit.*, p. 94.

(7) Clive Davidson, Teach Your Own Children, *New Society*, Vol. 73, No. 1177, 1985, pp. 84－87.

(8) Central Office of Information, *op. cit.*, p. 193.

(9) Margaret Jay, Religious Instruction in Schools: Come all ye faithful?, *The Listener*, Vol. 112 No. 2889, 1984, pp. 6－7.

(10) Central Office of Information, *op. cit.*, p. 193.

(11) *Ibid.*, p. 8.

(12) *Ibid.*, p. 154.

(13) *Ibid.*, pp. 10－11.

(14) A. H. Halsey, *Change in British Society*, 2nd ed., Oxford University Press, 1982, p. 9.

(15) A. H. Halsey, Who Owns the Universities?, *New Society*, Vol. 68 No. 1119, 1984, p. 180.

(16) Bromhead, *op. cit.*, p. 160.

(17) Smith, *op cit*, p. 761：アダム・スミス（大河内一男監訳）『国富論 Ⅲ』中央公論社、1976 年、113－114 ページ。

(18) *Ibid.*, p. 763：同前書、117－118 ページ。

(19) *Ibid.*, p. 764：同前書、118－119 ページ。

(20) カール・ヒルティ（草間平作・大和邦太郎訳）『眠られぬ夜のために』第 1 部、岩波書店（岩波文庫）、1977 年（Carl Hilty, *Für Schlaflose Nächte*, Erster Teil, 1901）146 ページ。

(21) The University of Oxford, *Examination Decrees and Regulations 1983 for the Academic Year 1983 – 84*, Oxford University Press, 1983, pp. 14 – 21.

(22) The University of Oxford, *Proctors' Memorandum 1983 – 1984*, Oxford University Press, 1983, p. 4.

(23) Nigel Griffiths, Nicholas O'Brien, et al., *The Oxford Handbook*, 7th ed., Oxford University Students' Union, 1984, pp. 66 – 67.

(24) 以下のエンズリイに関する記述は、基本的に 1983 年に入手した同社のリーフレット The Complete Student Insurance Service と Personal Possessions Insurance による。

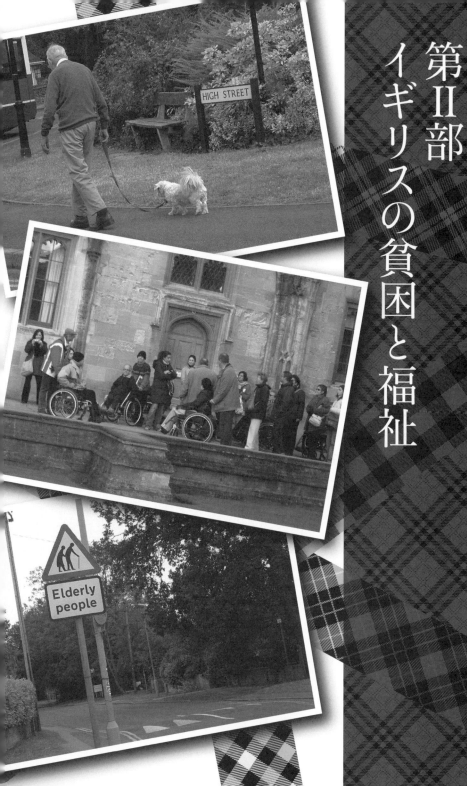

第Ⅱ部
イギリスの貧困と福祉

上段の写真：オックスフォード近郊の Kidlington で犬を連れての散歩を楽しむ老紳士。イギリスでは、すべての道路が舗装されて、必ず広い歩道がついているので、車イスでも安心して外出できる。2004 年 7 月。

　中段の写真：映画「ハリー・ポッター」（Harry Potter）の撮影に使われたことでも知られるオックスフォード大学のクライスト・チャーチ（Christ Church）を見学する車イスの人たちと家族・支援者の一団。日本の大学で、こうした光景を目にすることは、まずない。

　Christ Church を直訳すると、「キリスト教会」になるが、Christ Church はオックスフォードでも伝統と格式を誇るカレッジの 1 つで、16 世紀前半の設立。2004 年 11 月。

　下段の写真：上段の写真の近くの道路にある「高齢歩行者に注意」の道路標識。1980 年代のイギリスの道路で見かける車の多くは、当時の日本でも見かけないような年代物で汚れており、車体のいたるところが、へこんだり傷ついたりしていたが、運転マナーのやさしさに、たびたびびっくりさせられた。その後、車の見栄えがよくなるにつれ、運転マナーが乱暴になってきた。2004 年 7 月。

3. イギリス社会保障前史

> イングランド史はまさに進歩の歴史である。
> それは公共心の恒常的進展の歴史であり、
> 偉大な社会における恒常的変化の歴史である。
>
> アラン・マクファーレン『イングランド個人主義の起源[1]』

❶ 救貧法の時代

産業革命の衝撃：農業から工業へ

18世紀後半から19世紀前半にかけて、イギリスでは、産業革命（Industrial Revolution）の進展によって、農業中心の社会から工業中心の社会への移行が加速度的に進んだ。その過程で、人びとの暮らしのあり方が激変することになるが、急速に崩壊し始めた伝統的な農業社会は、以下のような特徴を持っていた。

(1) 農業に不可欠の要件としての土地に基盤を置く地縁を通じての濃密な人間関係が長年にわたって形成され、自然発生的な相互扶助の慣行が生まれた。見方を変えると、農業への新規参入は、限られた農地によって規制されるため事実上不可能であり、農村における相互扶助は閉鎖的な社会関係の下においてのみみられる現象であった。

さらに、労働集約的な共同作業を必要とする、生産技術が低い段階の農業社会においては、家族内のみならず、地域社会としても、大家族によって労働力を維持することが不可欠であり、そのための相互扶助には経済的合理性があった。

(2) 農業生産活動が、気候・季節によって影響を受けることから、労働

時間と作業内容が、気候・季節によって1年を通じて必然的に変化した。しかも労働の対象が植物と動物であることから、農業生産活動では日常的・継続的な管理・世話が必要になり、生活時間・生活構造が動植物の生育によって規制された。この点で、同じ第1次産業ではあっても、農業は、養殖が広く普及するまでの、無主物である魚介類や海藻類を対象にしていた漁業・水産業とは、決定的に異なる。その一方で、古くは農奴・農業労働者を除き、自作農にも小作農にも一種の自営業的な要素があり、一定の制約の下で1日の生活時間の調整が可能であった。

(3) 農村では、異常気象などによる大凶作にでもならないかぎり、自給自足による食糧の確保が比較的容易であり、生活基盤が相対的に安定していた。

(4) 農村に限らず、学校教育制度が整備されていない社会における生活全般に関わる情報や知識は、生活時間の長さ＝経験の豊富さによって左右されがちなため、生活時間が長い高齢者の経験や体験が貴重な情報源となることから、一種の情報の独占的な保有者としての高齢者の家族内・地域社会内における社会経済的な地位が、ある程度確保されていた。

産業革命の進展は、こうした社会経済構造に変革をもたらし、経済は農業から工業へ急速にその比重を移していくと同時に、人びとの暮らしにも以下のような大きな影響を及ぼすことになり、社会保障の端緒的な形態ともいえる救貧法の発展方向を規制することにもなる。

(1) 工業の発展にとって、地理的な要因の重要性は、労働力や水資源の確保などを除くと、農業と比べ相対的に小さい。加えて、産業革命の核ともいえる機械制工場の急速な発達、汽車と汽船に代表される交通機関の発展、道路・鉄道の建設や運河の開削や港湾の整備、さらには新航路の発見などによって、工業は地理的な制約から解放され、飛躍

的な発展を遂げることになる。これにより、海外からの原材料の輸入
→国内での加工＝工業製品の生産→国内市場の開拓をめぐる競争と海
外市場の重要性の増大→ときに武力を背景にした植民地獲得競争の激
化を招き、経済的・軍事的な視点からの国民の体位・健康水準の維持
向上が徐々に国家的な課題として浮かびあがってくることになる。

(2) 工場制機械工業の下では、一定の品質の商品が大量高速に生産され
ることから、購買力を有する大量の消費者の存在が社会経済的に不可
欠であり、政策的な所得再分配による購買力の創出が一定の合理性を
持つことになる。

(3) 工業生産の多くは工場＝屋内での労働によることから、基本的に気
候・季節によって影響を受けず、照明装置を整備すれば、工場での夜
間労働が可能である。工業に原料を供給する鉱業における地下労働で
も同様に夜間労働が可能である。つまり極論すると、工場は1日24
時間365日操業可能であり、そこから労働者の健康問題が発生し、工
場における安全衛生、労働時間規制、深夜労働禁止、休日の制定など、
労働者の保護が必要になり、工場法（The Factory Acts）と呼ばれ
る労働保護法が制定されることになる。他方、季節の移り変わりと生
活時間の関連が稀薄化し、年間を通じて同じリズムでの規則的で単調
な生活が営まれるようになる。

(4) 工場では、機械を核にした分業と協業に基づく組織的な生産が行わ
れることから、組織的な労働に不可欠な「規律」が制定され、労働者
には「規律」への適応従属が求められる。社会的に分業と協業が結び
ついた組織的な生産活動に必須の知識と能力を制度的に習得させるた
めの施策として学校教育の意義が徐々に増してくる。学校教育を普及
させるための方法としては教育の義務化が効率的かつ効果的であるが、
それには親・保護者に一定の経済力があることが条件になる。

(5) 工業製品は、貯蔵・運搬が相対的に容易であるため、交通手段の発

達につれて、飛躍的に国内外の販路・市場が拡大するが、購買力を有する消費者を対象にした国内市場には限界があり、海外市場の開拓・獲得が必要になることから、海外市場の獲得をめぐる国際競争が激化し、武力を行使しての植民地獲得競争に至る。その一方で、イギリスの18世紀末以降のインド支配には、「軍事力や経済力というハード・パワーだけでなく、『文明化の使命』に基づく文化的なソフト・パワーも行使」された。

(6) 市場経済体制の下における工業生産は見込みに基づくため、社会全体としては常に過剰生産に陥る傾向があり、過当競争が展開され、売れ残りが恒常化・長期化し、企業の経営不振や倒産が繰り返され、失業の発生が構造化・長期化して、生活困窮者が増加する。

(7) 工場（群）を核にした（工業）都市の形成と農村から都市への人口の流入により、都市における生活環境・住宅事情の悪化など、貧困の原因となる新しい社会問題が発生することになり、イギリスでは友愛組合（friendly society）と呼ばれる、工場労働者による都市型の相互扶助組織＝共済組合が発達する。

(8) 機械の導入普及は、旧来型の熟練や経験などを陳腐化させ、結果的に労働者から「職」を奪うことになる。その一方で、新しい産業が勃興し、新たな雇用機会が創造される。ただし、新たな雇用機会が創出されても、求職者（失業者）数と求人数とが常に均衡する保証はなく、一般的には偶然の要因によって求職と求人の関係は左右され、市場経済体制の下で、失業が常時再生産されることになり、職業紹介・職業訓練・失業対策などが社会的重要性を増す。こうしたことから、工場制機械工業に対する労働者の反発が社会問題化して、偶発的な一揆や暴動が発生し、1810年代には機械破壊運動（Luddite Movement）が激化する。これらの動きが、その後の組織的な労働運動と労働組合の結成につながっていく。他方、こうした動きに対する警察的・暴力的

な取り締り・弾圧が厳しさを増し、法律が制定され、死刑が執行されることもあった。

(9) 産業革命が進行するにつれ、もっぱら労働によって取得した所得＝賃金によって生活を支える人びと＝労働者階級にとって、生活維持の絶対的な条件が雇用の確保になる。

(10) 産業革命によってもたらされた社会経済の急激な変動は、その流れに対応することが概して困難な高齢者に生活不安をもたらすことにもなり、都市部における住宅事情の悪化・住宅の狭隘化が、大家族の維持を困難にし、家族間の相互扶助機能が衰退し、相対的に経済力がある高賃金の熟練労働者を中心にした都市型の相互扶助組織＝共済組合が発達していく。

(11) 工業生産において効率を上げるためには、機械設備の規模と性能が決定的に重要な要因になるため、機械設備のための資本投下が必要であり、資本を集める手段としての株式会社組織が発達する。その一方で、18世紀後半から19世紀前半にかけて、人口の増加とナポレオン戦争（Napoleonic Wars）のための食糧需要増大による穀物価格の騰貴を受け、地主・農業資本家が小生産者の開放農地（共同耕地）を

＜産業革命期を偲ばせるオックスフォード運河とレンガ造りの橋：2004年6月＞

囲い込んで、土地を独占する第2次囲い込み（Enclosure Movement）による資本主義的な農業経営を展開する。

＜オックスフォード運河上流の閘門と閘室（船の航行を容易にするために、2つの閘門を開閉し、2つの閘門によって挟まれた閘室内の水位・水量を調整する装置）：2007年8月＞

＜ミュンヘンにあるドイツ博物館（Deutsches Museum, Munich）に展示されている産業革命期の蒸気機関車：2004年2月＞

＜コラム＞ 産業革命を支えた農民層

　産業革命以前の時代における農民は、労働の担い手として、共同体的生産体制の下で社会的に保護されていた。都市手工業における職人や徒弟も共同体的ギルド規制により、その雇用は保護されていた。その一方で、イギリス農村社会には、ヨーロッパ大陸諸地域の農民社会と比較して、貨幣経済が早くから浸透していた。土地の商品化や流動性も13世紀以来進み、自由な独立自営農民層がかなりの規模で存在していた。彼らは農村地域で何らかの手工業生産にも従事しており、農村における工場制手工業（manufacture）の主体にもなっていた。その独立自営農民層と競合し、存在意義を増していたのが、社会経済的には、貴族の下、彼らの上に位置していた、日本では郷紳ともいわれる小地主のジェントリー（gentry）階層であり、彼らは、16世紀に土地所有において貴族層のそれを上回るようになってもいた。彼らは、16世紀に羊毛の生産を目的に第1次囲い込み（Enclosure）を行った主体でもあった。

　18世紀後半、重商主義戦争に始まり、アメリカ独立戦争（American War of Independence）を経て、ナポレオン戦争に至る時期、とりわけ18世紀末は、穀物の需要増大と価格高騰によって、大規模・高度農法（High Farming）が求められた。これが農業革命（Agricultural Revolution）である。農地の集合化・大規模化が求められ、議会承認による第2次囲い込みが展開された。ここでの「勝者」は、ジェントリー、貴族、大規模借地農、一部の富裕な自作農民であり、「敗者」は、小作農民、農業労働者、そして小規模な自作農民であった。彼らは、一時的には農業労働者などとして農村地帯に滞留したが、やがて、そこから都市へ、機械制工業地帯へと排出されていく。農村からの労働力の流出といえる。彼らを受け入れ、吸収したのは、産業革命による大規模機械制工業であった。労働力の提供者には、むろん農民層だけでなく、農村地域の地方都市の多くの職人や徒弟が含まれていた。しかし総体的に見ると、新しい労働者（労働力）は農村地帯からのものが多かった、といえよう。

　こうした大きな変化が生じる一方で、浮浪者を規制した古来の諸法が、1824年に浮浪者（取締）法（The Vagrancy Act）に統合され体系化されて、「怠惰でだらしない人々」「ならず者および浮浪者」「矯正不能のならず者」を対象に親族扶養義務が強制され、投獄やむち打ちの刑が科されることになる。（大沢真理『イギリス社会政策史―救貧法と福祉国家―』東京大学出版会、1986年、35ページ。）

＜コラム＞　労働力の再生産と賃金

労働の対価としての賃金には、どのような社会経済的な意味があるのだろう。

（1）資本家・経営者と労働者が「労働力」という特殊な商品をめぐって行う取引を雇用契約といい、理念的には対等な当事者（経営者と労働者）間において、自由な意思に基づき、労務（労働力の提供）と報酬（賃金支払い）との交換が行われる。これに対し、賃金、労働時間、その他の労働条件について、当事者間で合意が成立し、労働力の提供を約束する契約を、特に労働契約という。

ところが、現実には「労働力」を販売し、賃金を得る以外に生活手段を持たない労働者は、この取引・契約において常に弱い立場におかれる。そこで、労働者の利益を保護するための各種の施策が講じられ、法律として制定されたものが、労働保護法である。イギリスでは、1802 年に工場法（The Factory Act 1802：正式には The Health and Morals of Apprentices Act 1802）という名称の労働保護法が制定された。

（2）「労働力」は、人間の日々の営み／生活の中で再生産される人間の存在と一体化した知的・精神的・肉体的・社会的な能力・エネルギーの総和であることから、労働の対価としての賃金は、労働者（家族）が一定の生活を維持し、労働力を再生産しうる水準になければならない。「一定水準の賃金」を得られず、「一定水準の生活」の維持が困難な労働者（家族）は、円滑な労働力の再生産ができず、究極的には貧困化・窮乏化していくことになる。他方、個々の経営者にとって、賃金は商品を生産するための費用にすぎず、労働者の生活自体が直接的な関心事になることはなく、他の費目同様、その削減に向けての誘因が常時はたらく。こうした状況が円滑な経済の循環を阻害し、それが恒常化すると、長期的には国民経済の衰退につながる。

（3）労働は、それ自体が使用価値であり、生産即消費され、貯蔵することができない。労働の源泉となる「労働力」、少なくともそのうちの肉体的要素についても、同様のことがいえる。ある日（再）生産された「労働力」は、その日のうち、あるいはせいぜいその翌日に消費しなくてはならない。したがって、1 日 24 時間のうちに「労働」「休息・睡眠」「食事・排泄などの生理的欲求」「娯楽・趣味・文化」などにあてる時間を過不足なく適切に配分できるような生活様式の一般化が、労働者の立場からだけでなく、社会的にも要請される。これを可能にするには、継続的・安定的な雇用の確保が必要になる。俗にいう

「食い溜め」「寝溜め」を長期的・継続的に行うことは困難である。

　一方、「労働力」のうちで、知的・精神的・社会的な要素も、労働の過程において生産即消費されることになるが、これらは、教育・訓練などを通じて、その質的な向上を図ることが可能であり、その水準を長期間維持していくことも可能である。それには、教育の重要性についての認識が必要になる。ただし、それも人間としての肉体的・生理的なニーズが満たされていることを前提にしてのことである。この問題は「肉体が先か？精神が先か？」という命題につながってくるが、「肉体から遊離した知的・精神的・社会的な活動が可能か否か？」を考えてみれば、おのずと答えは明らかである。ただし、人間の精神的・知的な活動の生産物・成果が、さまざまなかたちで記録・情報として残される／残っている場合は、比喩的に肉体なくして精神（の結晶）は存在存続するといえようか。

(4)「労働力」は、人びとがさまざまな商品を購入し消費して暮らしていく中で、（再）生産される。これを長期的・継続的に可能にするには、雇用の安定と一体化した一定水準の所得／賃金の保障が絶対的に必要になる。人びとが、長期的・安定的に一定の生活水準＝消費水準を維持できている社会では、大量・高速に生産される商品の販売も容易になる。雇用の確保、一定水準の賃金の保障、労働時間についての規制など、労働者（家族）を保護するための各種の施策は、労働者（家族）の生活の維持に関わる問題であると同時に、社会経済全体にとっての最重要な政策課題になり、そこでの労働組合が担うべき役割は非常に大きい。

　こうした基本的な性格を有する賃金によって生活を支えなければならない労働者（家族）の不安定な生活について、P. ジョンソンは次のように述べている。「収入と支出を均衡させ、借金をしないで生活するということは、いかなる社会にも、いかなる階級にも共通の課題である。……所得が一定せず、不規則であると同時に少額であれば、所得と大体一定している基本的な需要とを均衡させることが非常に困難になり、家計をやりくりできる範囲が限定され、赤字に陥った場合の犠牲は大きくなる。」(Paul, Johnson *Saving and Spending: The Working-class Economy in Britain 1870－1939*, Oxford University Press, 1985, p.1：真屋尚生訳『節約と浪費―イギリスにおける自助と互助の生活史―』慶應義塾大学出版会、1997 年、3-4 ページ。)

救貧の名に値しない救貧法

　イギリスの社会保障制度、なかんずく公的扶助の起源は、それまでの法令が統合されて制定された1601年のエリザベス救貧法（The Act for the Relief of the Poor 1601：The Elizabethan Poor Law）にまで遡る。救貧法は、貧困者に対し援助を提供し、放浪して物乞いをする者や浮浪者を取り締まるために、宗教組織の単位にして、事実上の行政区画でもある教区（parish）で任命された治安判事に、家族による支援が得られない貧困者を救済する義務を課す一方で、その財源を確保するために、地域住民が所有する資産に対して地方税を課すことができる権利を与えた。この救貧法が1834年まで公的扶助の基本的な枠組みを形成していた。これによって、多くの地域に救貧院（workhouse／poorhouse）が設立され、病弱者と高齢者に対しては看護介護が、労働可能な貧困者に対しては仕事が、施設の中で提供され、保護者のいない児童や孤児などが施設内で養育された。さらに救貧法には以下のような特徴があった。

　なお、念のため付言しておくと、日本語の救貧法という言葉は英語 the poor law の訳語として定着しているが、英語 the poor law 自体には「救（済）・救（援）・救（護）・救（助）」などの意味は一切含まれておらず、the poor law を直訳すれば、貧民／貧困（を対象にした）法ということになり、救貧法という言葉は、法律の趣旨・目的をふまえた一種の意訳といえよう。上述のように救貧法の正式名称には the Relief of the Poor という「救貧」という語句が明示されていることから、救貧法という訳語は、これをふまえてのものであり、意訳として適切である。

（1）救貧法が自立自活できない社会的弱者・生活困窮者を対象にした制度であったことから、救済対象は、すでに貧困に陥っている人びとであり、救済の手が差し伸べられるのは、貧困に陥っている、という事実が確認されて後のことであった。したがって、救貧法は、貧困の原因の除去に積極的に取り組む施策ではなく、救貧法体制の下で貧困が

再生産され続けた。

(2) 救貧法の運営には費用が当然発生する。救済の対象になる者に費用の負担を求めることはもともと無理であり、救貧費用は第三者から調達するほかなく、市民・住民からの租税の徴収によって財源が確保された。そのため、他の政策目的との競合が自ずと生じることになる。

(3) 救貧法に基づく救済に先立ち、自立自活が困難で貧困に陥っていることを確認するための資力調査（means-test）の過程で、しばしば被救済者の基本的人権（プライバシー）が侵害された。また財源が限られていることから、救済は制限的にならざるをえず、たとえば、居住地による選別がなされ、1834年制定の改正救貧法（The Poor Law Amendment Act 1834）によって、救済の内容・水準は、一般市民が救貧院外で労働によって自立自活している最低生活よりも常に低位とする劣等処遇の原則（The Principle of Less Eligibility）によることとされた。そのため、一般市民の生活水準が低い場合、救済の内容・水準は救済の名に値しない劣悪なものだった。こうした状況を、当時の歴史家であり、評論家でもあったカーライル（Thomas Carlyle）は、その主著『過去と現在』（*Past and Present*, 1843）で、「救貧法に基づく牢獄」「救貧法のバスティーユ監獄」と呼んだ[3]。

(4) 救済は原則として救貧院内で行われた。なぜか？現代社会において老人ホームが必要とされる意味を、人対人の関係を基軸にして展開される在宅での介護と施設での介護の経済性・効率性を手がかりにして、社会経済的な視点から考えると、わかりやすい。介護に関連する問題を「経済性」「効率性」の視点からだけで考えることはできないが、これらを完全に無視することも現実問題として困難な点は、ひとまず保留しておく。在宅介護が基本的に移動を伴う個人的・個別的な対応になるのに対し、施設では、集団的・集中的な対応が可能な部分が圧倒的に増え、経済効率が格段に増す。

こうして、18世紀末（1790年代）には救貧法の運用に大きな変化が起きた。低賃金のため最低生活が維持できない貧民（家族）に最低生活水準を維持するための現金給付が行われる制度が開始された。この制度は、これを最初に導入したバークシャー州スピーナムランド（Speenhamland, Berkshire）の名をとってスピーナムランド制度と呼ばれ、イングランド（England）南部を中心に各地に広がっていった。その範囲と実際の給付額については、歴史研究者の間で今なお議論が続いているが、1834年に廃止されるまでの反響の大きさから、相当な規模と金額であった、と推測される。

　この制度に対しては当初から以下のような反対論があった。

(1) 制度の趣旨に反した悪用が横行し、行政による賃金保証は雇用者による意図的な低賃金政策を招き永続化させた。

(2) 貧民の労働忌避すなわち怠惰を招き、救貧税の増加に対する地域住民・市民（その中核は地主と大規模借地農業者）の嫌悪が強まった。

(3) 増大しつつある機械制工場経営者たちの労働力確保への要求に対し、生活を保障された労働者が農村地域に滞留することになり、新しい労働力の創出が妨げられた。

　以上の反対論は、救貧法の徹底的改正をもたらすことになり、1834年に新救貧法が制定される。まず各教区は教区連合（Poor Law Union）として再編され、救貧院監督官（Guardians of the Poor）の下に、法の徹底化（逸脱の排除）が図られた。一切の現金給付（院外救済）は廃止禁止された。院内救済がすべてとなり、貧民は救貧院に収容されて、労働可能な者はそこでの労働を強制された。しかも援助を受ける個人が置かれる境遇は、上述の劣等処遇の原則に基づき、独力で生活している労働者階級の中で最低の境遇にある者と同等にすべきではない、とされたことから、救貧は劣化の方向に向かった。これに対して、スピーナムランド制度は、悪用と増税などの問題を生み出すこととなり、比較的短期間で終了をみたが、

救貧法史上初めて生活権と労働権を意識した重大な意義を有する試みであった。それゆえ新救貧法の下でも例外として院外救済（現金給付）が認められる事例も頻発した。

　救貧法改正の背景には、『人口論』（*An Essay on the Principle of Population*, 1798）で有名なマルサス（Thomas Robert Malthus）などの影響があり、労働可能な人びとに対する経済的な保障の提供は、彼らを堕落させることになるため、救貧院においてのみ彼らを支援すべきである、という世論があった。マルサス以外の古典派経済学者の多くも、自由放任・国家の不干渉を掲げ、労働力の増加と流動性を生むものとして新救貧法におおむね賛成の姿勢をとった。マルサスの『人口論』は、1826 年の第 6 版まで版を重ねるごとに改訂され、人口は幾何級数的に増加するのに対し、食糧は算術級数的にしか増加しないため、過剰人口による貧困と悪徳が必然的に発生する、という主張を終始貫き、貧民救済策に反対し、人口の道徳的抑制を説いた。[4] マルサスと『経済学および課税の原理』（*Principles of Political Economy and Taxation*, 1817）で有名なリカード（David Ricardo）との間で展開された激しい論争は経済学史上名高い。

　当時の救貧院での生活は、救貧の名に値するものではなく、ディケンズ（Charles Dickens）の『オリバー・ツイスト』（*Oliver Twist*, 1838）やメイヒュー（Henry Mayhew）の『ロンドンの労働とロンドンの貧民』（*London Labour and the London Poor*, 1851）などによって、救貧院の実情、貧民の窮状、飢餓と疾病の実態、などが明らかにされ、救貧院改革の機運が高まっていった。たとえば、中流階級が主体になっての多彩な慈善事業が展開され、1869 年には慈善団体協会（Charity Organisation Society）が組織されている。またロンドンで最も絶望的なスラムの 1 つとされていたホワイト・チャペル（White Chapel）には、歴史学者にして社会改良家のアーノルド・トインビー（Arnold Toynbee）の名にちなむ世界で最初の大学人によるセトルメント・ハウスの 1 つトインビー・ホール（Toynbee

Hall）が、社会改良家のバーネット夫妻（Samuel and Henrietta Barnett）によって 1884 年に設立されたりもした。その後、救貧法をめぐる議論と法律改正が何度か行われ、最終的に救貧法が廃止されたのは、第 2 次世界大戦後に労働党が政権を担ってからのことで、1948 年の国民扶助法（The National Assistance Act 1948）の成立によってであった。

社会政策の登場

　19 世紀後半に実施された社会政策は、今日的な視点から常識的に理解される「社会問題全般」の解決を政策目的とする政策ではなかった。それは、当時における最大の社会問題であった産業革命の進展によってもたらされた「雇用・労働・失業」さらには「労働者の生活事情＝貧困化」に関わる諸問題を対象とする政策であり、今日的には、労働政策・雇用政策・失業対策・職業紹介・社会保障・社会保険などに通じる内容を含む政策であった。

　産業革命の進展＝工場制機械工業の普及につれて、19 世紀半ばにはイギリスの工業生産力が飛躍的に増大し、資本家・資産家・土地所有者などには、起業（新事業への投資）が可能であるが、資本も資産・土地も所有しない人びとにとっては、自らが所有している、そして人間だけが所有している「労働力」を特殊な商品として資本家・経営者に販売することによって生活を維持していく以外に、生きるすべはなかった。したがって、雇用の確保が、労働者にとっても、国民経済の発展にとっても必要不可欠であることから、資本家と労働力の所有者としての労働者との間での「労働力」商品の売買契約（雇用契約）が締結されることになる。換言すると、資本（土地・機械・工場・原材料ほか）を所有しているだけでは、生産活動を行うことはできず、資本と一体となって、労働に従事する労働者がいて、はじめて生産活動は可能になるのである。

　理念的には、労働者は、資本家と対等の立場で、雇用契約をめぐる交渉

をできるはずであるが、現実には「労働力」商品を販売する以外に生活を維持していくことが困難な個々の労働者の立場は弱いことから、労働者の側からも、国民経済的な観点からも、労働者の立場を強化する制度としての労働組合を承認し、その発展を助長することの合理性が、徐々に認められるようになってくる。これが、工場法と呼ばれた労働保護立法であり、社会政策の端緒的な形態である。これによって、「救貧法の実施は効率的なものとなり、中央集権的な要素も加わり、初期社会福祉といえるようなものになりつつあった。教育の分野でも非宗派的かつ国家が責任を持つ方式がとられるようになっていった。国家の干渉が秘かに進行していったのである[(5)]」。

　国家的・国民経済的な視点から経済の円滑かつ長期的な発展を図っていくためには、健全な「労働力」を常時再生産しうる状況を確保しておく必要がある。この「労働力」の（再）生産が唯一可能なのは人間だけである。「労働力」は人間の日々の営みである生活のなかで再生産される人間の存在と一体化した知的・精神的・肉体的・社会的な能力・エネルギーの総和である。長期的な「労働力」の再生産は、次世代を担う健全な子どもの養育にほかならない。その子どもを生むことができるのは女性だけである。

図3-1　産業革命期の炭坑（坑道）で働く子どもたち

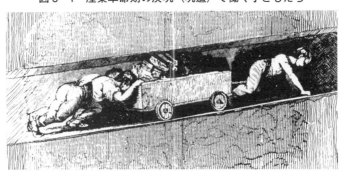

出所：R. Meuring Evans, *Children Working Underground*, National Museum of Wales, 1979 の表紙。

つまり健全な「労働力」の安定的・長期的な（再）生産には、労働者（家族）の生活が一定（以上の）水準において安定していること、これが絶対的な条件である。こうしたことから、児童労働の禁止・女性労働者の保護に関する社会的な対応が不可欠になり、そのための法の整備が必要になる（図3‐1参照）。

　労働者（家族）の生活維持の基本になるのは「賃金」である。その賃金が一定の生活を維持するに足るだけの水準に達していなければ、労働者（家族）は疲弊し困窮する。この水準が最低賃金である。むろん安定した生活を維持するには、最低賃金（制度）を通じての所得維持だけでなく、その他の労働条件のほか、生活環境・生活条件、たとえば、住宅・公衆衛生・教育文化などに関わる施策・政策の展開が社会経済的に要請されることになり、これらについての国民的最低限（the national minimum）の確保が政策課題として浮かび上がってくる。他方、労働者（家族）が一定水準の賃金を得ることができるならば、社会全体としての購買力が維持され、工場制機械工業のもとで大量・高速生産される商品の市場・販路を確保することもでき、社会政策の実施は、究極的には経済の円滑な循環を支えることにもなるが、個々の企業は、これをもっぱら費用負担の増加として受け止め歓迎しない。

　人間の生活は、1日24時間単位で、数10年間にわたって営まれるが、1日24時間すべてをもっぱら「労働」にあてることは、例外的・短期的な場合を除き、事実上不可能であり、深夜労働も生理的に人間には適さないことから、労働時間・休憩時間・休日などに関する規制・法令が必要になる。機械の発展普及は、労働者を歴史的には苦汗労働と呼ばれたこともある重労働から解放することにもなるが、その半面で、労働者から雇用の機会を奪うことにもなり、科学技術が急速に発展を遂げている状況下では、一方における雇用機会の創出と、他方における失業者の排出が、同時に進行するため、「労働力」の安定的な供給を確保するための雇用政策・失業

対策が不可欠になる。また高速で運転されたり、高熱や有害な物質を発したりする大型の生産設備が設置されている工場では、事故や災害の発生を避けえないし、業種や職種によっては、業務に密接に関連する疾病や傷害も発生する。これが工場・職場における安全衛生の確保が社会的に要請されるゆえんで、工場・職場における安全衛生を確保するためには追加的な投資が必要になる。ところが、この投資は利潤の増加に直結するものではないため、資本家・経営者は、この種の投資を積極的には行わない。そのため工場・職場における安全衛生の基準を定め、これを遵守させるための法令が必要になる。それでも事故・災害・疾病は発生する。そこで、業務が原因で負傷したり病気になったり、後遺症のため一時的・永久的な労働不能状態に陥ったり、さらには死亡したりする労働者（家族）に対する補償制度が工場・職場における安全衛生の確保と並んで必要になる。

　市場経済体制の下での個々の企業による生産は、見込み・予測に基づいて行われるが、しばしばこれが外れ、需要と供給の均衡が崩れ、結果的に経営が破綻する企業が出てくる。企業の経営破綻・倒産は、必然的に失業者を生み出す。また、市場経済体制の下では、日常的に企業間の競争が行われ、競争は常に少数／1人の勝者と多数の敗者を生み出す。経済競争における最終的な敗者になった企業は、経営破綻・倒産あるいは吸収合併などの事態に直面する。需要と供給の不均衡から、企業間の販売競争が激化する結果、経営破綻・倒産あるいは吸収合併が恒常化し、失業者が再生産され続けることになり、大規模化・高度化した産業構造の下では、失業も大規模化・長期化・構造化する。市場経済体制を維持していくためには、失業の発生を防止するための施策＝雇用政策と失業した労働者（家族）の生活の維持に関わる失業対策が不可欠になる。他方、産業革命の進展によって、新しい産業・企業が次々に勃興し、新たな雇用の機会が創造されるので、失業者の一部はそこに吸収されるが、求人数と求職者数／雇用機会がある職種と失業者が有する技術・経験／失業者（家族）の生活事情、など

が合致するとはかぎらない。そのため景気の変動や産業構造の変化などによる労働需要の変化に柔軟に対応できる体制を社会的に作っておかなくてはならなくなる。あわせて、求職者・失業者に信頼できる求人情報を提供する職業紹介制度や社会的に必要とされている知識・技術を習得できる職業訓練制度、などの整備が必要になる。

　さらに、失業者が生活上の必要に迫られて、いわば、なりふりかまわない求職活動を行い、社会的な水準・平均を大幅に下回る条件、たとえば、低賃金・長時間での労働を甘受するようになると、社会全体としての労働条件が悪化し、国民経済全体としての生産性が低下すると同時に、労働者（家族）全体の生活条件が悪化し、長期的な経済発展も望めなくなるため、失業者を失業者として社会経済的に位置付けるための最低賃金や労働時間などに関する施策が必要になる。いずれにしても、市場経済体制の下で、失業をなくすことは事実上不可能であり、市場経済体制の下では、常に失業者が生み出されることになるが、失業者は、新しい状況・環境の下での／次なる段階における経済発展を支える「労働力」の提供者＝「産業予備軍」であり、国民経済的な視点からは、失業期間中の労働者（家族）の生活を一定水準に保ち、その質と量を常に維持しておくことが社会的に必要になる。こうした客観的な状況に加え、労働者の側でも、マルクス（Karl Marx）とエンゲルス（Friedrich Engels）に代表される科学的社会主義理論の勃興や自由放任主義に対する反省と批判を掲げる社会改良主義的な思潮によって、自らが置かれている社会経済的な状況について客観的に認識できるだけの社会的な成熟を遂げており、その政治的な活動の活発化と相まって、社会政策の登場とその発展を促すことになる。

互助組織としての共済組合
　一方における救貧法と他方における慈善事業の間にあって、労働者階級の中でも相対的に高い賃金を得ていた熟練労働者たちは、労働組合、共済

組合、協同組合などを通じての集団的な自助努力と相互扶助を行っていた。なかでも共済組合は、もっとも重要な自助努力と相互扶助の理念が融合し具体化した組織として、主に疾病と失業によって短期的に雇用が中断した場合の経済的保障を提供し、イギリスでは友愛組合（friendly society）の名で親しまれていた。共済組合の基本的な性格を以下に示す。

(1) 基本的な仕組みと機能

産業・職場・職種・職業などを同じにする労働者が、毎週受け取る賃金の中から一定少額の分担金＝共済掛け金を拠出し合って、共同の基金・資金を準備しておき、仲間の中から、生活を脅かす特定の危険に遭遇した者が出た場合に、所定の給付＝共済金を支給することによって、お互いの生活条件の悪化を防止した。

(2) 共済組合の積極的な意義

共済組合加入者は、各種の生活危険によってもたらされる経済的な衝撃を和らげることができ、加入者（家族）の生活が将来にわたって相対的に安定する。加入者自身が、分担金＝共済掛け金を負担していることから、権利としての給付＝共済金を受け取ることができた。共済（組合）は、相互扶助の組織ではあるが、その原点には、自助の考え方＝共済掛け金の負担が、しっかり組み込まれていた。この点が、救貧法に基づく救済が慈恵的・慈善的な性格を帯びていたことと比較するとき、決定的な重要性をもつ。労働者（家族）に節約の習慣を根付かせ、労働者（家族）が堅実な生活＝計画的な支出—今日的な言葉では「生活設計」—を心がけるようになった。分担金＝共済掛け金を各自が負担する方法は、19世紀後半のイギリスにおいて支配的であった「自助努力」「生活自己責任」を重視する社会的な規範・思潮・道徳などにもつながり、社会的な支持をえやすい仕組みであり、共済組合に加入していることが、労働者（家族）にとっては社会的地位の向上にもつながった。

(3) 共済組合の限界

　共済組合に加入するための絶対的な条件としての共済掛け金の負担が
可能なのは、当時、労働貴族と呼ばれたりもした相対的に高賃金を得る
ことができた熟練労働者であり、低賃金未熟練労働者が共済組合に加入
するには大きく高い壁があった。熟練労働者といえども、絶対的には所
得水準が高かったわけではなく、定期的に負担する共済掛け金の額は少
額であり、しかもその掛け金さえ負担できない労働者＝未熟練労働者が
圧倒的多数を占めていたため、共済組合の組織的な広がりには限界があ
るうえ、財政的な基盤もけっして堅固なものではなかった。共済組合の
運営に関する合理的な規則が、多くの場合、定められていなかったため、
たとえば、共済組合本来の目的からは程遠い類の会合費や飲食費などへ
の過度の支出によって、あるいは共済組合の目的にはそっているものの、
共済組合としての収支を無視した、寛大すぎる給付を行ったために、破
綻する共済組合が少なくなかった。また「共済掛け金―共済基金・共済
資金―共済金」という一連の金銭の流れを、長期にわたって、安全かつ
安定的に維持していくための科学的・合理的・数理的な基礎を欠いたま
まで、多くの共済組合の運営が行われていたため、破綻する共済組合が
少なくなかった。その一方で、共済組合の財政的な基盤となる共同の基
金・資金には限界があり、制限的な給付しか行えなかった。また共済組
合への加入資格が、成人男子労働者に通常限定されていたため、妻や子
どもたちは、夫または父親の被扶養者としてしか、共済組合を通じての
経済的保障を得ることができなかった。[6]

　かくして労働者（家族）の生活の安定を通じての国民経済の発展と産業
平和の維持を目的にした「社会政策」の新たな展開がみられることになる。
その１つが「社会保険」であり、「社会保険」は「社会政策」の目的を実
現するための有力な政策手段であった。

貧困調査の衝撃

　18世紀後半にイギリスから起こった産業革命は、19世紀半ばにはヨーロッパ大陸諸国と北アメリカに波及して、各国の社会経済に急激な変化をもたらし、周期的に経済恐慌が発生するたびに、大量の失業者を生み出した。とりわけ1873年にイギリスを襲った不況は深刻で、1880年代にはいると、ますます状況は悪化し、職を求めて放浪する失業労働者が、イギリスのいたるところでみられるようになり、慈善活動や労働運動が活発化した。イギリスのみならず、ヨーロッパ大陸諸国においても、貧困と失業が深刻の度合いを深めていった。

　こうした状況の下で、1889年にブース（Charles Booth）は、『ロンドン人民の生活と労働』（*Life and Labour of the People in London*, 1889）を出版し、ロンドンの人口の約30パーセントが貧困線（poverty line）以下で生活しており、問題は自助努力や民間の慈善事業の範囲をはるかに越えることを立証した。ここでいう貧困線は、貧乏線ともいわれ、19世紀末に貧困が社会問題化していく過程で、貧困を客観的・定量的に測定するための指標として設定された概念である。今日では、貧困線は、絶対的な基準としてよりも、むしろ相対的・歴史的な基準として把握する必要がある。日本では、生活保護の基準が公的な貧困線になっている。この調査研究によって、高齢者に貧困がもっとも多いことが明らかになり、1892年にブースは、65歳を超える全国民を対象にした公的老齢年金制度の実施を主張した。公的年金への関心は、老齢年金制度が、他の国々、とりわけドイツ（1889年）とニュー・ジーランド（1898年）で設立されたことによって、さらに高まった。

　ブースの調査研究の結果に刺激され、ラウントリー（Benjamin See-bohm Rowntree）はイングランド北部のヨーク（York）で住民調査を実施する。彼は、住民の28パーセントが貧困状態にあることを確認し、ブースが都市の貧民について発見した事実を確証し、1901年に調査研究の成

果を『貧困—都市生活の研究』(*Poverty, A Study of Town Life*, 1901) として刊行した。また貧困は、個人的な失敗によるものではなく、個人の力では規制することができない経済的・社会的な要因によることを示した。貧困は個人の責任である、という当時の社会通念が間違いであり、貧困は社会的に生み出されることが再認識された。余談ながら、日本でも人気があるお菓子の Kit Kat はラウントリー一族が製造販売を始めたものである。

　こうした調査研究活動の進展と並行して、戦闘的な新労働組合主義運動が勃興する一方で、漸進的な社会改革を目指すフェビアン協会 (The Fabian Society) が組織された。もっとも早い時期に、その著『産業民主制論』(*Industrial Democracy*, 1897) でナショナル・ミニマム論を提唱したウエッブ夫妻 (Sidney and Beatrice Webb) や戯曲・小説・評論などで有名なショー (George Barnard Shaw) や SF 小説の父ともいわれる作家 H. G. ウエルズ (H. G. Wells) などが、そのなかにいた。労働党も結成され、自由党も、植民地問題と並び、貧困問題に積極的に取り組む姿勢を示し、貧困を克服するには何らかの政府の介入が必要である、との認識が政治理念としての自由放任と生活規範としての自助努力が広く深く浸透している社会に急速に広まり、イギリスは、自由主義と帝国主義のせめぎ合いのなかで、福祉国家としての萌芽期を迎えることになる。

補論　児童労働哀史

　イギリスの街路には、日本のように電信柱が立っていない。電線が頭上を走り、街中で頭上を見上げると、いつも電線や看板が視界に入る、ということはない。日本が地震国であるのに対し、イギリスでは地震の心配がほとんどない、というあたりが、その背景にありそうだが、都市の美観、生活環境の整備に対する基本的・歴史的な認識が、イギリスと日本では根本的に違っているところに、こうした違いを生み出している最大の要因が

あるように思われる。そして、経済性の問題も同時に浮き彫りになってくる。電信柱を立てて、電線を引く。これならば安い費用でできる。しかし、電線を地中に埋めるとなると、その費用は電信柱を立てる費用の何倍にもなるであろう。むろん、この費用は究極的には市民・消費者が負担することになり、電気料金も当座高くなるかもしれない。しかし、金銭では表わすことが困難な何ものかを、市民の生活にもたらしてくれるであろう。かつての日本、貧しかった時代の日本には、こうした視点から街づくりを考えることができるだけのゆとりがなかった、ということであろう。芦原義信『街並みの美学』（岩波書店〈岩波現代文庫〉2001年）は、これにつながる問題提起を1979年の時点で逸早く行っている。

　電信柱のないイギリスの町並みの多くは美しく、電線にさえぎられることのないイギリスの空は、少し大げさな表現になるが、ときに宇宙の広大さを感じさせてくれる。そして何よりも、電信柱がなく、それだけ道路を広く利用できる。イギリスの街路は車イスでの外出がしやすい。筆者がイギリスを初めて訪問したのは1980年のことであった。そのとき受けたさまざまなカルチャー・ショックのなかで、今でも鮮烈に記憶に残っているのが、ロンドンのいたるところで車イス利用者の姿を目にしたことであった。街頭で、ホテルで、レストランやパブで、商店や百貨店で、美術館や博物館や劇場で、車イス利用者の姿を目にし、イギリスには、なんと障害者が多いのだろう、という誤った印象を、そのときは持った。事実は、日本と比較し、イギリスに車イス利用者が多くいたのではなく、当時のロンドンでは、すでに不十分ながらも、バリア・フリー化とノーマライゼーションが進められていたからであった。

　イギリスの街路の景観で、さらに日本のそれと異なるのは、商店や企業の建物から、歩行者の頭上に飛び出すかたちで、看板が取り付けられていることは、まずないことである。日本では、店の軒先どころか、明らかに道路を不法占拠している、といってもよいような状態で、路上に看板や広

告塔などがおかれていることが珍しくない。これも、近年は増えつつあるとはいえ、イギリスではほとんど目にしない光景である。この種の看板も、街の景観を損ない、車イス利用者を含む歩行者の行動を不自由なものにしている。しばしば日本では問題になり、その規制がかなり進んだタバコや酒類の自動販売機も、イギリスの街頭では見かけない。これは、景観やバリア・フリー化の視点からではなく、自動販売機などを街頭に設置すると、深夜に何者かによって機械が壊され、商品と売上金が奪われるかららしい。日本でも、かなり乱暴な手口の、この種の犯罪が近年増えてきているが、これに関しては、イギリスは、日本よりはるかに過激で、淑女と紳士の国にもバイキングにつながる別の顔があることがわかる。

　ところで、電信柱や電線とは対照的に、イギリスの町の空の景観に風趣を添えているのが、いまや日本では、工場、公衆浴場（銭湯）、ゴミ処理場、火力発電所など、一部の施設を除くと消え去ってしまった煙突である。イギリスの建物には築100年を優に超えるものが珍しくない。そして、その歴史を誇示するかのように、その多くは現在では本来の機能を果していないが、数本の、ときに10本以上の煙突を空に向って突き出している建物

＜オックスフォード大学セイント・ジョンズ・カレッジ（St John's College）の煙突：2018年9月＞

が多い。これらの煙突から煙が立ち上るのを、夕暮れどきなどに目にすると、なんともいえない風情が感じられ、心がなごむ。

筆者がイギリス滞在中に1年前後継続して暮らした建物は3軒あるが、そのうち2軒は、イギリスでいえば、19世紀後半のビクトリア朝の建物で、日本でいえば、明治期に建設された代物であり、居間には、すでに装飾的な役割しか果たしていない暖炉が残っており、屋根には立派な煙突が付いていた。

19世紀のイギリスは産業革命の真っ只中にあり、新しいさまざまな産業や職業が登場することになった。産業革命の進展につれ、建物の構造が変化し、石炭の使用量が増大した。これらの建物のうち、とりわけ大きな建物には、いくつもの煙突が付いていて、長く細い、しかも折れ曲がった煙道を通って、煙は屋外に排出されていたが、煙突・煙道の煤払いは火災防止のために不可欠の作業であった。この作業をみずから煙突にもぐりこみ、文字通り体当たりで行うのが、クライミング・ボーイ（climbing boy）と呼ばれた煙突掃除（chimney sweep）の徒弟であった。煙突掃除は、19世紀最悪の「きつい・汚い・危険な」3K労働（図3-2参照）の典型であった。

ストレインジは『煙突掃除の少年工』（K. H. Strange, *The Climbing Boys : A Study of Sweeps' Apprentices, 1773-1875*, Allison & Busby, 1982）で、彼らの置かれていた状況について、大略、以下のように紹介している。親方＝徒弟制度の下にあって、5歳前後の子どもたちが、ときには親の手で親方に売り渡されたり、またときにはかどわかされたりなどして、この危険な作業に従事させられていた。迷路のような煙道にもぐりこみ、煤を掻き落としている最中に窒息したり、体の一部がつかえて、煙突から出られなくなって絶命したり、依頼主の家族や使用人が作業中であることを忘れていたり、知らされていなかったりで、暖炉などに点火して焼き殺されたり、などの痛ましい事故の発生が少なくなかった。幼い徒弟

の多くはガンにもおかされた。運よく無事に徒弟の年季が明けても、何一つ本来的な意味での技術を身に付けることができていたわけではない。体が小さく、煙突にもぐりこめる、ということだけが、煙突掃除に必要な唯一の条件であり、年齢とともに成長し、体が大きくなると、煙突にもぐりこむことができなくなり、クライミング・ボーイ失格、お払い箱になる。こうした状況に対して、第7代シャフツベリー伯爵アントニー・アシュリー＝クーパー（Anthony Ashley-Cooper, 7th Earl of Shaftesbury）が児童保護政策の推進に努める一方で、保険会社が煙突掃除機の研究開発を側面から支援するなどし、危険な職業の廃絶と火災保険料率の引き下げが実現することになる。1875 年に法律が制定されて、煙突掃除事業は免許制になり、クライミング・ボーイを使用していない業者にのみ免許が与えられることになった。いまに残るイギリスの風情ある多くの煙突の中には、クライミング・ボーイの悲劇の舞台となったものがあるはずだ。

図 3-2　煙突内部で働く子ども

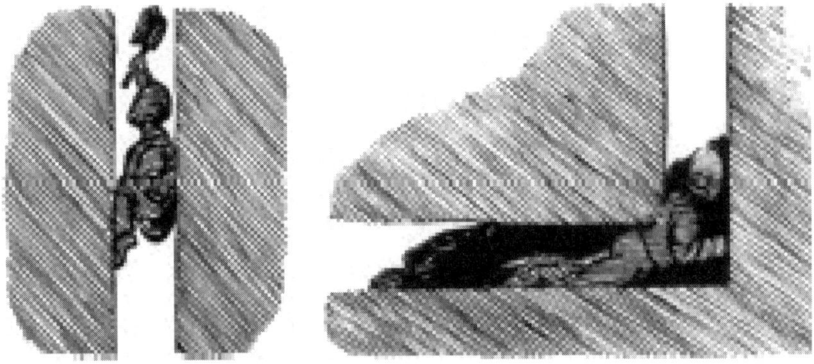

出所：K. H. Strange, *The Climbing Boys*, p.13.

　なぜ児童労働は禁止されなければならないのか？少し考えてみよう。資本主義社会・市場経済体制の下においては、労働の質と量、つまりより高度で複雑な仕事ができる者・より長時間働くことができる者が、より多く

の報酬＝賃金を得る。その一方で、人びとは、通常、家族単位で生活し、家族関係を維持しながら暮らしている。この営みが、とりもなおさず個人的であると同時に社会的な労働力の再生産そのものであり、労働力の唯一の再生産者にして所有者である労働者の生活にほかならない。したがって、働く者の視点からは家族の生活を維持できるだけの所得＝賃金が必要になる。これが最低賃金となる。ところが、夫であり、父であり、主たる稼得者である成人男子の労働によって、家族の暮らしを支えることが困難な場合には、背に腹は代えられず、家計補助的な児童労働＝低賃金・単純・未熟練・肉体労働が、20世紀前半までは多くの国々で一般的に観察された。結果、児童労働は自然の成り行きで、児童から教育機会を奪い、しばしば児童の心身の健康・成長に悪影響を及ぼすことになる。そのため、児童労働が一般化している社会では、社会・経済の健全な発展は望めず、長期的には社会・経済が衰退に向かうことになる。将来の社会・経済を支える心身ともに健康な人口（労働力）の再生産が困難になるからである。21世紀の今も、UNICEFによると、世界では、6億6300万人の子どもたち—約3人に1人—が、貧困（poverty）状態で暮らしており、3億8500万人の子どもたちが1日1ドル90セント未満の極貧（extreme poverty）状態での暮らしを強いられている。[7]

F. エンゲルスは、19世紀半ばの著書『イギリスにおける労働者階級の状態』（*The Condition of the Working Class in England*, 1845）で、児童労働について次のように記述している。「重労働と栄養失調のため、子どもたちは、発育不良の、小さな、虚弱な身体になるほかないし、……教育は、この地区では本当に信じられないほど低い。……字の読めるものが非常に少なく、字を書くこととなると、なお一層ひどい状態にある。……それというのも、子どもたちは7歳から10歳の間に仕事につかされるのであるが、ちょうどこの年頃こそ、子どもたちの能力がまさに学校に行ってためになる程度に発達する時期だから」である。「子どもたちは、朝から

晩まで、やめる許しが出るまで、さんざん苦労する生活のほかには、生活の仕方をまるで知らなかったし、また『疲れてはいないか』という質問は、彼らには聞いたこともない質問で、その意味さえ分からなかった[8]」。

同様に女性が過重な労働に従事せざるをえず、女性の健康水準が悪化・低下すると、将来における人口（労働力）の「質と量」の両面において問題が発生する。労働力の提供者たる労働者を唯一再生産できるのは、女性だけだからである。こうしたことから、かつては、家族の中における主たる稼得者である成人男子の賃金が家族の生活を支えられるだけの一定の水準に達していることが社会的・政策的に要請されることになった。

ちなみに、いまだに評価が定まってはいないが、イギリスにおける学校教育に関する法律の整備は、1870 年制定の初等教育法（The Elementary Education Act 1870 : Forster's Education Act）が嚆矢とされるのに対し、日本では 1872 年に公布された学制によって義務教育が法文化されている。ただ、その実態は、名ばかりの義務教育で、今日では考えられないことであるが、1905 年の尋常小学校入学者の「中退率」が、男子 25 パーセント弱、女子 40 パーセント強と、非常に高かった[9]。

2 簡易生命保険の発展

簡易生命保険の誕生

第 2 次世界大戦後、日本を含む多くの国々にとって、福祉国家、福祉社会、社会保障、社会福祉、医療サービスなどのあり方に関する 1 つのモデルであったイギリスは、同時にまた簡易生命保険のみならず、近代的な保険制度発祥の国でもあり、イギリスでは、19 世紀後半から 20 世紀前半とりわけ第 2 次世界大戦勃発時まで、簡易生命保険は、共済と並び、労働者階級・低所得階層にとっての中心的な生活保障制度として、きわめて重要な社会経済的役割を担っていた。

そもそも簡易生命保険（industrial life insurance／assurance）は、その生活水準・所得水準の低さが原因となり、生活保障なかんずく所得保障についての切実なニーズを有しながら、民営普通生命保険への加入が困難であった労働者・勤労者と一般庶民に対し、生命保険への加入を容易ならしめた制度であり、19世紀中葉にイギリスの民営保険会社によって開発され、本格的に販売されるようになった保険種目だった。まずプルデンシャル保険会社（Prudential Assurance Company）の前身で、1848年に設立されたプルデンシャル相互保険投資貸付組合（Prudential Mutual Assurance Investment and Loan Association）が簡易生命保険を扱い、1849年に設立されたインダストリアル・アンド・ジェネラル（Industrial and General）社が、保険会社として最初に簡易生命保険事業に乗り出した。しかし、この会社は長くは続かず、ブリティッシュ・インダストリアル（British Industrial）社に取って代られ、さらに、これをプルデンシャル社が買収し、1854年に、10歳超60歳未満の者を対象に、従来と比べ低額の保険金額、固定した少額の保険料、集金人または代理人による保険契約者の自宅での週1回の集金、などを特徴とする保険の販売を始めた。簡易生命保険契約が最初に締結されたのは1854年11月13日で、保険金が最初に支払われたのは1855年1月4日のことであった。[10] プルデンシャル社が簡易生命保険の販売を開始した当初は、新商品に対する理解が社会に充分に浸透していなかったこと、代理人の数が少なかったことなどから、必ずしも急速な事業の発展をみたわけではなく、簡易生命保険が労働者階級の生活様式・生活ニーズに合致していたうえに、保険会社や共済組合が積極的な販売活動・契約募集活動を展開した結果、1880年代から20世紀にかけて、イギリスの簡易生命保険は急速に普及発展していった。[11]

簡易生命保険の特徴と問題点

　当時の簡易生命保険と普通生命保険の最大の相違点は、保険料支払い方

法にあった。簡易生命保険では、2カ月未満、通常は1週間の間隔で、保険加入者の自宅を訪問する集金人または代理人によって保険料が徴収された。これに対して普通生命保険の保険料支払い方法は、4半期払い、半年払い、年払いで、毎週支払われる賃金で生活を支えていた労働者とその家族にとって、普通生命保険に加入することは事実上不可能であった。このほか簡易生命保険の歴史的な特徴として、次の諸点をあげることができる。[12]

(1) 加入に際して被保険者の健康診断・医的診査が行われない無診査保険だった。

(2) 加入に際して被保険者の同意を必要としなかった。

(3) 最高保険金額が設定された小口保険だった。

(4) 利益配当を受ける権利のない無配当保険だった。

19世紀後半のイギリスでは、家族・近親の死に際し、可能な限り派手な葬儀を行うことが、一種の社会現象として階級の上下を問わず一般化しており、少なくとも世間並みの埋葬葬祭を行うことが、独立した市民として地域社会で生活していくうえでの、必須にして最低の条件になっていたために、資力の限られている労働者も、家族近親の葬祭費用だけは、あらかじめ準備しておく必要があった。けっして合理的とはいえない、こうした当時の慣習に対しては、多くの中流階級に属する人びと、とりわけ社会改良家・社会評論家などからの批判が集中したが、改まることはなかった。急速な簡易生命保険の発展の陰には種々の問題があり、19世紀末から20世紀前半にかけて、多くの論者が簡易生命保険事業のあり方を厳しく批判している。

たとえば、N. バルー（N. Barou）は、簡易生命保険の欠陥として次の諸点をあげている。[13]

(1) 簡易生命保険に関する法制上の繁雑さ。

(2) 簡易生命保険契約の失効率の高さ。

（3）簡易生命保険の新契約手数料・事業費率の高さ。

（4）簡易生命保険部門の保険料の普通生命保険部門への流用。

（5）簡易生命保険を取り扱っている会社の株主配当・役員報酬の高さ。

（6）簡易生命保険会社の剰余金分配の不公平さ。

　今日では想像もつかないことだが、乏しい生活費を切り詰め、ときには健康を犠牲にし、寿命を縮めてまで、簡易生命保険の保険料を準備したり、何がしかのささやかな貯蓄をしたりすることさえあった。それだけに簡易生命保険への加入、つまり毎週の保険料集金人の自宅訪問は、一種の社会的地位を保持していることを、近隣の住民に示す行為でもあった。⁽¹⁴⁾

　「すべての人びとがその必要性を認めている葬祭費用の準備をすることが自然の出発点となって、外務員は、その顧客に貯蓄を勧め、さらに他のそれほど緊要ではない目的のための保険も勧誘する。⁽¹⁵⁾」しかも当時における全般的な生活環境の劣悪さ、生活水準の低さ、栄養状態の貧弱さ、医療保障制度の未整備、などの社会経済的な要因が、現在とは比較にならないほどの乳幼児・児童の死亡率の高さと平均寿命の短さの背景にあり、簡易生命保険に対する社会的ニーズは潜在的にも高かった。イギリスの簡易生命保険は、主として、こうしたニーズに応えるものであり、日常的には死亡保険とか埋葬保険と呼ばれていた。まさに「簡易生命保険は、埋葬保険として、すなわち埋葬という不可避的な出費を賄い、『受救貧民の死』という侮蔑を死者とその被扶養者が免れる手段として発足した。⁽¹⁶⁾」

　イギリスの簡易生命保険が、主としてこうした必要性に応えるための制度として誕生し、発展した背景には、簡易生命保険が労働者階級の生活様式・生活ニーズに合致していたからでもあったが、それ以上に激しい契約募集活動が行われたことにもよる。こうしたことから、W. ベバリジも、また前述のバルーと同様の簡易生命保険批判を展開する一方で、簡易生命保険の積極的・肯定的な側面を評価している。⁽¹⁷⁾さらにベバリジは、簡易生命保険の改革を提案し、大略、次のように述べている。

「所得が少なければ少ないほど、一般に埋葬保険にあてる割合は大きくなっている。……失効する保険契約がおびただしいという事実や社会調査の結果の資料から、簡易生命保険の契約量が多すぎることがわかる。この契約過剰の原因は、職員の利益や株主の利益のために業務を拡大しようとする圧力が内部的に強大なことにある。失効する保険の一部は、絶えず不安にさらされている資力の乏しい人びとの生命保険においては、避けられないものである。かかる事実が、生命保険金額を保険契約者の支払い能力の範囲内に留めるべきであり、また保険会社が営業利潤をあげようという自然な願望から、二重にも三重にも保険契約を結ぶように圧力を加える傾向があるが、そうしたことを排除すべきである、とする所以である。……簡易生命保険の主要な目的である直接葬祭費用のための準備は、統合された強制社会保険に包含されるべきである。……資力の乏しい人びとの間で行われる生命保険は、競争的な私的事業とするよりは、むしろ公的サービスにすべきである、という提案は、簡易生命保険の特殊な企業上の性格に基づくものである。すなわち、この事業においては、自由競争が契約過剰をもたらしたり、また売手の利潤追求が消費者に甚大な危険を与えたりする。生命保険は他の商品と同じ性格のものではない。保険加入者は、保険契約締結時に、（変更不可能な）最終的な選択をすることになるからである。[18]」

国営簡易生命保険の教訓

イギリスでは、1865年に郵便局を通じて国営簡易生命保険事業が開始されたが、集金制を採用しなかったこと、最低保険金額とそれに対応する保険料が当時の労働者の所得水準を大幅に上回っていたこと、積極的な広告宣伝活動を展開しなかったこと、などが原因で、労働者階級の間に浸透することなく、1928年に事業を停止している。この間の事情を、P. ジョンソン『節約と浪費』（Paul Johnson, *Saving and Spending*, 1985）から摘記すると、以下の通りである。[19]

郵便局を通じて事業が行われた政府管掌生命保険制度の経験は、集金人の必要性をはっきり示していた。郵便局の生命保険は 1864 年に制定されたグラッドストン（William Ewart Gladstone）の政府管掌年金法（The Government Annuities Act）で法人格を与えられ，1865 年 4 月に事業を開始した。これは、16 歳から 60 歳までの個人を対象にした生命保険を提供するもので、保険料は郵便局へ直接払い込むことになっていた。集金制を採用しなかったことは別にして、この制度は、その対象と目されていた大多数の労働者階級に属する保険加入者にとって、まったく不適切なものであった。というのも、最低保険金額が、大部分の労働者の経済力を、ずいぶん上回っていたからである。その後、最低保険金額と最低加入年齢は引き下げられ、保険制度と郵便貯金局とが結び付けられ、1 年中いつでも、いかなる金額であろうと、貯金でき、年払い保険料が個人の口座から引き落とされることになった。一定の保険料に対する保険金額には、郵便局と簡易保険会社との間でほとんど差がなかったが、郵便局の保険加入者の掛け金支払いは 60 歳で終了したのに対し、プルデンシャル社では 75 歳、他の大部分の会社では死亡時に支払いが終了した。飾り窓用の張り紙が、すべての郵便局に保険制度を広告するために掲示された。

　しかし 1 年間に発行される保険証券の枚数が 1000 枚を超えることは滅多になく、しばしば 300 枚未満で、この制度が社会に訴える力は明らかにいつも非常に限定されていた。郵便局の保険制度が 1928 年 12 月 31 日に廃止されたときには、保有契約件数 9956 件、保険金額 49 万 4536 ポンドであった。同じ日、簡易生命保険会社の保有契約件数は 7310 万 7970 件、保険金額は 11 億 1943 万 6376 ポンドであった。郵便局の制度は、労働者階級のための小口保険を提供してさえいなかった。平均保険金額は営利簡易保険よりも 3−4 倍の多さで、郵便局の保険を購入したのは「低賃金所得階層よりも幾分上層の人びと」であった。

簡易生命保険の評価

　第2次世界大戦前のイギリスにおいて簡易生命保険が果たした社会経済的な役割については、以上のように功罪相半ばすることを否定しがたい。というよりも、むしろ「罪」の側面を重視する論者が多い。しかし、もし簡易生命保険にそれなりの「功」の側面がなかったとするならば、なぜあれほどの簡易生命保険の普及発展が第2次世界大戦前のイギリスにおいてみられたのかが、あらためて問い直されなければならないであろう。ジョンソンの著作に代表される社会経済史的な観点からの簡易生命保険の研究が、この間の事情を詳細綿密に解明している。ジョンソンによると、イギリスの簡易生命保険は、社会保障に代表される公的生活保障制度が、ほとんどまたは充分には整備されていなかった時代において、保険としての本来的な機能である経済的保障の提供のみならず、当時の労働者階級・低所得階層の生活の中に新しい生活様式・生活文化とも呼ぶべき要素を持ち込むことに成功し、むしろその経済性を超えた部分において、広範囲にわたる社会的支持を勝ち得ていた、という歴史的事実に注目する必要がある。

　生命保険加入の理由・動機は人により異なるであろうし、必ずしも唯一つの理由・動機で生命保険に加入する人ばかりではないであろう。しかし生命保険に加入する人・加入している人は、多かれ少なかれ何らかの生活危険・生活不安を感じてのことである、とはいえよう。第2次世界大戦前のイギリスにおいては、死亡-葬祭に関連する生活危険が非常に深刻で、1911年にイギリスで初めての社会保険が国民保険法（The National Insurance Act）として制定されるまでの過程で、埋葬保険を社会保険として実施すべきである、という強い主張がなされたほどであったが、この時点では、埋葬保険すなわち簡易生命保険は、すでにイギリス中に普及していた、といえるほどの状況であった。そのため、国民保険では、第1部として健康保険（Health Insurance）が、第2部として失業保険（Unemployment Insurance）が実施されただけであった。ちなみに、1911年当

時の簡易生命保険会社と共済組合の保有契約件数は、合計4500万件に達するほどになっていた。[20] 1911年のグレイト・ブリテン（イングランド、ウエイルズ、スコットランド）の人口が4100万人弱であったことからすると、実に驚くべき数値といえよう。[21]

一方における単に経済的のみならず社会生活上深刻な生活危険の存在と、他方における非常に限定された、場合によっては、ほとんど唯一ともいえる入手利用可能な生活保障手段としての簡易生命保険の存在が、これほどの簡易生命保険の普及をもたらした、といえよう。まさに第2次世界大戦前のイギリスにおける簡易生命保険には、現代人の尺度で図った是非善悪や経済的合理性とは別次元での社会経済的な存在意義を有していたのである。

3 社会保険の登場

ビスマルクの社会保険

社会保障、とりわけ社会保険の発展を考えるうえで見落とすことができないのが、ドイツである。ドイツは、イギリス、それに続くフランス、アメリカを追い上げるかたちで、19世紀半ばから組織的な労働組合運動を抑圧しつつ、上からの近代化と工業化を急速に推し進めた。そのため機械制大工業が発展するにつれ、激しい社会変動が起こり、労働条件が悪化し、労働者家族の生活が困窮の度を増すことになった。こうした中で労働運動とこれに結び付いた社会主義運動が高まりをみせ、その勢力を拡大してくる。後進性を残しながら、急激な近代化と工業化を図ろうとしたドイツでは、イギリスなどと比較し、それだけ近代化と工業化に伴う社会経済的な摩擦も大きかった。また当時の労働者は、社会保険を新たな費用負担をもたらす制度として認識し、社会保険制度の実施に対して反対の立場をとったが、やがて社会保険の意義と効果を認識するようになり、社会保険の充実を求めるようになる。こうした傾向は、日本を含む他の国々において社

会保険制度が初めて導入される際に、共通してみられる。

　これに対して鉄血宰相と呼ばれたビスマルク（Otto Eduard Leopold von Bismarck）は、社会主義政党とそれに近い労働組合を徹底的に弾圧し、多数の組合を解散させた。

　他方、取り締まりと並行して、労働組合の機能を国家に吸収し、産業平和と労資協調を達成するための社会保険制度を実施した。これが「鞭と飴」の政策と呼ばれ、当時のドイツにおける代表的な社会政策とされる。ドイツの社会保険は、疾病保険（1883年）、労働災害保険（1884年）、年金保険（1889年）の順に、それぞれ法律が制定されて制度化されていった。ドイツの社会保険は、ビスマルク失脚後も発展を遂げ、第1次世界大戦（1914-1918年）前に一応の頂点に達するが、その後、ファシズム体制の中に組み込まれていく。

　ドイツで誕生した社会保険は、19世紀末から第1次世界大戦までの間に、労働災害（労災）・疾病・年金の3分野で、ヨーロッパ諸国に普及していった。しかしイギリスで社会保険が実施されたのは比較的遅かった。イギリスは、他の諸国に先駆けて産業革命を達成し、世界の工場とまでいわれた大国であったが、その優位も19世紀末には、フランス、アメリカ、ドイツなどの追い上げによって揺らいでいた。イギリスは、もはや国家の活動を国防・治安と若干の公共事業に限定し、自由放任主義に基づく安価な政府観の下で立法機関が統治の中心を占める夜警国家的な政治体制を堅持しつつ、社会経済問題を放置も解決もできなくなってきており、その国際的な地位が急速に低落していた。国内的にも、すでにみたブースのロンドン調査やラウントリーのヨーク調査などによって、貧困問題の深刻さは多くの人びとが知るところとなっていた。

貧困の深刻化と社会保険
　19世紀後半のイギリスでは、依然として「個人主義」「自助努力」と一

体化した「自由放任」「自由競争」「自由経済」が、社会的に承認されており、経済活動への国家・政府の介入は好ましくない、とされていた。そのイギリスでも、20世紀に入ると、貧困問題に対する本格的な政策的取り組みが避けえない状況となり、1905年には貧困調査を行ったチャールズ・ブースやベアトリス・ウエッブなどを委員に含む王立救貧法委員会（The Royal Commission on the Poor Laws and Relief of Distress 1905－1909）が設置される。そして労災保険（1897年）と老齢年金（1908年）に続き、健康保険と史上初の失業保険とからなる国民保険法（1911年）が制定され、これで、社会保険の4部門、傷病に備えての医療保険、老後・退職後の所得を保障する年金保険、失業期間中の所得を保障する失業保険、業務上の災害と職業病に対する事業主の補償責任を確実に履行させるための労災保険が、すべて出そろう。そして第1次世界大戦後、社会保険は多くの国々に普及し、その対象となる社会階層や生活危険の拡張、給付内容の改善、給付水準の引き上げ、などが図られるとともに、救貧法に基づく消極的な救貧対策から社会保険を柱にした防貧対策への政策転換が図られることになる。

　イギリスで社会保険制度が創設される前の段階では、すでに述べた共済組合と簡易生命保険が社会保険の代替的機能を不十分ながらも部分的に担っていたが、社会保険と共済組合・簡易生命保険とは以下の諸点で決定的に異なっていた。

  (1) 社会保険は、国の政策の一環として、法律に基づいて、通常、一定の条件に合致する者には、職種・職業や職場・事業所・企業などを単位にして、加入を強制する方式で実施されるため、共済組合・簡易生命保険と異なり、短時間で多数の保険加入者を獲得できることから、以下のことが可能になる。

    ・高額の保険資金の蓄積。

    ・多様な給付の実施。

    ・制度適用者の範囲の拡張。

・労働者（家族）に対する付加給付やサービスの拡充。

　ただし、社会保険制度を拡充していくためには、費用負担の増大を覚悟しなければならない。それには、経済の安定的な発展が不可欠の条件になるが、究極的には、「社会保険・社会保障の費用を、誰が、どのようにして、どれだけ負担するか」に帰着する。

(2) 社会保険では、国がもっている、あるいは利用可能な、各種の情報を活用しつつ、既存あるいは新設の国の組織・機構を利用することによって、以下の諸点で制度の合理的・効率的な運営ができる。

　　・制度運営費用（付加保険料）の節約。

　　・優秀な官僚の専門的な知識や能力の利用。

　　・財政面も含め、制度としての基盤の強化。

(3) 社会保険は、法律に基づく制度であるため、そこでは恣意的な運営が排除され、公正公平な運用が期待でき、制度に対する労働者の信頼度が増す。

(4) 社会保険では、国民経済的な視点から、第三者にも費用の一部を負担させることができ、以下の効果を期待できる。

　　・企業・事業主による費用負担と国庫からの財政支援。

　　・制度の財政基盤の強化。

　　・労働者の費用負担の軽減。

　　・給付の拡充。

　　・低賃金労働者の加入促進。

　　・労使間・労資間の対立の緩和。

(5) 社会保険は、もっぱらその政策目的のためだけに使用される、独自の財源を有する制度であり、政治経済の動向に大きく影響されることなく、その独自性を保持しつつ運営できる。その半面、社会保険の適用範囲が拡大されると、社会保険が歴史的に有していた生産政策的な効果を弱めたり、薄めたりするため、社会保険における給付内容に対

する制約や給付水準の抑制などを招くことにもなる。20世紀後半に
おける社会保険・社会保障は、基本的人権思想・生存権思想によって
理念的・理論的には支えられ、社会経済・国民経済、そしてときには
国際経済の動向によって政策的・実践的には変貌を遂げていくことに
なる。社会が豊かになれば、一面において、失業・疾病・老齢などに
代表される社会的危険・社会的事象が原因となって生じる貧困が解消
され、社会保険・社会保障の必要性が減じるが、他面において、社会・
経済の発展は、新たな危険を生み出すことにもなるため、社会保険・
社会保障の重要性は、むしろ増加する可能性さえある。

(6) 社会保険、とりわけ失業保険（雇用保険）財政は、表3-1に示す
ように景気の循環に対応して長期的には均衡する。しかも失業保険給
付は、その規模にもよるが、失業者（家族）の生活の維持に直結する
所得であり、失業者（家族）の消費を下支えする効果を持つことから、
わずかではあっても景気の回復に資する可能性、少なくとも景気の一
層の悪化をとどめる効果を有する。ただし、不景気が長期化したり、
大恐慌が起こったりすると、歴史が示すように失業保険財政は破綻する。

表3-1　景気の動向／労働者の雇用状況と失業保険財政の関係

景気の動向	好景気	不景気
失業者数	減少（−）	増加（＋）
保険加入者（保険料負担者）数	増加（＋）	減少（−）
賃金	上昇（＋）	下落（−）
保険料収入	増加（＋）	減少（−）
保険資金	増加（＋）	減少（−）
保険給付（保険金支払い）	減少（−）	増加（＋）
保険財政	黒字（＋）	赤字（−）

（筆者作成）

4 「ベバリジ報告」の衝撃

史上初の社会保障法

　第1次世界大戦（1914-1918年）直後のヨーロッパ諸国は深刻な不況に見舞われた。イギリスでは、失業率が急上昇して、ストライキ、騒擾が、何度も発生し、失業者たちを中心にした飢餓行進（hunger march）がたびたび行われた。その結果、失業保険金受給資格を喪失した失業者に対しても給付期間を延長し、保険金を支給せざるをえなくなる。保険料負担と保険金給付の間の保険数理的対応関係を越えた、このような対処の仕方が、失業保険財政を破綻させ、国庫からの多額の借入金をもってしても失業問題を処理しきれなかった。ここに、事前の保険料負担を伴う失業保険は、その歴史と本質を異にする、税金によって財源が調達され、資力調査を伴う、道徳的な汚名（stigma）と一体化した救貧法に基づく公的扶助と、事実上差異のない制度に変質してしまい、政府は、失業保険と公的扶助の関係を再検討しつつ、失業者の生活保障を図っていかざるをえなくなる。これが後述するベバリジによる社会保障計画立案の背景の1つになる。そして第2次世界大戦（1939-1945年）後の1948年に制定された国民扶助法（The National Assistance Act）によって、およそ350年に及ぶ歴史を有する救貧法に終止符が打たれ、イギリスは福祉国家建設への本格的な取り組みを開始することになる。

　一方、第1次世界大戦を契機にして、アメリカの経済力が飛躍的に増強し、ヨーロッパ諸国をしのぐまでになるが、それも1929年に発生した世界大恐慌によって状況が一変する。大恐慌によって失業者が急増し、労働運動・社会運動が高揚する。これに対し、1933年に大統領になったローズベルト（Franklin Delano Roosevelt）は、工業・農業・商業・金融・労働など、広範な分野にわたる一連の積極的な経済政策を展開し、その一環

として史上初の社会保障法（The Social Security Act）を 1935 年に制定する。こうした第 1 次世界大戦と第 2 次世界大戦の谷間の時代に生じた世界的な失業問題が、新しい生活保障の形態としての社会保障を生み出す最大の契機となる。失業問題こそは、20 世紀前半における社会保障にとって最大の課題であった、といってもけっして過言でない。

　歴史的事実からすると、アメリカが「社会保障の母国」の栄誉を担うともいえそうだが、一般的にはそう考えられず、ガルブレイス（John Kenneth Galbraith）の代表作『ゆたかな社会』（The Affluent Society, 1958）の影響もあり、アメリカは「豊かな社会」としてとらえられることのほうが多い。創設当初のアメリカの社会保障の内容は貧弱で、社会保障の理念・目標とされる普遍性・包括性・公平性・平等性・総合性などからはほど遠く、医療保障を欠いていた。普遍的な医療保障・医療保険の創設は、アメリカにとって 21 世紀の今日においても社会保障制度が抱える最重要課題の 1 つとなっている。

ベバリジの社会保障構想

　アメリカの社会保障とは対照的に、第 2 次世界大戦中の 1942 年にイギリスで発表され、戦後の代表的な社会保障のモデルとなったのが、ベバリジ（William Henry Beveridge）の社会保障構想『社会保険および関連サービス（ベバリジ報告）』（Social Insurance and Allied Services, 1942）であった。すでに一部論及したところであるが、この構想には、現代的な視点からすると歴史的な限界を感じさせる点がいくつか含まれているが、当時は画期的なものであり、発表と同時に熱狂的ともいえる世界的な―日本では秘かな―反響を呼んだ。そこでの社会保障の定義は次の通り。

　「『社会保障』とは、失業、疾病または災害によって稼得が中断した場合に、それに代わる、また老齢による退職に備えての、扶養者の死亡に備えての、さらに出生、死亡、結婚、などに関連する特別の支出をまかなうた

めの、所得の保障を意味する。[22]」

　ベバリジは、また社会保障制度の前提条件として次の3つの施策の必要性を指摘している。この点に関しては「4.　ナショナル・ミニマム論再考」で再度取り上げる。

　（A）15歳以下または全日制の教育を受けている場合は16歳以下の児童に対する児童手当。

　（B）疾病の予防と治療ならびに労働能力の回復を目的にした、社会の全構成員に利用可能な包括的な保健およびリハビリテーション・サービス。

　（C）雇用の維持、すなわち大量失業の回避。[23]

　さらにベバリジは、基本的なニーズに対する社会保険、特別な事例に対する国民扶助、基本的な準備に対する付加部分としての任意保険、これら3つの方法を組み合わせた社会保障計画を遂行しようとした。

　ベバリジの社会保障構想では、社会保険が中心に据えられ、国民扶助（公的扶助）、さらには任意保険をも社会保障として把握し、社会保障を所得保障の制度としている点に特徴がある。ベバリジの構想は、その母国イギリスにおいてさえ、そのままのかたちで政策として実施されることはなかったが、日本を含む多くの国々における第2次世界大戦後の社会保障の理論と政策に多大な影響を与えた。また必ずしもベバリジの影響によるわけではないが、今日でもEU・ヨーロッパ諸国では、社会保障を所得保障に限定してとらえる傾向があり、社会政策・福祉政策・社会保護なども、社会保障に類似した、より広い概念として、しばしば使用されている。

社会保障をめぐる自由と平等

　日本をはじめ、先進諸国と呼ばれる国々の多くは、経済的自由主義を基調にし、私有財産制と市場経済機構の上に成り立つ資本主義経済体制の下での社会経済の発展を目指している。歴史が教えるところ、スミス（Adam

Smith）の時代から現代にいたるまで「発展的状態こそ社会の全ての階級にとって楽しく健全な状態」であり、「停滞的状態は活気に乏しく、衰退的状態は憂鬱である」という命題[24]は、大筋において正しいように思われる。また「自由は、その第1条件として拡大経済であること」を要し、「自由が危機に陥るのは、ある社会の経済が縮小し始める時である[25]」ということも、大方のところ否定し難い事実といえよう。自由を尊重し希求する社会では、経済発展を求めての努力が常に必要とされる。ここに、自由社会において、経済成長が普遍的な政策課題の1つとされてきた理由の一端を見出すことができる。経済発展・経済成長は、表現に若干の相違は見られるものの、多くの論者が、現代経済政策の目的目標として、これを指摘するところである。

　ただし、いかなる方法で経済発展・経済成長を図り、その成果を配分するかについては、理念的・理論的にも、実践的・政策的にも見解の分かれるところである。発展成長は変化変動の過程でもあり、そのあり方いかんによっては、国民経済の安定が損なわれ、発展成長を通じての自由の推進拡張という所期の目的目標を達成するどころか、かえって思わざる、また好ましからざる結果がもたらされることが少なくない。ここに国民経済の安定を図るための、国家による政策的介入が必要となる。現代経済政策の目的目標として、経済安定も、また多くの論者によって指摘されるところである。経済安定は、経済発展・経済成長の基盤ともなり、また経済発展・経済成長によって達成されもする。

　これに対して特に20世紀後半において両者以上に経済政策の目的目標として重視されるようになったのが、経済平等である。論者によっては、平等に替えて、正義・公正などの概念を用いることもある。社会が発展し、実質的な自由が求められるようになればなるほど、自由と密接不可分の関係にある平等に対する社会的関心も高まってくる。「社会は、最も特権を持つことがなく、受け容れられることのない構成員が自由である程度に応

じてのみ、自由である」ことが認識されるようになってくる。豊かな社会、福祉国家などと呼ばれる現代の先進資本主義諸国においては、時に対立矛盾しながらも、基本的には相互に補完的関係に立つことの多い自由と平等を基軸にして、多様な人間の個性・可能性の自由な展開と、それを最大限可能にするための社会経済的条件を万人に平等に保障すべきである、との世論が、徐々にではあれ、着実に形成されてきている。経済成長・経済安定・経済平等は、いわば三位一体となって経済自由を拡充していく可能性がある。高齢化、情報化、高学歴化、国際化などの要因が複雑に絡み合うなかで、生活保障ニーズの多様化・高度化・複雑化の傾向は、世界経済のグローバル化によって、今後一層強まっていくであろう。

　社会保険を含む保険は、基本的には所得保障制度であり、多様化・高度化・複雑化していくニーズに全面的に応えることはできない。多様化・高度化・複雑化していくニーズのなかには、所得に関わるもののほか、保健、医療、介護、環境、住宅、雇用、教育、文化など、社会保険制度はもちろん、社会保障制度の枠をも越えて対応しなくては処理し切れないものが、多く含まれている。こうした課題に対して、日本のように制度が分立している国では、まず社会保険相互間の関係を調整し、制度の分立がもたらす不公平・不平等の本格的な是正に真剣に取り組まなければならないであろう。そこでは、制度の統合化・一本化のほかに、保険プール・再保険・共同保険などの保険技術の活用応用も考えられてよいが、中途半端な対応は、ますます矛盾を深め、新たな混乱を引き起こすことにもなりかねない。十分な論議を尽くしたうえでの徹底的な改革を断行する必要があろう。ベバリジは、社会保険改革の第1指導原則を、「世界史の中で革命的な瞬間とは、革命を行うときであり、弥縫策を講じるときではない」と結んでいる。むろん社会保険制度間の調整改革と並行して、社会保険と社会福祉・社会サービスなどの関連諸制度との調整が進められ、相互により緊密で効果的な連携が可能になるような態勢を作り上げていかなくてはならない。すべての

国民が真に頼ることのできる社会保険に代表される公的保障制度があって、初めて、さらに保障の厚みと広がりを加える集団保障制度と個人保障制度の意義も増してくる。社会保険に過度の期待をすることは、社会保険についての正しい理解の仕方とはいえないが、逆に社会保険の機能を過小に評価することも間違っている。社会保険は、それが公的保険であるがゆえに、私的保険には不可能な数々の実験を行い、数多の成果を挙げてきたことを、今一度想起すべきであろう。

ロブソン（W. A. Robson）は、『福祉国家と福祉社会』（*Welfare State and Welfare Society,* 1976）において、第2次世界大戦後のイギリスのおよそ四半世紀を総括しつつ、結論として次のように指摘している。⁽²⁸⁾

福祉国家はますます中央集権化していくが、これを必要なこと、通常の状態とみなすべきではない。階級間、個人間の社会的・経済的な不平等の減少を希望する人びとは、政府、中央集権的官僚への権力集中と、それゆえに政治的・行政的な不平等の増加とを、もっとも切望する人びとである。自由を欠いた福祉は、福祉を欠いた自由と同様好ましくなく、それはまた福祉国家建設への道でもない。福祉国家は自由と福祉の2つを最大限可能にする方法を具体化すべきである。福祉国家と福祉社会とは対をなすものであり、福祉社会なくしての福祉国家はありえない。福祉国家と福祉社会とは相互補完的である。社会は多くの要素から成り立ち、福祉国家の目的に反する政策もあるので、福祉国家建設はわずかな成功を収めているにすぎない。福祉社会というにふさわしくなるために現在もっとも変革を必要としているのは次の4点である。

(1) 各人が、福祉国家を享受する権利を補足すべき義務を理解し、承認しなければならない。

(2) 自己の所属する組織を代表する人びとが、自己の見解を代表して表明してくれることが保証されるように、各人が努力すべきである。

(3) イギリスの伝統的通念のいくつかを改めなければならない。

(4) 賃金引き上げを勝ち取るために自らの力を無制限に行使するならば、それは、反社会的集団の貪欲さを満たすために、経済を崩壊させるほどにまで実力を行使するという不道徳な行為の証拠になっていることを、強力な労働組合は理解しなければならない。

これらの処方箋を実行することは容易でないが、これらは根本的な重要性を有する。現在の状況を特徴付ける矛盾、利己主義、コンセンサスの欠如から、福祉社会へと到達する近道はない。

補論　福祉と戦争

福祉をいかに理解するかは、古くて新しい問題であり、またきわめて厄介な問題でもある。一般的には、福祉とは生活が安定し満足できる状態つまり幸福な状態、といえようが、生活が安定しているといっても、さまざまな状況が考えられる。たとえば、貧しくはあっても、生活が比較的安定し、満足できる人もいれば、高い生活水準を享受し、物質的に恵まれた豊かな生活が続いているが、必ずしも心は満たされていない人もいる。両者は、生活が安定しているといっても、その内実は基本的に異なる。ここでは、暗黙の前提として、生活の物質的・経済的な側面に焦点を合わせて、生活の安定に関わる、ごく単純な記述をしただけであるが、私たちの生活には、非物質的・非経済的な側面がある。精神的・心理的な側面といってもよかろう。論者によっては、さらに霊的な側面を加える。とりわけ福祉を説明する際に満足・不満足という表現を用いると、ときに生活の絶対的・客観的な状況よりも、相対的・主観的な状況に比重が移っていく。そして福祉に関連した問題を、かりに福祉の客観的・経済的な側面に焦点を合わせて論議する場合であっても、福祉の主観的・非経済的な側面を完全に捨象してしまうことは、なかなかむつかしくなってきている。それは、人間がしばしば経営・営業という形態をとる経済に従属奉仕するのではなく、

経済は、人間が福祉の維持向上を図るための営為にほかならず、福祉の維持向上という目的に対する、絶対に欠かすことも、無視軽視することもできないが、1つの手段にすぎないことが、少なくとも先進国と呼ばれる国々では、多かれ少なかれ承認されるようになってきているからである。

　しかし現実には、目的と手段が逆転し、あたかも手段が目的であるかのように考えられ、福祉に反するような政策や行動が展開されることが少なからずある。産業公害や悪徳商法などはその最たるものといえよう。通常の営業活動は、資本主義社会においては、もっとも重要な経済の局面であり、資本主義社会は、これを是認した上に成り立っている。そこでは、利潤の追求をめぐって展開されるさまざまな競争つまり営業活動が、経済の効率を高め、最終的に人間の福祉の向上に貢献する、と考えられている。競争に勝ち抜くことは、比喩的な表現を用いれば、自らの福祉を高めること、といってよかろう。競争の過程で多くの敗者・脱落者が生まれ、敗者・脱落者の福祉は損なわれるが、競争を通じて、それを償って余りある福祉の増大が社会にもたらされる、とするのが近代的資本主義の考え方である。しかし競争は、やがて独占を生み出し、独占は、経済効率を引き上げるどころか、むしろ反対に、しばしば経済効率を引き下げ、社会全体の福祉の維持向上を阻害する。競争と密接不離の関係にある現代経済は、果たして福祉と両立しうるのであろうか。

　本質はもっとも極端な現象のなかに発現する。視点を変え、もっとも極端な事例＝戦争をめぐる福祉と経済の基本的な関係を考えてみよう。戦争には、当然、国際性も関わってくる。福祉そのものを定義することは、既に指摘した通り、きわめてむつかしいが、福祉をいかに定義するにしろ、福祉の反対・対立概念として貧困・貧乏を対置させても大方のところ異存はないであろう。また戦争を反福祉的な行為・状況として福祉に対置させることも許されるであろう。戦争は武力を用いての国家間の争いである。戦争は、複数の国家が、互いに自らの利益つまり国益を護持し、ときには

より拡張するために武力に訴えて問題の解決を図ろうとしている状態である。国益に替えて、安全という表現を用いてもよい。ある国の国益が、どのような状況にあるかは、その国民の生活そして福祉の維持向上に直接間接に関わるはずである。そうであれば、戦争は一国の国民の福祉の維持向上に関わる行為・状況であり、軍隊は一国の福祉の維持向上に関わる組織・機関ということになる。一部には、いまだにこうした考え方をする者がいるかもしれないし、また過去においては少なからずいた。

しかし今日では、こうした考え方は、明らかに大きな歴史の流れに反しており、圧倒的多数の者は、戦争は避けるべきであり、なくすべきであって、反福祉的である、と考えているはずだ。戦争が、いかに一国の国益、さらには数ヵ国・全人類の利益の護持拡張を大義名分として掲げて行われていても、戦争は、その国民の生活を根底から揺るがし破壊することを、私たちは非常な代価を払って学んだ。他方、相手国にとっては、ある国（敵国）にとっての国益の護持拡張という大義名分も、自らの国益の抑圧であり、侵害でしかない。国益の護持拡張という目的は是認されるにしても、それを達成するための手段方法を誤ったのが、戦争である。しかし皮肉なことに、戦争は、しばしば一国の社会政策・社会保障・社会保険・社会福祉などを制度的に発展させてきた。

たとえば、日本では 1930 年代後半から 1940 年代前半にかけて、数々の社会保険制度が創設され改正された。各種の社会保険が、戦時下の国民の生活の維持安定に実際にいかなる効果を発揮しえたかは検討を要する課題ではあるが、当時の為政者は、健民健兵という言葉に象徴されるように、国民健康保険を通じて、国民とりわけ壮丁の体位の維持向上を図り、戦争に勝つことを考えていた、とはいえよう。かりに社会保険が実施されたことによって日本に健民健兵が増加したとすれば、それが日本の国益の護持拡張に繋がったはずではある。しかし当時の日本の敵国にとっては、健民健兵が増加し、日本が強力となった分だけ犠牲をより多く強いられ、日本

との戦争によってもたらされる反福祉的状況が、いっそう深刻化したはずである。もっとも日本の国民にとっても、当時の社会保険を通じての仮初の福祉の維持向上は、意識する／しないにかかわらず、逃れえぬ最終的破滅、しばしば死へ向かっての行進を加速させるものでしかなかった。日本のありとあらゆる産業・企業は、戦争に協力した／協力せざるをえなかった。ただし、統制経済下・戦時下といえども、けっして企業は利潤の追求を断念していたわけではない。国家政策に従い、危急存亡の機に国益の護持拡張に協力するというかたちで「福祉性」を発揮しつつ、企業としての利潤の確保堅持に努めていたのである。しかしそれは、日本の敵国の国益を損うものであり、福祉を破壊するものであった。日本の戦争責任の問題を別にすれば、相手国からの攻撃反撃を受けた「被害国・敗戦国」としての日本の国益・国民の福祉も、むろん、また甚大な影響を被った。

　今日では戦争は、大方、誰もが反福祉的であると考えるが、人類の歴史が始まって以来、今日まで、地球上で戦争と呼ぶか否かはともかく、戦闘あるいは暴力行為が、まったく見られなかった時代は恐らく皆無であろう。今このまった。今この瞬間も地球上で多くの戦争戦闘が行われ、血が流されているはずである。当事国・当事者は、それぞれ自らの正当性を主張し、自らの国益・福祉を守るための正義の戦争である、と主張しながら。

　そして戦争には、企業の利潤追求行為が、常にさまざまなかたちで絡んでいる。戦争に深く関与している企業が、その「福祉性」を主張しようとすれば、けっしてできなくはない。よしんば死の商人と呼ばれる人びと・企業であっても。最終的には殺人を厭

＜オックスフォード近郊の Clift-on Hampden にある 1815 年 6 月 18 日のウォータールーの戦い（The Battle of Waterloo）で最初に発砲した兵士の墓石：2004 年 8 月＞

わない軍隊ですら、国民の安全平和を守る、という意味で福祉性を有している、といえなくはないのであるから。ましてや一般に福祉に関連隣接するとされることの多い分野・領域、産業・企業における、そのいわゆる福祉性が、しばしば十分検討されることもなく、無批判に世に受け容れられても、あながち不思議ではない。一般の国民・消費者にとっては、その構造が複雑難解で、その全貌が十分には知られていない産業や企業がある種の福祉性や社会貢献を掲げても、一般の国民・消費者がそれを無邪気に受け入れる可能性は、情報の高度化が進めば進むほど、逆に大きくなるかもしれない。

　M. パンゲ（Maurice Pingue）はいう。[29]「金持ちの富がかつて貧乏人の慰めになったことはない。」明治時代の日本の軍隊は「戦争がすべての贅沢のなかでもぬきんでて金のかかる贅沢だと分かっていなかった。」

　また D. グロスマン（Dave Grossman）もいう。[30]「義務感の発生に加えて、集団はまた匿名性の感覚を育てることで殺人を可能にする。……人を殺すために兵士を送り出す国家は、一見すると本国とは無縁に思えるほど遠い国での行為にたいし、最終的にはどんな代償を支払わねばならないか理解せねばならない。……現代の戦争は社会に破滅的な代償を課す危険性がある。」

注

(1) Alan Macfarlane, *The Origin of English Individualism*, Basil Blackwell, 1985, p. 137：アラン・マクファーレン（酒田利夫訳）『イングランド個人主義の起源』リブロポート、1990 年、64 ページ。

(2) 竹内真人「インドにおけるイギリス自由主義的帝国主義」同編著『ブリティッシュ・ワールド─帝国紐帯の諸相─』日本経済評論社、2019 年、37 ページ。

(3) トマス・カーライル（上田和夫訳）『過去と現在　カーライル選集Ⅲ』日本教文社、1962 年（Thomas Carlyle, *Past and Present*, 1843）、2、244、257 ページ。

(4) Robert Malthus, *An Essay on the Principle of Population*, 1798：マルサス（永井義雄訳）『人口論』中央公論社（中公文庫）、1984 年参照。

(5) 竹内幸雄『自由主義とイギリス帝国主義—スミスの時代からイラク戦争まで—』ミネルヴァ書房、2011 年、153 ページ。

(6) Paul Johnson, *Saving and Spending: The Working-class Economy in Britain 1870-1939*, Oxford University Press, 1985：ポール・ジョンソン（真屋尚生訳）『節約と浪費—イギリスにおける自助と互助の生活史—』慶應義塾大学出版会、1997 年参照。

(7) UNICEF, Child poverty facts：https://www.unicef.org/social-policy/child-poverty, 10 August 2020.

(8) フリードリヒ・エンゲルス（マルクス＝エンゲルス全集刊行会訳）『イギリスにおける労働者階級の状態』(2) 大月書店（国民文庫）、1974 年（Friedrich Engels, *The Condition of the Working Class in England*, 1845）112-113 ページ。

(9) 天野郁夫『教育と選抜の社会史』筑摩書房（ちくま学芸文庫）、2006 年、225 ページ。

(10) Sir Arnold Wilson and Hermann Levy, *Industrial Insurance：An Historical and Critical Study*, Oxford University Press, 1937, p. 37

(11) Johnson, *op. cit.*, pp. 16-19：真屋前掲『節約と浪費』208-211 ページ。

(12) *Social Insurance and Allied Services：Report by Sir William Beveridge*, Presented to Parliament by Command of His Majesty, November 1942, Cmd. 6404, His Majesty's Stationary Office, 1942, pp. 249-250：ウイリアム・ベヴァリジ（山田雄三監訳）『ベヴァリジ報告　社会保険および関連サービス』至誠堂、1969 年、361 ページ。

(13) N. Barou, *Co-operative Insurance*, P. S. King, 1936, pp. 53-82：N. バルウ（水島一也監修）『協同組合保険論』共済保険研究会、1988 年、56-88 ページ。

(14) Johnson, *op. cit.*, pp. 37-47：真屋前掲『節約と浪費』31-40 ページ。

(15) *Social Insurance and Allied Services*, p. 267：山田前掲『ベヴァリジ報告』385 ページ。

(16) *Ibid.*, p. 266：同前書、384 ページ。

(17) *Ibid.*, p. 272：同前書、393-394 ページ。

(18) *Ibid.*, pp. 274 – 275：同前書、396 – 398 ページ。

(19) Johnson, *op. cit.*,：真屋前掲『節約と浪費』29 – 31 ページ。

(20) *Ibid.*, p. 17：同前書、209 ページ。

(21) Chris Cook and John Stevenson, *The Longman Handbook of Modern British History 1714 – 1980*, Longman, 1983, p. 97.

(22) *Social Insurance and Allied Services*, p. 120：山田前掲『ベヴァリジ報告』185 ページ。

(23) *Ibid.*, p. 120：同前書、185 ページ。

(24) Adam Smith, *An Inquiry into the Nature and Causes of the Wealth of Nations*, 3rd ed., 1784, in R. H. Campbell and A. S. Skinner（ed.）, *The Glasgow Edition of the Works and Correspondence of Adam Smith*, Vol. Ⅱ, Oxford University Press, 1976, p. 99：アダム・スミス（大河内一男監訳）『国富論Ⅰ』中央公論社、1976 年、138 ページ。

(25) Harold J. Raski, *Liberty in the Modern State*, new ed., George, Allen & Unwin, 1948, pp. 14 – 15：H. J. ラスキ（飯坂良明訳）『近代国家における自由』岩波書店（岩波文庫）、1981 年、11 ページ。

(26) Christian Bay, *The Structure of Freedom*, Stanford University Press, 1970, p. 7：クリスチャン・ベイ（横越英一訳）『自由の構造』法政大学出版局、1979 年、10 ページ。

(27) *Social Insurance and Allied Services*, p. 6：山田前掲『ベヴァリジ報告』5 ページ。

(28) William A. Robson, *Welfare State and Welfare Society*：Illusion and Reality, George Allen and Unwin, 1976, pp. 178 – 179：ウィリアム・ロブソン（辻清明・星野信也訳）『福祉国家と福祉社会　幻想と現実』東京大学出版会、1980 年、215 – 218 ページ。

(29) モーリス・パンゲ（竹内信夫訳）『自死の日本史』講談社（講談社学術文庫）、2011 年（Maurice Pingue, *La mort volontaire au Japon*, Ed. Guallimard, 1984）462 – 463 ページ。

(30) デーヴ・グロスマン（安原和見訳）『戦争における「人殺し」の心理学』筑摩書房（ちくま学芸文庫）、2013 年（Dave A. Grossman, *On Killing*, 1995）、255、450 ページ。

4. ナショナル・ミニマム論再考

若者たちはいらいらしていて興奮しやすい。
中年者たちは頭が空っぽ、無神経、鈍感になっている。

ジャック・ロンドン『どん底の人びと[(1)]』

1 ウエッブ夫妻のナショナル・ミニマム論

労働者保護と経済発展

歴史上初めて本格的なナショナル・ミニマム（国民的最低限）論が展開されたのは、ウエッブ夫妻の『産業民主制論』（1897 年）（Sidney and Beatrice Webb, *Industrial Democracy*, 1897）においてであった。そこでは、国民の能率と人道の視点から、「賃金、安全、保健、医療、住宅、教育、余暇、休息」など、きわめて広範囲にわたる領域でのナショナル・ミニマムの重要性が指摘されているが、社会保障の概念も政策も制度も存在しなかった当時としては当然のことながら、社会保障についての論及はない。にもかかわらずウエッブ夫妻の議論には、今日の社会保障のあり方の根幹に関わる非常に重要な問題提起が含まれている。それは何か――経済発展の視点からの福祉＝ナショナル・ミニマムへの論及である。近時のナショナル・ミニマム論の多くは、社会保障財政の逼迫・危機と関連付けて展開される傾向にあるが、もともとナショナル・ミニマムは社会保障に局限される概念でも政策指標でもない。また忘れてならないのが、ナショナル・ミニマムの確保が「国民の能率」につながることをウエッブ夫妻が指摘している点である。

ナショナル・ミニマムの概念は、ウエッブ夫妻の『産業民主制論』「第3編　労働組合の理論　第3章　労働組合運動の経済的特質　(e) 国民的最低限[2]」において展開された、労働組合運動の社会的・経済的な存在意義を肯定的に確立するための基礎理論としての構想を起点とする[3]。ウエッブ夫妻は、標準賃金率、標準労働時間、衛生と安全について、「常に、いかなる雇主もこれ以下に下ることをえない最低限を強行する」共通規則を設定し、この最低限を確保することによって、苦汗産業に働く労働者を保護し、児童労働を禁止し、女性労働を制限し、これら労働条件の改善を通じて、国民経済的には、寄生的産業の弊害の除去、良質の労働力の確保、資本の競争条件の公平化を図ろうとし[4]、「生活の再生産が全分野にわたって、質的にも量的にも深くなり、拡がって行き、それが生産力の増強に役立ち、戦術的にどうであれ、戦略的には、体制変革への道を切り開くための政策[5]」として、ナショナル・ミニマムを考えていたようであるが、今日一般に考える医療保険―『産業民主制論』初版が発行された1897年のイギリスには公的医療保険制度はなかった―についてはいうまでもなく、医療と健康に関わる問題についても直接的・積極的な論及はない。

医療社会化論の萌芽

　ウエッブ夫妻の医療保険に関連する論述としては、労働組合の活動を「共同の掛け金によって基金を設け、もって偶然の事故を保険する」「換言すれば、組合員が彼自身も組合もいかんともすべからざる原因によって生計を奪われたとき、生活の資を給する」相互保険の一種とみなしている箇所がある程度にすぎない。そこでは疾病給与、災害給付、養老扶助金、埋葬金、伝染病による休業中の扶助金が、失業手当などと並んで相互保険を通じての給付としてあげられているが、いずれも現金給付であり、所得保障で、しかもナショナル・ミニマムとの直接的関連の下で述べられているものではない[6]。

しかし、医療の社会化をも視野に入れているのではないか、と思われる論述もあって、これは非常に興味深い。「続々と種々の労働不能者が直接に公共の保護を受けることとなるに従って、労働組合によって支給される共済給与金は、最早その組合員の絶対的窮乏を救済するに必要なものとはなされなくなるであろう。病気の際、病院や保養院やの益々利用されること、隔離と熟練な看護との益々重視されること、及び公立の病院に於て—公衆衛生のために行われる—最高の医術の施療等に伴って、それはたまたま労働階級の家庭をして病気の時の忍び難い苦労より免れしめることともなるのである。……しかし災害や疾病や老年やによる絶対的の窮乏に対する国家の給与なるものは、個人的貯蓄に代るものでもなく、またそれを減ずることにすらならない[7]。」

そして医療に関連する問題が、以下に示すように、ナショナル・ミニマムを論じている箇所で取り上げられている。

「寄生を防止するためには、吾々は少年少女を以て、日々の生活によって満足される独立なる富の生産者と見做さないで、21歳までは発育と教育とに適当な条件を供へることが最要である将来の市民並びに両親として考えなければならないのである。従って国民的最低限の政策—労働者をして生産者並びに市民としての実力を有する状態に維持せしめることと相容れないような一切の雇用条件の禁止—は、幼少年者の場合にあっては、ただに日々の生活と小遣い銭との要求ばかりでなく、代々健康にして実力のある成年を絶えず準備することを保証するような養育条件の要求を意味するものである[8]。」

成人労働者については、「辛うじて生存を維持するに足る賃銀と労働者の生活を殆ど絶え間なきそしてこの上なく困難で不愉快な苦労の期間をなす労働時間と、使用さるる労働者の健康には有害で公衆には危険な衛生状態[9]」についての考察を要する。

議会は、あらゆる雇主をして、「その仕事の衛生条件に対して責任を負

わせるよう考慮しなければならないであろう。」[10]

　「職工の健康と能率を維持し、産業上の寄生を防止する」ための不可欠の条件として、余暇と休息がある。とりわけ女性労働者にとって余暇と休息は重要である。余暇と休息に関する国民的最低限が、「おのおのの特定職業に対して相当な特別規定を備え、あらゆる筋肉労働者にその何たるかを問わず適用」されなければならない。また健康の維持に欠かすことのできない食物と住居とを備えるに不充分な賃金での女性労働者の雇用は、一般公益の政策に反する。[11]

　「国民的最低限の目的は産業上の寄生の弊害に対して社会を保護することにあるので、男子又は女子それぞれに対する最低賃金は国民の風俗習慣に従って、体質の低下を避くるに生理学上必要とせられる衣食住の費用に関する実際的研究によって決定されるであろう。」[12]

　以上、ウエッブ夫妻の健康、養育、発育、衛生、安全、余暇、休息など、医療に関連する論述は、単にこれらを独立した問題として取り上げているのではなく、「産業民主制→生産力視点の導入→国民的最低限政策→社会主義への道」[13]という一連の展望の下において、なかんずく生活の再生産の全分野と生産力の増強とに関わる歴史的な問題として展開されている点に注意を要する。

2 A. マーシャルのナショナル・ミニマム論

国家の責任と市民の責任

　ウエッブ夫妻とほぼ同時代に、A. マーシャル（Alfred Marshall）も、ウエッブ夫妻の『労働組合運動の歴史』（*The History of Trade Unionism*, 1894）と『産業民主制論』が刊行されてからは、労働経済、労働組合への関心を深めていった。[14]「公共的精神」（public spirit）を含み、したがって各個の企業者が「社会的福祉」（social well-being）を全体の価値理念と

して自覚しつつ行動することを要請する経済騎士道（Economic Chivalry）を提唱したマーシャルは、『経済学原理』（*Principle of Economics*, 1890）「第6編　国民所得の分配　第13章　生活基準との関連における進歩」において、ナショナル・ミニマムに関連するいくつかの見解を示している。しかし医療に関連する論述はあまりみられない。

「余暇と休息もうまく利用すればかえって経済的である。……労働時間、作業の性質、作業の行われる労働環境および給与の決め方、これが肉体か精神かどちらか一方ないしはその双方に大変な消耗をもたらし、低い生活水準に導くようなものである場合、また能率のための必要品の1つである余暇・休息および安静が欠けているような場合」に、こういう労働は社会全般からみて不経済である。

「貧しい労働者階級の人びとが彼らだけの力ではなかなか用意できないような彼らの福祉のための施設を国家は十分な資金、いや十分すぎるくらいの資金を惜しみなく投じて作り出す義務を負っているが、同時に、彼らの家のなかを清潔にし、将来力強く責任ある市民としてふるまわなくてはならない幼少な者たちにふさわしい雰囲気を作るべきだ、と彼らに要求してよいようにも思える。住民1人当たり所要空間に関する強制的な基準は、急激にではないが、徐々に引き上げていくべきである。これと、高層建造物はその前後に十分な空地を残して建てなくてはならない、という規則が結びついて、労働者が大都市の中心部からゆったりした周辺部へ移住していく、というすでに始まっている動向を促進することになろう。これと並んで、医療や衛生に関する規制措置は、これまで貧しい階級の子どもたちを苦しめてきた圧力を弱めるような作用をするであろう。」

以上のように、マーシャルにおける余暇、休息、安静、清潔、都市空間、医療、衛生に関連する論述は、労働者階級の福祉の向上と生産能率の向上という視点からなされており、そこでは、国家の責任と同時に、市民の責任が問われている。ただしマーシャルは、イギリス的社会主義の道を求め

ていたウエッブ夫妻とは異なり、「公有制は、おそらく個人的、家庭的な生活上の間柄にみられる一番美しく楽しいものを多く壊してしまうであろう」とし、「集産主義が含む経済的ならびに社会的な危険」に対する注意を喚起する。[19]

進歩の源泉としての活気

またマーシャルは、「人間そのものの力強さ、すなわち決断力・活力ないし克己力、あるいはつづめて『活気』と呼ばれるもの—これこそあらゆる進歩の源泉」であるとし、ナショナル・ミニマムとの直接的関連の下においてではないが、『経済学原理』「第4編　生産要因　土地・労働・資本および組織　第5章　人口の健康と力」で、健康の問題を取り上げている。[20]

「活気は、一部には民族性に由来しているが、この民族性もその形成の理由を説明できるとすれば、その説明にあたっては気象をその主要な形成要因にあげるほかはないようである。……気象は、また生活の必需品を決めるうえでも大きな役割を果たす。必需品の第1は食糧である。……食糧の次にくる労働と生活の必需品は、衣料、住居と燃料である。これらが不足すると、知性は不活発になり、ついには体格も弱くなる。……衣食などの必需品が豊なことと同じく、休養が十分なことも、また活気ある人口の成長にとって不可欠である。あらゆるかたちの過労は活力を弱める。また心労、心配および過度の緊張は大変悪い影響を及ぼし、体質を弱め、子どもを産む力をそこない、民族の活気を削ぐことになる。……肉体的および精神的な健康と力は職業によって影響されるところが大きい。」[21]

「統計に表われた平均の計数は、いろいろな理由から、都市の状態を不当によく示す傾きがある。1つは都市の影響には、活気を弱めるが、死亡率を高めるほどひどいものではないものが多いこと、また1つには都市移住者の大半は年少気鋭の者で、しかも人並みはずれて活気と勇気をもって

いる者であるのに対して、青年たちが両親の住む田舎へ帰って行くのは、一般にひどい病気にでもなったときにかぎられるからである。……大都市に公園や運動場を作ったり、鉄道と契約して労働者専用の列車を増発させたり、または大都市に飽きた労働者を送り出し、産業も地方に分散させたりすることに資金を投じることは、公私いずれのものにせよ、資金の使い方としてはおそらく最善のものであろう。[22]」

「肺結核はそれにかかった者をすべて死にいたらしめるわけではないから、この病気に対して医療の方法を改善していくことは、病人の数と病気の期間を少なくする点からみて、結局よい結果をもたらすことになる。……医療と衛生の進歩によって、一方では、肉体的にも知的にもひ弱な人びとの子どものうち、死亡せず生存し続けるようになる者の数が絶えず増大していっているにもかかわらず、もっとも思慮に富み、活力・企業心および克己心をもっともよくもった人びとは、晩婚その他の理由であとに残す子どもの数を制限する傾きがあって、いよいよ憂慮すべきことがらが増えてきた[23]。」

　マーシャルの時代は、今日ほどには医学医術が発達しておらず、医師の社会的地位もけっして高くはなかった[24]。そのために健康を維持確保するための医療の機能が必ずしも十分に認識されていなかった、というわけではなさそうであるが、マーシャルは、医療の問題に対してというよりも、むしろ積極的に健康を増進させるための全般的生活諸条件の改善に関心を抱いていたようである。またマーシャルは、健康の問題を「産業上の能率の基礎[25]」という視点からとらえていたことを見落してならないであろう。

　こうしたウエッブ夫妻の「国民の能率」につながる考え方には、今日的な視点からは少なからざる問題を含んでいる。単に消極的に疾病でない状態を健康と考えるだけでなく、社会的・精神的な側面を含む労働能力を一段と高めうるほどにまで達した高次の基準で健康水準を考えたり、回復不能な状況にあっても懸命に生きる努力をしている人たちを積極的に評価し

たりすることも重要であろう。「生産的・経済的な活動」に参加すること
だけが、生き方の規範とも規準ともいえないであろう。ちなみに 1947 年
に採択された世界保健機関（World Health Organization：WHO）憲章の
前文の日本 WHO 協会訳では、「健康とは、病気でないとか、弱っていな
いということではなく、肉体的にも、精神的にも、そして社会的にも、す
べてが満たされた状態」にあることとしている。しかも、1998 年の第 101
回 WHO 執行理事会においては、健康に「霊的（spiritual）と動的（dy-
namic）」を加えた新しい健康の定義が検討されてもいて、「偶然の生」に
つながる「不可避の老化」「必然の死」をも視野に入れた議論が、いずれ
戦わされることになるであろう。

3 A. C. ピグーのナショナル・ミニマム論

明確な概念規定の試み

　ケンブリッジ大学におけるマーシャルの後継者であり、厚生（welfare）
のうち貨幣的に評量可能な経済的厚生（economic welfare）を、その客観
的な対応物たる国民分配分（the national dividend）を通じて把握しよう
とし、かの成長・平等・安定に関する 3 命題を打ち立てたピグー（A. C.
Pigou）は、『厚生経済学』「第 3 部　国民分配分と労働　第 19 章　国民
的最低時間貨金」「第 4 部　国民分配分の分配　第 13 章　実質所得の国民
的最低水準」において、ナショナル・ミニマムに関連する論述を行って
いる。しかしピグーも、また医療に関連する問題にはほとんどふれてい
ない。

　「最低生活水準とは正確に何を意味するとすべきかについて、明白な観
念を得ることが望ましい。それは主観的な満足ではなく、客観的な最低条
件である、と考えなければならない。その上また、その条件は、生活の一
部面だけに限られるものでなく、一般的な条件でなければならない。たと

えば最低の中には、家屋の設備、医療、教育、食物、閑暇、労働遂行の場所における衛生と安全の装置等について、ある一定の量と質とが含まれる。その上、最低は絶対的なものである。もし一市民があらゆる部門でその最低に達するだけの身分になるならば、国家としては、彼がある一部門を欠いた方がよい、と思ってもそれにはまったく関心を持たない。……貧しい人びとが乏しい資源を種々の競争的必要の間に、どのような方法で配分すべきかを、強制的に決定することは、国家にとってきわめて微妙な問題である。各個人の気質と環境は非常に異なっているのであるから、厳密な規則は不満を生むに違いない。……人は1つの部門で最低水準以上に高まるために、他の部門で最低水準以下に落ちることを許されてはならない。さらにもしある市民がすべての部門において最低に達する力はないが、1部門を欠くことによって独立を維持できるという場合にも、国家の傍観は許されない。国家は、ある一部の家族がどこにおいても最低水準と相いれない児童労働時間なり女性労働時間なり、あるいは居住設備の条件なりに頼ることによって、自活することができるし、もしそれに頼らなければ、自活できないであろうという根拠に基いてこれを許可してはならない。……いかなる最低水準の確立によっても、経済的厚生が増進されるかどうかだけでなく、またどの最低水準によってもっとも有効に増進されるであろうかを問う必要がある。」[27]

医療の特質の把握

　以上のようにピグーにおいても、ナショナル・ミニマムの水準を論じる際に、家屋の設備、教育、食物、閑暇、労働遂行の場所における衛生と安全の装置等とともに、生活の一局面として医療が取り上げられているにすぎず、しかもピグーの主たる関心はナショナル・ミニマムの水準に向けられており、ナショナル・ミニマムが具体化してくると同時に、単なる水準に関する論議に埋没していく可能性を有している点に注意を要する。この

点は、相対的な富者から貧者への移転の国民分配分に及ぼす影響の１つと
して、ナショナル・ミニマムの問題とは別に、「一時的疾病に悩む人びと
への医薬と治療のかたちにおける移転」[28]の問題に、医療の特質をある程度
ふまえた上で論及している箇所でもうかがえる。

　「もしこれらの人びとの救済が間に合わないならば―遅れた救助は比較
的に無益なものとなろう―、彼らはまったく健康を永久的に損することに
なるかもしれない。医療と適当な食物のかたちで、彼らへ移転される資源
は、能力の大きな損失を防ぐことが多いであろう。もちろんよい結果を生
むためには、移転は充分でなければならないし、医療または看護をあまり
に早い段階で放棄してはならない。……病人の場合と同じく子どもの場合
にも、彼らに加えられる保護は適当に延長されなくてはならない。」[29]

　なお付言するならば、ピグーも、個人の自由と国家による統制規制との
調整を重視している点に注意を要する。またピグーが、医療の特質をふま
えた医療サービスの質と量に関する適切な内容と水準での提供が必要なこ
とを指摘している点が注目される。医療に関しては、最低限（minimum）
の保障ではなく、最適（optimum）な保障が必要なことをピグーは示唆し
ている。

4　W. ベバリジのナショナル・ミニマム論

社会保障改革の３つの原則

　社会保障の基本的要素としてナショナル・ミニマムを掲げたベバリジの
報告書『社会保険および関連サービス』[30]は、第２次世界大戦後の日本にお
ける社会保障をめぐる論議に多大な影響を及ぼすとともに、通俗的・常識
的な次元でのナショナル・ミニマム論が普及する１つの契機ともなった。
人びとの『ベバリジ報告』に対する反響は熱狂的で、完全版が12カ月の
うちに25万部売れた。こうした状況を、1942年12月12日の『スタンダー

ド』紙（*The Standard*, 12 December 1942）は、「一部の人びとには、それが、クリスマスのクラッカーから飛び出す新しい天国と新しい現世を約束し、1週当たり決まって2ポンドの自由になる金が振り出される、という甘美な期待で、すべての男女が満たされているようにみえた」と報じた。

　ベバリジは、社会保険に関する勧告の指導原則として、まず次の3点を指摘したうえで論を進めていくが、ベバリジにおいても医療保障に関する問題をナショナル・ミニマムに直接結び付ける、という発想はみられない。彼のいう3原則は以下の通り。⁽³¹⁾

　第1の原則：将来のための提案はすべて、過去に集められた経験を完全に利用すべきであるが、その経験を得る過程で築き上げられた局部的利益の顧慮によって制約されてはならない。

　第2の原則：社会保険の組織は、社会進歩のための包括的な政策の一部分としてのみ取り扱うべきである。完全に発達した社会保険は、所得保障になるであろう。それは窮乏に対する攻撃である。しかし、窮乏は再建の道をはばむ5つの巨悪の1つにすぎず、ある意味では最も攻撃しやすいものである。他の巨悪は、疾病、無知、陋隘、および怠惰である。

　第3の原則：社会保障は国と個人の協力によって達成されるべきものである。国は、サービスと拠出のための保障を与えるべきである。国は、保障を組織化するにあたっては、行動意欲や機会や責任感を抑圧してはならない。またナショナル・ミニマムを決めるにあたっては、国は、各個人が彼自身および彼の家族のためにその最低限以上の備えをしようとして、自発的に行動する余地を残し、さらにこれを奨励すべきである。

　「社会保障計画の主要な特色は、稼得力の中断および喪失に対処するとともに、出生、結婚、または死亡の際に生ずる特別の支出に対処するための社会保険であることにある。この制度は6つの基本原則を含んでいた。均一額の最低生活維持費の給付、均一額の保険料拠出、行政責任の統一、適正な給付額、包括性、および被保険者の分類が、それである。……その

ような原則を基礎とし、かつ補足的方法としての国民扶助および任意保険と結びついて、社会保障計画は、どのような事情のもとでも窮乏を不要なものにすることをそのねらいとしている⁽³²⁾。」

「社会保険は、生存に必要な最低の所得を保障することを目的とすべきである。……強制保険が生存に必要な最低限の水準以上の給付を行うことは、個人の責任に対する無用の干渉である。この水準以上の給付を行うには、拠出や租税も相応に引き上げなければならない。この水準を越える部分については市民の自由裁量にゆだねる、というナショナル・ミニマムの原則は放棄され、代わって個人の生活を法律で規制する、という原則が採用されたことになる⁽³³⁾。」

「『社会保障』とは、失業、疾病もしくは災害によって、収入が中断した場合に、これに代わるための、また高齢による退職や本人以外の者の死亡による扶養の喪失に備えるための、さらには出生、死亡および結婚などに関連する特別の支出をまかなうための、所得の保障を意味する」が、いかなる社会保障計画も、「(A) 15歳以下の児童、もしくは全日制教育を受けている場合は16歳以下の児童に対して児童手当を支給すること、(B) 疾病の予防・治療ならびに労働能力の回復を目的とした包括的な保健およびリハビリテーション・サービスを社会の全員に提供すること、(C) 雇用を維持すること、すなわち大量失業を回避すること」を前提にしなければ、満足のいくものにはなりえない⁽³⁴⁾。

社会保障計画の3つの方法

「社会保障計画は、次に概略するように、3つの異なった方法を組み合わせて行われる。すなわち、基本的なニーズに対する社会保険、特別な事例に対する国民扶助、基本的な措置に付加するものとしての任意保険、の3つである。社会保険とは、被保険者または被保険者に代わる者があらかじめ強制保険料を拠出することを条件として、請求時の個人の資力に関係

なく、現金給付を行うことを意味する。社会保険は、3つの方法のなかでは最も重要な方法であり、ここではできるかぎり包括的なものとするように計画案が作られている。しかし社会保険が、その唯一の手段というわけではない。社会保険は、国民扶助と任意保険の両者によって補完される必要がある。……国の制度としての社会保険および国民扶助は、それぞれ定められた条件のもとで、生存に必要な基本的な所得を保障するように計画されている。社会の異なる階層の現実の所得格差は著しく、したがって、それぞれの標準的な支出水準にも大きな格差がある。これらのうち高い支出水準に備えることは本来個人の役割であり、それは自由な選択の問題であり、また任意保険の問題である。ただ国は、その施策において、そのような任意保険の余地を残すようにし、むしろこれを奨励するように努めなければならない。」[35]

このようにベバリジは、ナショナル・ミニマムを所得保障としての社会保険の給付水準に関わる概念としてとらえ、ウエッブ夫妻の段階においては「戦術的にはどうであれ、戦略的には、体制変革への道を切り開くための政策」[36]であったナショナル・ミニマム論を具体化・技術化すると同時に、フェイビアン流のゆるやかな攻撃性さえ中和された「福祉国家理念を体現する指導原理に転化」[37]している。この点に関連して、マクブライア（A. M. McBriar）は、「多くの著者は、フェイビアン社会主義がマルクス主義の影響を受けない、イギリス的自由主義の純粋の副産物であった、と主張してきた」[38]と指摘している。

またウエッブ夫妻、さらにはマーシャルとピグーにもみられた生産力の増強、経済的効率の上昇とナショナル・ミニマムとの関係、いわば一種の生産力説的な視点[39]は、ベバリジにおいてはみられず、分配に焦点が移っている。『ベバリジ報告』では、労働組合運動を確立するための下からの要求に基づく理想主義的な政治理論としての性格を有していたウエッブ夫妻のナショナル・ミニマム論が変質して、社会保障の原理として拠出原則と

生存原則を媒介する一種の技術論となっている。この点について、ハーゲンブック（Walter Hargenbuch）は、「ベバリジは拠出原則の心理的重要性を大変強調した。もし給付が権利として支給されるのであれば、被保険者は、拠出条件の充足によってのみ、保険基金に対する一定の請求権を有していると確信しているに相違ない」[40]と断定している。さらに、ベバリジのナショナル・ミニマム論に関しては「公権力を代弁し、それと同じレベルにたっていたということで、ウエッブ時代にみられた主唱者と公権力の対決的位置関係とは相違している」[41]との指摘もある。

　『ベバリジ報告』は、社会保険を中核とする所得保障としての社会保障には医療保障を含めず、社会保障計画の前提条件として、包括的な保健およびリハビリテーション・サービスの必要性を取り上げており、包括的な保健およびリハビリテーション・サービスはナショナル・ミニマムの少なくとも直接の構成要素ではない[42]。しかし社会保障計画の前提条件として取り上げられた包括的な保健およびリハビリテーション・サービスをほぼそのまま実現した国民保健サービス（National Health Service）が、「経済的障害の除去、医師・施設の地理的再配置、人力の機能上の再配置（たとえば、医師の専門部門の間での）、熟練専門職（特に看護婦や技師）の総体的増員、病院ベッド数や実質的にあらゆる種類の病院設備の量の相当程度の増加等々によって、患者と治療との間に横たわるあらゆる障害を取り除くこと」を、「要約すれば、人員および設備の一層多くの提供と、一層合理的な配置とによって、患者と治療とを直結する」医療の需要と供給双方の社会化が目差されている[43]点には注目する必要がある。

　さらに付言するならば、イギリスが海外に多くの植民地を持ち、歴史的にもヨーロッパ大陸との長い交流を続けてきていた、という点を考慮するにしても、社会保障制度に関する国際協定まで、あの第2次世界大戦中という時点で視野に入れていたベバリジ構想は、J. ハリス（Jose Harris）が論文「ベバリジの社会政治思想」（Beveridge's Social and Political Thought,

1994）で指摘するように、まさに「イギリス型福祉国家の大憲章」と呼ぶにふさわしいものであり、また著書『ウイリアム・ベバリジ─伝記─』（*William Beveridge—A Biography—*, 1997）で、ベバリジを「福祉国家の父・近代的社会政策の守護神」と讃える所以でもある。それにひきかえ、日本における今日の社会保障をめぐる議論は、閣議決定「社会保障・税一体改革大綱について」（2011年2月17日）に、その典型をみるように、財政論に偏っていたり、技術論に終始したり、効率化重視・民営化推進であったりして、総合的な視野に欠ける。

5　ナショナル・ミニマムとコミュニティ・ケア

社会保障制度の再編

　イギリスにおける今日的な意味での本格的な福祉国家政策／社会保障の展開は、第2次世界大戦後のことになる。1946年に国民保険法（The National Insurance Act 1946）が、1948年に国民扶助法（The National Assistance Act 1948）が、それぞれ制定され、1948年には、生活保障なかんずく所得保障に関わる制度の中心になる社会保障制度が、その効力を発揮するようになった。同時に1948年には、包括的な医療保障制度である国民保健サービス（National Health Service：NHS）も開始された。社会保険としての国民保険は、均一拠出を条件に、退職年金、疾病、失業、出産、および寡婦給付に対する権利を付与するものであった。また国民扶助法の制定によって、およそ350年の歴史を有する救貧法が廃止された。国民扶助は資力調査を伴う最低生活に対する安全網でありながら、国民扶助を申請し受給することには、社会的な汚名＝スティグマ（stigma）が依然としてつきまとった。その後も国民扶助とスティグマをめぐる問題が解消せず、1966年には、国民扶助が補足給付（Supplementary Benefit）に切り換えられ、給付に対する個人の権利の見直しが行われた。これらの諸制

度を土台にして、戦後のイギリスは、すべての国民を対象にした「揺り籠から墓場まで」の保障を目指す福祉国家の建設に本格的に取りかかった。

　1950年代から1960年代の半ばごろまでは、経済成長と生活水準の向上を背景にして、イギリスの社会保障制度は発展を遂げていった。しかし1950年代後半から1960年代前半にかけて、種々の社会調査を通じて貧困が再発見されることになった。しかも1970年代半ばには、世界的な景気後退が、国際競争力が劣り、相対的に労働コストが高い産業を多く抱えるイギリス経済に深刻な影響を及ぼしたが、積極的な公共支出抑制策がとられなかったため、大量の失業者の発生とインフレーションの昂進を避けることができなかった。

　このような状況を背景に1979年に政権の座についた保守党（The Conservative Party）は、マーガレット・サッチャー（Margaret Thatcher）首相主導のもとに、経済政策と社会保障政策の抜本的な見直しに着手する。経済政策面では、民営化が促進され、社会保障については、その給付費増大への対応、費用負担方法のあり方、制度運営の効率化、ニーズの優先順位の決定などに、重大な関心が寄せられる。一方における増加を続ける高齢者に対する給付費と、他方における減少を続ける出生率は、より少数の労働年齢人口に税金と社会保険料の負担が覆いかぶさってくることを示していた。また第2次世界大戦後、ウイリアム・ベバリジの考えていた計画とは乖離したかたちで実施され、制度全体の統一性と制度間の円滑な連携を欠いていた社会保障制度と関連諸制度は、度重なる制度の改正によって、制度自体が管理不能に陥り、行政担当者には運営が、申請者には理解が、それぞれ困難な状況に陥っていた。こうして1980年代のイギリスは、社会保障を中心にした生活保障体系の抜本的な見直しを避けて通れなくなっていた。

　こうしたことから、1980年代に入ると、『ベバリジ報告』に基礎をおいた諸制度の変更が次々に進められた。その中には、次のようなものが含ま

れていた。

(1) 補足給付に対する権利がさらに標準化され、さまざまな付加給付を
伴うことになり、個々の手当金が裁量的な給付から、法定の給付に
なった。

(2) 住宅手当が1983年に導入され、さまざまな住宅関連手当を統一し
代替する方法として採用された。

(3) 費用を節約するためにスライド制の給付率を物価にのみ連動させ、
賃金には連動させないことになった。

(4) 失業給付に課税されることになった。

(5) 法定疾病給付金が導入され、政府と雇用主との疾病に対する準備を
めぐる新しい提携関係が創設された。

(6) 給付規定が公表され、不服申し立ての権利に法的根拠が与えられた。

そして1985年には、当時の社会サービス担当国務大臣ノーマン・ファ
ウラー（Norman Fowler）が、ベバリジ以来の福祉国家の最も根本的な
見直しを緑書『社会保障の改革』（*Reform of Social Security*）で行い、白
書『社会保障の改革：行動計画』（*Reform of Social Security : Programme
for Action*）で、過去の制度の根本的な欠陥として、次の5点を指摘した。[47]

(1) 社会保障制度は過度に複雑になっており、およそ30の関連のない、
しばしば矛盾する受給権に関する規定があり、管理上の間違いが生じ
るに至っている。

(2) 社会保障制度は、効果的な支援を、最大のニーズを有する者、なか
んずく低所得就労者の家族に対して与えられていない。

(3) 社会保障制度は、あまりにも多数の人びとを貧困あるいは失業の罠
に捕えられるままに、あるいは失業に陥ったままに放置しており、な
かには就労すると、失業するよりも暮らし向きが悪くなる者もいた。

(4) 個人個人で個人通算年金を選択することができなかった。

(5) 拠出者に将来なる世代にとっての巨額の財政負担が増してきている。

こうして1986年の社会保障法（Social Security Act 1986）では、資力調査と退職年金の全面的な改革による上記の欠陥の是正が、次のような方法で図られることになった。

(1) 所得補助が非就業者に対する所得補足にとって代わり、さらに寛大な家族所得援助が低稼得家族に対する家族所得補足にとって代わった。

(2) これらの諸給付と住宅手当についての諸規則を調整して、変則的な事態の発生の防止と労働意欲の向上を図った。

(3) 個々の手当金は、それまで例外的なニーズに対して支払われていたが、これに社会基金がとって代わり、ほとんどの手当金が所得援助の形態を取ることになった。

(4) 追加的な国家稼得比例年金制度が再建され、年金額が、1978年法以来実施されていた「最善の20年の25パーセント」に代えて、生涯稼得の20パーセントに削減された。

(5) 財政的な誘因が導入され、個人個人が自らの退職後に備えて準備することが奨励された。

まさにイギリスにとっての1980年代は、社会保障の抜本的な見直しを伴う新しい自助努力重視の風潮が政策的に醸成され、イギリスにおける生活保障のあり方に大きな変化が生じた時期であった。さらに1990年代になると、障害者生活手当と障害者就労手当が導入され、若干の労働は可能であるが、稼得能力が限られている人びとを支援することになった。また児童（福祉）法（The Children Act 1989）によって、すべての離別した親のために、所得補助の受給のいかんにかかわらず、児童養育費を支給することになった。

社会サービスの発展

　イギリスにおける生活保障体系にあって注目すべきは、国民保健サービスと並び、高齢社会における健康と福祉に関わるニーズの充足に社会サー

ビスなかんずくコミュニティ・ケアが果たしている役割である。イギリス
でコミュニティ・ケア概念が誕生したのは1950年代ごろのことであり、
健康に関わるニーズと社会生活に関わるニーズを有する人びとでも、可能
な限り通常の生活を営むことができるようにすることが、その理論的かつ
実践的な課題とされてきた。可能であれば、誰もが自分の家庭で生活でき
るようにすべきである、というのがその理念である。さらに補足するなら
ば、次のようにいえよう。

(1) 正当な理由があって、自分の家庭で生活できない人びとが施設に入っ
て生活せざるをえない場合であっても、地域社会に近接した環境のな
かで生活できるようにすべきである。

(2) 病院は、治療と一時的かつ集中的な看護を提供する施設であり、人
びとは、病院で生活すべきではない。

(3) 公的介護施設においても、私的介護施設においても、入所者が最大
限に通常の生活を送ることができるようにすべきであり、人びとの独
立、地域社会との交流、選択の自由を確保すべきである。

このような基本的理念の延長線上において、1960年代以降のイギリス
では、ホーム・ヘルプ、配食サービス、訪問看護などの在宅サービス、老
人ホーム、レジデンシャル・ホーム（residential homes：要介護者／要介
護児童などを対象にした介護付き共同生活施設）、シェルタード・ハウス
（sheltered house：管理人がいる高齢者／障害者などを対象にした独立個
室型共同住宅／一定敷地内の独立家屋群）などの整備を中心にした地方政
府主導による社会サービスを中心にすえたコミュニティ・ケアが、高齢者
福祉の分野において展開されていった。しかし急激な人口の高齢化によっ
てもたらされる、一方におけるニーズの多様化を伴う増大と、他方におけ
る費用負担の増大が、1980年代になると、1988年に緑書『コミュニティ・
ケア：行動目標』（Community Care：Agenda for Action）[48]によって、福
祉国家イギリスが直面する課題の多くが強力で効率的な指導力と運営の欠

如に起因する、とされ、サービスとコミュニティ・ケアのあり方の再検討を、中央政府と地方政府に迫ることになった。1989 年には議会に白書『人びとの介護』（*Caring for People*⁽⁴⁹⁾）が提出されて、コミュニティ・ケアの主要な目的として、適正な介護を提供し、人びとの生活に影響を及ぼす各種の決定を行うに際しては、従来以上に人びとに発言権を与えつつ、人びとが「可能な限り、通常の生活を、その家庭または地域社会にある家庭的な環境のなかで営む」ことができるようにすることが、一段と明確にされることになった。

保守党政府は、従来からの社会事業の主流を形成する次の 2 つの考え方を継承した。

(1) 個人とその介護者のニーズを柔軟かつ敏感に把握し、サービスを提供する。

(2) サービスの提供に際して、個人の独立を妨げることがないようにする。

そして次の 2 つの新しい発想を導入した。

(1) 提供するサービスに対する一定の範囲での選択の余地を消費者に認める。

(2) 最大のニーズを有する人びとに対し集中的にサービスを提供する。

さらに白書『人びとの介護』では、サービスの提供をめぐって、次の 6 項目を主要目標として設定した。

(1) 訪問介護（home help）、通所介護（day service）、介護者の休息期間中のサービスを推進し、可能かつ適切な場合には、常に人びとが家庭で生活できるようにする。

(2) サービスの提供者・提供機関は、必ず介護者を実質的に支援することに高い優先順位を与える。

(3) ニーズを適正に評価し、個々の事例に適切に対処して、質の高い介護を提供するための基礎とする。

（4）活況を呈している民間部門を、良質な公的サービスと並行して発展
させる。

（5）公的機関の責任を明確にし、公的機関に、その業務の成果に関する
報告を、いっそう簡潔なかたちで行うようにさせる。

（6）確実に納税者にとっての貨幣計算上の価値が高まるように、社会的
介護のための新しい財政制度を導入する。

また『人びとの介護』では、コミュニティ・ケアの展開において、地方
当局が担うべき役割を非常に重視し、次の5項目を指摘している。

（1）地方当局は、利用可能な資源の範囲内で、ニーズの評価、計画立案、
介護の手配、確実な介護の提供についての責任を負わなくてはなら
ない。

（2）地方当局は、公的なコミュニティ・ケア計画を策定しなければなら
ない。

（3）地方当局は、私的部門とボランタリー部門を発展させ、いっそうの
有効利用を図らなければならない。

（4）地方当局は、独立した調査・登録機構を設立し、地方当局が所有す
る老人ホーム、ボランタリー団体が運営する老人ホーム、民間（営利
目的）の老人ホームの基準の確保について点検しなければならない。

（5）地方当局は、認知症—当時の日本語では痴呆性—の高齢者を含む精
神障害者が社会的介護を受けられるようにするための手続きを定め、
これを公表しなければならない。

こうして1990年に国民保健サービスおよびコミュニティ・ケア法（The
NHS and Community Care Act 1990）が制定されて以来、イギリスでは
新たな医療と福祉が一体化したサービスが展開されることになったが、
1990年以降におけるコミュニティ・ケアの新展開の核心部分—その最大
にして最重要な部分が市場原理の導入—を理解するためには、少なくとも
1980年代におけるコミュニティ・ケアの実態について、ある程度の知識

を持っておく必要がある。

結果の不平等の修正

日英両国共通の 21 世紀における最大の課題の 1 つは高齢化への対応である。老後・退職後の生活の安定は、所得が維持されているだけでは十分とはいえないことは、高齢者の健康問題を考えても明らかである。高齢社会を長寿社会と言い換えても、事の本質は変化しているわけではなく、人間にとって死が必然である限り、加齢→高齢化に伴う心身の老化現象は、遅かれ早かれ、だれもが直面しなければならない厳然たる事実である。むろん、そこには個人差がみられる。老後・退職後の生活を基本的に規制するのは、老後・退職後に至るまでの各人の社会経済的な生活歴であり、老後・退職後の生活の基礎としての過去の生活活動である。この過程は基本的には、個人の意思の力、自助努力を越えて、社会経済的に規制されている。とすれば、老後・退職後における健康・保健・医療・介護についての社会的対応は不可欠である。

老後・退職後の所得が、ある程度維持されていても、もっぱら悪化低下の方向へ健康は向かい、疾病傷病がけっして珍しくなくなる。こうした状況の下では一応の老後・退職後の所得が維持されていても、それだけで老後・退職後の生活費を賄うことはできない。老人有病率、老人診療費の圧倒的な高さは、私的・個人的な対応の枠を遥かに越えている。老人保健・老人医療サービスの充実が、焦眉の急として要請される所以である。現状では、自助努力・家族主義・住み慣れた環境の強調の下、高齢者の介護については、家族とりわけ女性に過重な負担がかかりがちである。しかも住み慣れた環境は、必ずしも居住に適した良好な環境とは限らない。文化施設はいうまでもなく、医療介護福祉施設さえもない過疎地域や離島などの厳しい生活条件を考えれば、必ずしも「住み慣れた環境＝住みたい環境」とはいえないことは、だれの目にも明らかであろう。

労働者・勤労者にとっての老後・退職後は、労働生活・勤労生活からの引退解放、その裏側を少し否定的に表現すると、労働過程からの排除・永久失業を意味する。そこでは自由時間が増加する。だがこの自由時間は、自らの意思に従って、自由に過しうるだけの所得・経済力を持っていない場合―もちろん健康も大いに関係する―、往々にして無為に過さなければならない時間と化す可能性が大である。また老後・退職後の生活は、それまでの生活の延長線上に位置するものであり、（賃）労働から解放されたとしても、従来の生活様式・行動様式や価値観などを急激かつ全面的に変えることは、通常困難である。その意味では、従前の生活水準・所得水準に見合った老後・退職後の所得の保障が要請され、たとえば、公的年金・企業年金に所得比例的要素を組み込むことが是認されもしよう。これによって老後・退職後の生活における選択の自由の程度は増大する。ただし労働者・勤労者の一生の過半を占める就労期の生活・所得は、自助努力や運・不運などの個人的・偶然的な要因も軽視はできないが、より基本的には、その就労期の社会経済的条件によって規制される。したがって、せめて人生の終末期に向かう老後・退職後だけでも、競争原理・業績主義からは無縁の平等主義・普遍主義に基づいて、すべての高齢者が、それまでの生活歴とりわけ過去の職業生活における地位・身分などからは切り離され、安定した、平穏な老後・退職後の生活を送ることができるに足るだけの所得を保障されてもよいであろう。

　こうした考え方は、すべての人びとに平等に老後・退職後の休息権を認めるという発想でもある。一部のエリート・世俗的な成功者にのみ豊かな老後・退職後が保障されるだけで、若壮年時における公平・平等とはいえない条件の下での競争の結果生じたり、拡大したりした種々の格差、すなわち不平等・不公平が、最早挽回不可能な老後・退職後においてまで決定的な影響を及ぼすことの是非が問われてよいであろう。競争の開始継続の過程における条件の不平等によってもたらされた結果の不平等が、人生の

終わりに近い段階で修正されてもよいのではないか。それには社会保障・公的年金保険の底辺の引き上げが、まず第1に必要である。

いずれにしても安定した老後・退職後の所得維持策を、個人的・私的に講じることは、国民の大部分にとり、今の社会においては、きわめて困難であり、社会保障を中心にした社会的対応を、より一層充実させていかなければならない。同時に、高齢者の生活上のニーズを充足するための各種のサービス・施設の拡充も不可欠である。所得の上昇増加だけでは、私たちの生活は、非常に歪なかたちでしか豊かにならず、それが真の豊かさやゆとりとはまったく懸け離れたものであることを、私たちは日本的な高度経済成長やバブル経済の崩壊などを通じて学んだはずであり、今後は、こうした苦い経験を少子高齢化問題においても活かし、誰もが安心して老後・退職後を積極的に送ることのできる社会を建設していかなくてはならない。選択の自由が広範囲に存在し、さまざまな個人や集団の多様なニーズが充足されることは、望ましいことではあるが、その前に誰にでも共通する基本的な生活上の、絶対的・固定的・不変的な基準に基づくニーズではなく、相対的・流動的・可変的な基準に基づくニーズが、充足されなければならない。それには、近代的市民社会の原理にして、福祉国家の理念ともいうべき自由・平等・友愛について、改めて考えてみる必要がある。

古典的ナショナル・ミニマム論の教訓

ナショナル・ミニマム論の系譜は、ウエッブ夫妻、マーシャル、ピグー、ベバリジに尽きるものではけっしてないが、これらを検討しただけでも、ナショナル・ミニマムという概念がきわめて多様な内容を持つことの一端をある程度示しえたであろう。ナショナル・ミニマム論で欠落しがちな論点だけ、念のため整理をしておく。

（1）イギリスにおける古典的なナショナル・ミニマム論の系譜のなかでは、医療保険・医療保障に関わるナショナル・ミニマム論を見出すこ

とはほとんどできない。ナショナル・ミニマムをきわめて具体的なかたちで論じたベバリジも、医療保障については、これをナショナル・ミニマム論で律しているわけではなく、医療保険・医療保障に関わるナショナル・ミニマムという概念は非常に不明確である。

　ナショナル・ミニマム論の系譜から医療保険・医療保障に関わるナショナル・ミニマムを考えるとすれば、医療保険・医療保障の問題に目を向ける以前に、医療制度のあり方＝医療供給体制と、それを規定している社会経済基盤にまず注目すべきであり、これこそがナショナル・ミニマムの肯定的・積極的な側面を現代に活かす道といえよう。

(2) ナショナル・ミニマム論は、単に生活の最低基準・最低保障を用意するに留まるものではなく、労働条件・生活条件の全局面に関わる社会改良を目差す目的概念とみなすべきである。ベバリジ段階における社会保障の最低基準にのみ関わる概念としてナショナル・ミニマムを理解してはならない。

　またベバリジのナショナル・ミニマム論は、所得保障にのみ関わるものであり、これを不用意に医療保障にまで関わるものと拡大解釈すべきではない。ナショナル・ミニマムを医療保障の給付水準に関わる問題として強調する立場は、その主観的意図とは逆に、ナショナル・ミニマム論によって給付水準の低さを合理化する根拠を与えることになりかねないだけでなく、医療の供給体制に関する問題を看過する危険性を含んでいることから、医療の供給側＝多様な医療専門職群からの同意を得ることが困難であろう。

(3) 医療に固有の性格と「ミニマム」概念が融合するか否か、については十分な検討を要する。医療に「ミニマム」概念は妥当しにくい。

補論　社会保障は「未来への投資」か

　1960 – 1970年代の日本では、京都・東京・大阪・神奈川・兵庫などに革新系の知事が誕生し、著作では、松下圭一の『シビル・ミニマム』（東京大学出版会、1971年）に代表されるナショナル・ミニマム論の亜流ともいうべき都市型地域社会におけるシビル・ミニマム論が脚光を浴びた。これらに対しては、革新系の立場からでさえ、以下のような批判が加えられた。「シビル・ミニマム論が非科学的な誤りを内包しているとすれば、シビル・ミニマムの保障という体裁のよい外観に隠れて雑多なイデオロギーが密輸入され、所期のシビル・ミニマムの理念をさえ空洞化してしまう事態も往々にして起こりうるのであって、現下のシビル・ミニマムの思想と手法の驚くばかりに広範な流布についても、そうした事情を含んだうえでの評価が必要になってこよう。[51]」

　また昨今は「シビル・ミニマム」の亜種ともいえる政治的標語「地方創生」がしきりに喧伝されているが、地方の現状に冷静に目を向けると、「地方創生」は理論と実践の両面において空疎で、言葉としても美しさと力強さに欠ける。その「地方創生」の土台ともいうべき日本のナショナル・ミニマム論の現状は、どうであろう。ここに注目すべき文書＝厚生労働省ナショナル（・）ミニマム研究会「中間報告」（2010年6月）（以下、「中間報告」と略記）がある。古典的ナショナル・ミニマム論の壮大さが影を潜め、議論が矮小化されているが、広い視野から課題に取り組んだ内容豊富な示唆に富む文書で、現代のナショナル・ミニマムを考えるうえでの非常に重要な問題提起がなされている。

　まず「中間報告」は雇用政策の重要性を次のように指摘している。

　——ナショナル・ミニマムの考え方は、世界に例をみない少子高齢社会を迎えている日本において、貧困や格差を縮小し、地域で安心して暮らせ

表4-1　GDP に対する公財政支出教育費の割合（2016 年：%）

日　本	イギリス	ドイツ	フランス	スウェーデン	アメリカ
2.9	4.2	3.6	4.5	5.2	4.1

資料：総務省統計局編『世界の統計』2020 年版、日本統計協会、2020 年、259 ページ。

表4-2　学部学生に対するフルタイム大学院学生の割合（%）

日　本	イギリス	ドイツ	フランス	アメリカ	中　国	韓　国
2020 年 9.8	2017 年 23.0	2017 年 56.7	2017 年 71.7	2016 年 16.3	2017 年 15.8	2018 年 15.6

注：国によって、学部と大学院の在学者のとらえ方が異なる。
資料：文部科学省『諸外国の教育統計』2020 年版「学部学生に対する大学院学生の比率」。

表4-3　社会保障関連指標の国際比較（対国民所得比：%）

	日　本	イギリス	ドイツ	フランス	スウェーデン	アメリカ
国民負担率	44.6 (32.5)	47.7 (34.4)	54.1 (40.5)	68.2 (48.3)	58.9 (37.7)	34.5 (27.3)
社会保障負担率	18.1	10.7	22.6	26.5	5.2	8.5
租税負担率	26.5	36.9	31.5	41.7	53.8	26.1
労働生産性	84,027 (21)	89,674 (19)	100,207 (13)	100,940 (8)	106,998 (14)	127,075 (3)

注：(1) 日本の国民負担率は 2020 年度見通し。諸外国は 2017 年度実績。
　　(2) 国民負担率のカッコ内は対 GDP 比（%）。
　　(3) 労働生産性は 2017 年の数値（購買力平価換算米ドル）で、カッコ内は OECD 加盟国内での順位。
資料：財務省「国民負担率の国際比較」。総務省統計局編『世界の統計』2020 年版、日本統計協会、2020 年、234 ページ。

る豊かな社会を目指して、今後の社会保障や雇用のあり方を論じる際には、生活保護だけでなく、あらゆる社会保障制度や雇用政策の設計の根幹となるべきものである。

　まさにその通りであるが、雇用の前提になる教育の「質」と「量」のナ

ショナル・ミニマムを、どのように考えるのか？厚生労働省の研究会とし
ては、教育の問題に踏み込みにくい事情は理解できるが、「中間」とはいえ、
「研究」会の「報告」としては不十分のそしりを免れない。ちなみに、日
本のGDPに対する公財政支出教育費の割合（2016年）を他の国々と比較
すると、表4‐1に示すように、絶望的ともいえる低さで、主要先進諸国
中の最下位グループに属する。学部学生に対するフルタイム大学院学生の
割合でも、表4‐2に示すように、欧米諸国に大きく引き離され、中国と
韓国の後塵を拝している。

　また「中間報告」は最低保障を基軸に据えた議論を展開している。

　――ナショナル・ミニマムの保障は、生活保護のみならず、最低保障年
金などの所得保障制度、最低賃金、子ども手当や住宅手当、さまざまな雇
用政策、負担の応能性の強化、低所得者の負担軽減等の包括的・整合的・
重層的な仕組みを通じて、実質的に有効なセーフティ・ネットを構築する
ことにより、実現が図られる。

　なるほど、ナショナル・ミニマムは、かつて「国民的最低限」と訳され、
社会保障の基準を示す概念として一般にも流布したが、「国民的最低限」
の内容・水準は時代とともに変化する。また、医療制度・医療保障制度が
一定の発展段階に達した国々における医療保障は、理論的にも、実践的に
も、ミニマム（最低）ではなく、オプティマム（最適）が志向される。こ
の点については、そもそも医療における最低とは何か？最高とは何か？を
考えてみれば、容易に理解できるはずである。人的要素を抜きにしての医
療はありえない。ある医療分野における最高権威者は1人、せいぜい数名
であろう。これらのいわば名医に誰もが診察治療を受けられるわけではな
いし、本来的な意味での医師の名に値しない、最低の医療技術水準の医師
の治療を受けたのでは、助かる命も助からなくなる。むろん、医療におい
ては人的要因だけでなく、物理的要因や地理的要因などを含めての社会経
済的要因によって規制される側面があり、万人に開かれた普遍的な医療保

障制度においては、「最低」も「最高」もありえず、医療は常に「適正」「最適」であることを求められる。

『ベバリジ報告』が指摘するように、社会保険の実際の給付率と拠出率が貨幣表示でいかほどであるべきかは、時代とともに変化し、一般に発展している社会では上方に向かって変化する。また、ベバリジは、社会保障計画の前提として「児童手当」「包括的な保健およびリハビリテーション・サービス」「雇用の維持」を挙げているが、その構想はウエッブ夫妻の壮大なナショナル・ミニマム論からはかなり後退している。

さらに「中間報告」では次のような注目すべき見解が開陳されている。

——これからは社会保障を「コスト」ではなく「未来への投資」と位置付ければ、社会保障と経済成長が共存共栄の車の両輪の関係となる。同時に、社会保障が実質的な機会の平等を後押しし、多くの人がチャレンジできる環境を整備することによって、国民一人一人の能力を活かす「ポジティブ・ウェルフェア」を推進すべきである。

この提言は、ウエッブ夫妻の「国民の効率」に、またガルブレイス（J. K. Galbraith）が『ゆたかな社会』（*The Affluent Society*, 1958）[52]で展開した議論——不安の緩和と生産の増大は矛盾しないばかりでなく、両者は密接に結びついている。高度の経済的保障は最大の生産のために不可欠である。高水準の生産は経済的保障のために不可欠である。——にも通じ、社会保障をめぐる近年流行の「損得論」と似通っているようにもみえるが、本質的に異次元の議論といえよう。ちなみに、国民負担率と労働生産性を比較対照すると、表4−3に示すように、アメリカを例外として、国民負担率が高い国の労働生産性がむしろ高い傾向がみられる。こうした事実からすると、その他の要因を考慮するにしても、20世紀後半のイギリスにおけるM.サッチャーに代表される福祉国家否定論「社会保障が惰民を生み出す＝人は貧しければ勤勉になる」という考え方は否定されることになる。

社会保障を「未来への投資」とするならば、当然、その過程で市場原理・

競争原理が働き、多かれ少なかれ弱肉強食・適者生存の局面が生じること
を否定しえないであろう。投資価値・投資効果の有無大小によって、軽視
されたり、切り捨てられたりする分野が出てくるであろう。それが高齢者
や障害者の健康と福祉に関わる分野になる可能性は、きわめて高い。こう
した状況は、所得保障を中心とした社会保障の範疇を越えて、伝統的な社
会保障を包摂し、核としながら、関連する各種の政策・制度をも総合的に
体系化した、すべての人びとを社会的に包摂し、すべての人びとに実質的
な社会参加の機会を保障し、すべての人びとの生活の安定を実現するため
の社会経済的な前提条件を整備する社会保護政策への、社会保障政策から
の転換という大きな歴史的流れに逆行することにもなる。ヨーロッパ社会
は、すでに社会保障から社会保護へと大きく舵を切った（表4-4参照）。
　社会保障は、自助努力には限界のあることが歴史的に証明されたからこ
そ登場し、その後、発展を遂げ、今日に至っている。今や社会保障の使命
は終わり、社会保障に代わり、あるいは頼ることなく、個人が自らの生活
を、また企業が従業員の生活を、全面的に生涯にわたって保障していく、
あるいは保障していける、という時代になったのであろうか。現実はそう
ではなく、個人の力は、ますます弱まり、労働組合運動の衰退は、労働者・
勤労者の企業への従属を一段と強め、労働者・勤労者の分裂弱体化を引き
起こしている。このような状況にあればこそ、すべての人びとに共通する
生活の基盤ともいうべき社会保障の充実が要請される。社会保障の充実を
目指す主体となるべきは、あくまでも労働者・勤労者を中心にした市民・
国民であり、人びとの連帯なくして社会保障の充実はありえないであろう。
また社会保障の充実なくして社会の健全な発展もありえないであろう。一
部に、社会保障は労働意欲を阻害し、怠惰を生み出すとの時代錯誤の主張
をし、自助努力の必要性を強調する者もいる。だが、もしそうであれば、
人間は貧しければ貧しいほど働き、生活が不安であればあるほど刻苦勉励
し、好ましい、ということにでもなるのであろうか。自助努力論者は、貧

表4-4　論点整理のための社会保障と社会保護の簡易比較対照表

	社会保障		社会保護
	核をなす主要な事項	関連する従属的な事項	総合的なバランス・政策／制度間の連携の重視
視　点	・選別主義＝閉鎖性：国内限定 ・経済的・財政的	・普遍主義＝開放性：国際的 ・非経済的・社会的・福祉的	・平等主義・普遍主義＝開放性・市民参加：グローバル ・経済面を重視しつつも、総合的かつ非経済的＝総合社会経済政策の視点
	・市場競争・労働条件などをめぐる基準に関してのみ国際的		・短期的・長期的な視点からの生活時間（Life-cycle）管理の個人的・社会的な見直し
			・かつて「総合社会政策」が提唱され、実施されたこともあるが、具体的な成果には結びつかなかった
理　念	・自助（努力）＝自己責任	・扶助・公助＝国家責任・社会責任	・健康と福祉をめぐる新しい自由と平等の関係 ・社会的排除を根絶し、社会的包摂へ
	・人権思想の浸透と政策・制度との相剋		・通念・既得権との相剋
政策目的	・労働力再生産	・所得再分配	・非経済的な課題を含む総合的な「生活」保障 ・「社会保障」の「関連する制度・政策など」の欄に記載の事項などの改善
	・限定的 ・所得再分配に傾斜		・緊密な連携・調整が不可欠
政策手段	・社会保険	・公的扶助 ・社会サービス	・社会サービス（特定ニーズを対象にした租税を財源とするサービス）と非経済的なサービスの拡充を通じての政策手段の連携強化
	・連携欠如		・Policy-Mix をめぐる試行錯誤 ・中央政府と自治体との役割分担
対　象	・（国籍を有する）正規労働者	・非正規労働者・被扶養者・高齢者・障害者・外国人など	・居住者全員に対し無差別に適用 ・経済関係と不可分の市場化になじまない部分・非経済的な事象／要因＝社会的排除と社会的包摂に関わる事象
	・拡大・統合をめぐる利害対立		・自助努力・市場原理との相克
費用負担	・保険料	・租税	・保険料と租税のバランス
	・抑制傾向		・負担増加は不可避＝負担のあり方の見直し⇒必ずしも経済的・金銭的な負担ではなく、たとえば、社会活動への参加
給付方法	・比例的・制限的	・固定的（均一）	・Policy-Mix をめぐる試行錯誤 ・負担とは無関係に基本的ニーズに対応 ・中央政府と自治体との役割分担 ・基本的ニーズの選別・測定の基準
運　営	・中央政府・公共団体	・民間	・政府・公共団体が「主」で「民間」を積極的に助成・支援＝官民連携
	・市民の社会的成熟度 ・官僚機構の肥大化／一元管理の弊害 ・企業内福利厚生との連携／癒着 ・利害関係の錯綜 ・経済・景気の動向		・アマチュアリズムに内在する危険性・独善性＝動機の善意と責任の所在の不明確化・専門的な知識や技術の欠如⇒思わざる結果・負の効果
関連する制度・政策など	・雇用・労働条件、住宅、環境、保健衛生	・教育、情報（提供／管理）	・「社会保障」の「関連する制度・政策など」の欄に記載の事項などを包含

＊筆者作成。破線下（下段）の網掛け部分は問題点・課題を示す。

しい者や生活に不安を感じる者が多い社会を、理想の社会、あるべき社会とでも考えているのであろうか。自助努力論者の大方は、自らが世俗的には勝者・強者・成功者であり、自らの個人的体験あるいは特殊的事例をもって自らの主張の論拠にしている場合が多い。しかし真に問題とすべきは、人びとの労働・努力の成果が正当に評価されない、不平等かつ不公平な現代の社会そのものと、それを反映し、不平等・不公平を是正解消するよりも、あたかも拡大再生産しているかのような現行の社会保障・社会保険制度のあり方なのである。

　三権分立論で知られるモンテスキュー（Charles-Louis de Montesqueu）の次の言葉はまことに示唆に富んでいる。「すでにいやというほどの労働に打ちひしがれた彼らは、その幸福のすべてが怠惰のなかにあるとみるのである。……一国が富めば、すべての人の心に大望を抱かせ、貧困になれば、すべての人の心に絶望を生じさせる。大望は労働によって刺激され、絶望は怠惰によって慰められるのである。各人の生存上必要なものは等しい……生きるために厳格に必要なものしか人民に残されていないならば、最小の不均衡さえ最大の結果を招くであろう。[53]」

注

(1) ジャック・ロンドン（行方昭夫訳）『どん底の人びと—ロンドン 1902—』岩波書店（岩波文庫）、1995 年（Jack London, *The People of the Abyss*, 1903）249 ページ。

(2) Sidney and Beatrice Webb, *Industrial Democracy*, 1920 ed., 1920, Part Ⅲ Trade Union Theory, Chap. iii The Economic Characteristics of Trade Unionism (e) The National Minimum, pp. 766 – 784：シドニー & ベアトリス・ウエッブ（高野岩三郎監訳）『産業民主制論』覆刻版、法政大学出版局、1969 年、937 – 960 ページ。

(3) 藤澤益夫「ナショナル・ミニマムの理論と政策 (1)」『三田商学研究』15 巻 2 号、慶應義塾大学商学会、1972 年、95 ページ。

(4) Webbs, *op. cit.*, p. 715：高野前掲『産業民主制論』872 ページ。

(5) 大前朔郎『社会保障とナショナル・ミニマム—イギリスを中心にして—』ミネルヴァ書房、（1975 年、205 ページ。

(6) Webbs, *op. cit.*, pp. 152‒153：高野前掲『産業民主制論』174‒175 ページ。

(7) *Ibid.*, p. 827：同前書、1014 ページ。

(8) *Ibid.*, p. 771：同前書、941‒942 ページ。

(9) *Ibid.*, p. 771：同前書、943 ページ

(10) *Ibid.*, p. 772：同前書、944 ページ。

(11) *Ibid.*, p. 773：同前書、946 ページ。

(12) *Ibid.*, p. 775：同前書、948 ページ。

(13) 大前前掲『社会保障とナショナル・ミニマム』129 ページ。

(14) 藤澤前掲「ナショナル・ミニマムの理論と政策（1）」105 ページ。

(15) 武藤光朗『経済史の哲学　経済学 I』創文社、1968 年、214 ページ。

(16) Alfred Marshall, *Principles of Economics*, 8th ed., 1930：1st ed. 1890, Book VI The Distribution of the National Income, Chap. XIII Progress in Relation to Standards of Life, pp. 574‒601：A. マーシャル（馬場啓之助訳）『マーシャル経済学原理 IV』東洋経済新報社、1967 年、249‒294 ページ。なお、邦訳は、原著 9th（variorum）ed., 1961, with annotation by C. W. Guillebaud による。

(17) *Ibid.*, p. 594：馬場前掲『マーシャル経済学原理 IV』255 ページ。

(18) *Ibid.*, p. 718：同前書、287‒289 ページ。

(19) *Ibid.*, p. 721：同前書、279‒280 ページ。

(20) *Ibid.*, pp. 161‒169：A. マーシャル（馬場啓之助訳）『マーシャル経済学原理 II』東洋経済新報社、1966 年、155‒169 ページ。

(21) *Ibid.*, pp. 163‒168：馬場前掲『マーシャル経済学原理 II』158‒162 ページ。

(22) *Ibid.*, p. 168：同前書、163‒164 ページ。

(23) *Ibid.*, p. 168：同前書、164‒165 ページ。

(24) Brian Abel-Smith, *Value for Money in Health Services：A Comparative Study*, St. Martin's Press, 1976, pp. 9, 11.

(25) Marshall, *op. cit.*, p. 161：馬場前掲『経済学原理 II』155 ページ。

(26) A. C. Pigou, *The Economics of Welfare*, 4th ed., 1946（1st ed. 1920）, Part III

The National Dividend and Labour, Chap. xix A National Minimum Time-Wage, pp. 613－618, and Part Ⅳ The Distribution of the National Dividend, Chap. xiii A National Minimum Standard of Real Income, pp. 758－767：A. C. ピグウ（賀気健三・千種義人・鈴木諒一・福岡正夫・大熊一郎共訳）『ピグウ厚生経済学 Ⅲ』東洋経済新報社、1977 年、256－262 ページ、A. C. ピグウ（気賀ほか共訳）『ピグウ厚生経済学 Ⅳ』東洋経済新報社、1977 年、139－150 ページ。なお、邦訳は原著 4th ed., 1952 による。

(27) *Ibid.*, pp. 759－761：気賀ほか前掲『ピグウ厚生経済学 Ⅳ』140－142 ページ。

(28) *Ibid.*, p. 749：同前書、127－128 ページ。

(29) *Ibid.*, p. 752：同前書、131 ページ。

(30) *Social Insurance and Allied Services, Report by Sir William Beveridge*, Presented to Parliament of His Majesty, November 1942, His Majesty's Stationery Office, 1942：ウイリアム・ベヴァリジ（山田雄三監訳）『ベヴァリジ報告　社会保険および関連サービス』至誠堂、1969 年。

(31) *Ibid.*, pp. 6－7：山田前掲『ベヴァリジ報告』5－6 ページ。

(32) *Ibid.*, p. 9：同前書、9－10 ページ。

(33) *Ibid.*, pp. 14,118：同前書、17、181 ページ。

(34) *Ibid.*, p. 185：同前書、185 ページ。

(35) *Ibid.*, pp. 120－121：同前書、185－186 ページ。

(36) 大前前掲『社会保障とナショナル・ミニマム』205 ページ。

(37) 藤澤前掲「ナショナル・ミニマムの理論と政策（1）」95 ページ。

(38) A. M. McBriar, *Fabian, Socialism and English Politics 1884－1918*, Cambridge University Press, 1962, p. 8.

(39) 大河内一男『増補　社会政策の基本問題』日本評論社、1954 年参照。

(40) Walter Hargenbuch, *Social Economics*, Cambridge University Press, 1965, p. 256.

(41) 小松隆二・伊藤光明『ナショナル・ミニマム論―その史的展開と現代的意義―』総理府社会保障制度審議会事務局、1977 年、35 ページ。

(42) R. G. S. Brown, *The Management of Welfare: A Study of British Social Service Administration*, Robertson, 1975, p. 18.

(43) H. エクスタイン（高須裕三訳）『医療保障―福祉国家の基本問題―』誠信書房、1963 年（Harry Eckstein, *The English Health Service : Its Origins, Structure, and Achievements*, 1958）253 ページ。

(44) Jose Harris, Beveridge's Social and Political Thought, in John Hills et al. (eds.) *Beveridge and Social Security : An International Retrospective*, Oxford University Press, 1994, p. 23.

(45) Jose Harris, *William Beveridge ― A Biography ―*, Oxford University Press, 1997, p. 452.

(46) *Reform of Social Security Presented to Parliament by the Secretary of State for Social Services by Command of Her Majesty June 1985*, HMSO, 1985 :
　　　Volume 1 : *Reform of Social Security*, Cmnd. 9517.
　　　Volume 2 : *Reform of Social Security : Programme for Change*, Cmnd. 9518.
　　　Volume 3 : *Reform of Social Security : Background Papers*, Cmnd. 9519.
　なお、この緑書には、以上とは別に、The Report of the Housing Benefit Review Team, *Housing Benefit Review*, Cmnd. 9520, HMSO, 1985 が添えられており、実質的に緑書は 4 分冊と考えてよい。

(47) *Reform of Social Security ; Programme for Action Presented to Parliament by the Secretary of State for Social Services by Command of Her Majesty June 1985*, Cmnd. 9691,. HMSO, 1985, p. 1.
　なお、この白書には、Department of Health and Social Security, *Reform of Social Security : Technical Annex*, HMSO, 1985 が別途ついている。

(48) *Community Care : Agenda for Action : A Report to the Secretary of State for Social Services by Sir Roy Griffiths*, HMSO, 1988（as known *The Griffiths Report*).

(49) Department of Health, *Caring for People : Community Care in the Next Decade and Beyond*, Cmnd. 849, HMSO, 1989.

(50) 藤澤益夫「ナショナル・ミニマムの思想と政策」「イギリス社会保障の形成と展開」同『社会保障の発展構造』慶應義塾大学出版会、1997 年参照。

(51) 坂井昭夫「シビル・ミニマム論の特質ならびに公共経済学によるその包摂の方向性をめぐって―公共経済学批判の一環として―」『商学論集』創立 90 周年記

念特輯、関西大学商学会、1975 年、193 ページ。

(52) John Kenneth Galbraith, *The Affluent Society*, Houghton Mifflin, 1958, Chapter Ⅷ Economic Security.

(53) Charles-Louis de Montesquieu, *De l'Esprit des Lois*, 1748, in *Œuvres completes de Montesquieu*, tome Ⅱ, Text présenté et annoté par Roger Caillois, Gallimard, 1951, pp. 459, 462：モンテスキュー（野田良之ほか訳）『法の精神』上巻、岩波書店、1987 年、285、288 ページ。

第Ⅲ部
イギリスの医療福祉サービス

上段の写真：日本人喫煙者にはおなじみのイギリスのタバコの銘柄の箱。そのおよそ半分を、Smoking seriously harms you and others around you（喫煙はあなたとあなたの周囲の人たちに深刻な害を及ぼす）／Smoking kills（喫煙は命を奪う）／Smokers die younger（喫煙者は若死にする）、などのタバコの有害性についての衝撃的な警告が占めている。2007年8月。

　中段の写真：オックスフォードの医療福祉関係者の要介護高齢者対象のサービス提供についての2週間に1度開催される定期情報交換会。参加者は、チームとして医療福祉サービスの提供にあたる専門家―医師、看護師、ソーシャル・ワーカー、ボランタリー団体、行政当局など―で、それぞれの立場からの率直な問題提起がなされ、熱い議論が約2時間戦わされる。1993年9月。

　下段の写真：オックスフォードのGPの診療所（支所）の案内掲示板。サービスの内容と診察時間が明示されている。サービスは往診を含め広範囲にわたるが、支所のため、診察時間は月曜日から金曜日までの午前または午後の1日4時間で短い。2007年8月。

5. オックスフォードの市民生活と福祉サービス

> われらの未来は集団にあるが、われらの存続は個にある。
> このパラドックスが、毎日われわれの首を締めているんだ。

ジョン・ル・カレ『スマイリーと仲間たち』[(1)]

■1 高齢者在宅介護計画の概要

重層的な介護サービス

イギリスの福祉制度の特徴を一言でいえば、サービス中心で地域社会と密着している、に尽きる。イギリスの高齢者福祉政策は、国と地方政府からなる公的部門とボランタリー団体・非営利団体・営利団体などからなる私的部門とが、ときに協力連携し、ときに反発競合しながら試行錯誤を重ねてきた。そうした中で筆者は、1985年8-9月にオックスフォードの地域訪問看護師（district nurse）Gさんに彼女の影（shadow）として同行し、高齢者福祉政策の現場をつぶさに観察する機会をもった。この時期、オックスフォードでは、国民保健サービス（NHS）とオックスフォード市社会サービス部（Department of Social Services）の協力の下に高齢者在宅介護計画が展開されており、こうした取り組みが、今日のイギリスの地域福祉（local welfare）／地域介護（community care）につながっている。

オックスフォードの高齢者在宅介護計画（Home Care Project for the Elderly）は1980年に始まった。高齢者の入院や老人ホームへの入居を、少なくする、その時期を遅くする、その期間を短くする、などして高齢者の自立を助長し、家族近親等による自宅での介護を最大限可能にすること

を、この計画は目指していた。財源は地方税と中央政府からの援助からなる。計画の背景には、高齢者人口の増加があり、一方における福祉関連施設の拡充による高齢者対策に関わる選択肢の増加と、他方における財政的圧迫と入院入所よりも自宅での老後・退職後の生活を希望する多数の高齢者の存在、さらには医学なかんずく老年医学上の観点からする在宅介護の有効性の再評価があった。具体的には、地域社会で活動する老年精神医療専門の看護師（community psychogeriatric nurse）、地域社会で活動する訪問看護師（district nursing sister／district nurse）、地域社会の住民が直面している社会問題・生計費関連問題・住宅関連問題などを扱うソーシャル・ワーカー（social worker）、そしてこれら専門職の意見を検討し、多面的な活動を調整し、統一のとれた方向へと導いていく福祉関連問題についての専門的な知識と経験を有する責任者（team leader）が協力して、次のように計画が実施されることになっていた。

核となる訪問看護師

　まず主としてより高度な専門的看護を行う訪問看護師が定期的に高齢者の自宅を訪れて、高齢者の健康状態を調べ、その場で必要な措置・介護・看護を行うと同時に、高齢者との会話を通じて生活上の問題点を探り、老年精神医療専門の看護師、ソーシャル・ワーカーと協力しながら、問題解決に努める。彼女ら／彼らの下には、在宅介護助手（home care assistant）がおり、高齢者の生活状況に応じて、高齢者が家庭生活を営んでいくうえで不可欠なニーズに関わる一般的な看護と衛生上の問題から炊事・洗濯・室内の清掃、さらには着脱衣にいたる妥当な水準のサービスを毎日提供している。介護助手の中には男性もいるが、訪問看護師と在宅介護助手のほとんどが女性である。これは通俗的な男女の性別役割分担が固定観念としてイギリス社会に根強く残っていることによる。訪問看護師は、高齢者の近親、ときには（日本では普通考えられない）知人・友人・隣人―

この計画の対象になっているのは、すべて単身世帯または高齢者夫婦だけの2人世帯で、近親とは別居──、家庭医（family doctor）としての一般医（general practitioner：GP）、NHSとも連絡を取りつつ活動している。1985年9月時点では、約80名の高齢者を対象にしていた。その大部分は介護のための訪問を1日2回受けており、なかには3-4回訪問を受けている事例もあった。訪問看護師は、原則として、1日2世帯ずつ、もっぱら午後、高齢者宅を訪問する。彼女たちの多くは、結婚後の家事、育児等による時間的な制約のため、パートタイムで勤務している。相対的に給与水準の高い彼女たちがパートタイムで勤務していることによって、NHSにとっては人件費の節約が可能になる。

　こうした対応は、近親者が近くに住んでいる場合には、彼ら／彼女らにもできることであるのに対し、より高度の専門的な看護介護を、訪問看護師は行う。ほとんどの訪問看護師は女性であるが、男性の訪問看護師もごく少数いる。在宅介護助手もほとんどが女性である。女性の平均寿命が男性のそれよりも長く、したがって要介護者の年齢が高くなるにつれ、女性の比率が高くなる。高齢の女性の中には，いまだに19世紀ビクトリア朝の価値観にとらわれている人びとが少なからずいて、彼女たちは、若い男性の介護を受けて、たとえば、清拭（bed bath nursing）を拒むことが多い。こうしたことから、専門的な看護介護の分野で働くイギリスの男性は圧倒的に少数派で、非常に有能である。

　さらに、現代の日本においても依然として根強い社会的な差別とある種の共通点を有する社会保障・社会サービスをめぐるスティグマが、イギリスでは一部の高齢者に非常に深刻に受けとめられているため、これらの人びとにとっては、介護サービスを受けることに対する心理的な抵抗が少なからずある。というのも、社会保障・社会サービスに依存して生活せざるをえない人びとが、異常で不健全な者とみなされることがあるからである。状況が改善されつつあるとはいえ、スティグマが、人種・宗教・身体・家

族・行動・職業など、社会生活に関わるほとんどあらゆる局面において観察される。たとえば、白人に対する黒人・アラブ人・アジア人、キリスト教徒に対するユダヤ教徒、健常者に対する障害者、両親のそろった家族に対する単親家族、前科や前歴の有無などが、これである。社会保障・社会サービスに関連しては、その給付に対応する拠出がなされていなかったり、給付に資力調査が伴ったりする場合に、受給者は、周囲から一種の社会的落伍者とみられ、受給者本人も、これを意識してスティグマを持つことになり、これが受給者には恥辱と感じられることになる。こうした意識が社会サービスを受ける際の心理的な障害になることがある。

② 高齢者の意識と生活

事例Ａ：70歳代の夫婦

市の中心から車で20分足らずの、中流階級の下層が多く住む地域の庭付き1戸建て住宅に住む70歳代のＡさん夫妻。夫はパーキンソン病のため治療中。妻は半年近く前に庭先で転倒し骨折するも、ようやく完治。住宅の手入れの具合はさほどよさそうにはみえず、家具、調度、絨緞などは、次に紹介する典型的な中流階級の事例Ｂに比べ、数段落ちる。

Ｇさんは、1時間近くも妻の身辺雑事に耳を傾け、自らも関連した話題を持ち出すとともに、Ａさんの病状を尋ね、薬とともに必要な注意を与える。この夫婦は、近くに近親や親しい友人がおらず、地域社会のなかでややともすると孤立しがちになり、ひいてはそれが精神衛生上悪影響を与え、老化を速めることになるため、Ｇさんは、Ａさん夫妻のよき話し相手になることで、彼らの社会的孤立の防止に努めている。Ａさん夫妻は、こうした状況にあっても、非常に陽気に毎日を過ごしている。そして、翌週には、そろってスコットランドに出かけ、約2週間の休暇（holiday）を楽しむとのこと。すでに夫は退職しているうえ、病気を抱えており、もっ

ぱら余生を送っているだけのようにみえるＡさん夫妻が「休暇を楽しむ」という表現—はっきり思い出すことができないが、多分、英語では enjoy holiday —には、筆者だけでなく、1980年代の日本人の多くは奇異な感じを抱くであろう。しかし、彼らにとっては、1－2週間程度の休暇を年に2－3回とることが、長年の習慣になっており、休暇は年間行事の1つとして彼らの老後・退職後の生活にもしっかり組み込まれている。

この家では奇妙なものを2つ目にした。1つは、幅30センチメートル、長さ50センチメートル余りの何の変哲もない木製の板（slide board）である。他の1つは、夫用の椅子の4本の脚に履かされた木靴か木箱のようなもので、それぞれが調整可能な板で結ばれている。夫は、パーキンソン病のため運動能力が著しく減退している。ベッドから起き上がる際に、片手または片肘を突くと、当然、体重がその手または肘の側にかかり、マットが沈む。このとき、彼はバランスをうまくとることができない。そこで、木製の板をマットの上に置き、そこに手または肘を突くと、手または肘がマットに沈むことなく、うまくバランスをとることができる。このほか、ベッドでの運動を容易にするために利用するのが、この板である。木靴のようなものは、ベッドから椅子への、またその逆の移動を容易にするため、ベッドより通常低い椅子の高さとベッドの高さが同じになるように調整するための工夫であった。椅子の大きさと高さに合わせ、調整できるようになっている。これらは、いずれも無料で貸与される。

この家には、同様に無料で貸与される車イス、杖、金属パイプ製の携行可能な歩行補助器（walking frame）があった。NHSでは、補聴器、電動車イスも、貸与している。

事例Ｂ：1人暮らしの80歳代の女性
市の中心から車で15分余りのオックスフォードの典型的な中流階級が居住する地域にある、日当たりのよい庭付き1戸建て住宅（detached

house）に1人で住む、80歳代の認知症が進行中の女性Bさん。安楽椅子が置かれた居間には相当高価だったに相違ない家具が整然と配置され、床には比較的新しく敷き変えたように思われる絨緞。

　Bさんは、いつも訪問看護師Gさんの質問に対し、はっきりした反応を示さない。家庭医とソーシャル・ワーカーにも相談の上、入院措置を近々とるとのことで、結婚し、近所に住んでいる中年の実の娘が、Gさんの訪問を待ち受けていた。この中年女性がGさんに涙ながらに語るには、彼女自身は在宅介護サービスに感謝しているが、母親が社会サービスを受けることを恥辱と感じ（stigma attached）、彼女が母親のBさんを見舞うたびに、母親に対する愛情が欠けた冷たい娘だ、といって彼女を責めるとのこと。このうえ、入院になると、母親にどれだけ責められるかしれない、といって涙を浮かべる。中年の女性は、家事育児に追われ、母親をたずねるのは週に2-3度程度が精いっぱいとのこと。

　ほかにも、こうした事例は中流階級に多い、という。1980年代においてもイギリスでは老親の世話をするために結婚の機会を逸し、生涯を独身のまま過ごす女性が少なからずいて、ある種の社会問題になっていた。

事例C：1人暮らしの80歳代の男性

　市の中心から車で20分余りの距離にある、建築後100年以上経過した2階建ての公営住宅（council house）で、1人暮らしの80歳代の男性Cさん。天涯孤独で、経済力もなく、18カ月前から公営住宅で暮らしているアイルランド出身者。アイルランド・アイルランド人という言葉には、日本人にはなかなか理解しにくい複雑微妙な意味が込められていることが、イギリスでは多い。まったく同じ作りの公営住宅が3棟並び、それぞれ6世帯ずつ高齢者が入居している。建物の周囲には比較的手入れの行き届いた庭があり、入居者が花作りを楽しんでいる。

　1人暮らしのCさんは、杖を頼りに、ようやく室内を動ける程度の運動

能力しか持っていないが、なぜかエレベーターがない2階（1st floor）に居住している。21世紀の現在でもほとんど高層建築物のないオックスフォードにはエレベーターを備えた建物はないに等しい。専有部分は、日本風にいえば、バス・トイレ付きの1Lで、居間に調理用設備一式が備えつけてあり、室内はこざっぱり片付いている。Gさんの訪問を待ちかねていた様子で、うれしそうに近況を報告する。

　Gさんは、持参した薬について説明した後、Cさんの足のマメの治療をし、さらに外出するCさんの着替えを手伝う。眠る時間を除くと、イギリス人はほぼ靴を履き詰めである。そのために、しばしばウオノメやタコができたり、巻き爪や陥入爪になったりして、苦しめられる者が多い。NHSでは、60歳以上の女性、65歳以上の男性、学童、障害者、妊婦を対象にした足治療（chiropody）を行っており、その専門家（chiropodist）がいる。

　この日は眼鏡を新調するとのことで、地域輸送計画（Community Transport Scheme）に参加している中年の男性がCさんを迎えに来る。この計画は、地域住民の高齢者福祉活動の一環として、市の後援のもとに実施されている。参加者は、一種のパートタイマーとして、主として買い物などのための外出を希望する高齢者を自らの車で連れ出す。謝礼はバスの運賃より少し高い程度で、走行距離に応じて支払われ、ガソリン代のごく一部が市から支給される。拘束時間は、しばしば2時間を超えることもあり、経済的な動機で参加する者はいない。毎週月曜日には、地域輸送活動計画とはまったく別のボランタリー団体の人びとが公民館（community centre）に高齢者を連れていき、社会的交流の機会を作っている。

　この古い公営住宅の周囲には、比較的新しい公営住宅が何棟もあり、なかには日本ではありふれた、オックスフォードでは珍しい10数階建ての、日本風のマンションや団地と外観が変わらない建物もあるが、多くはレンガ作りの2階建てで、1棟に10世帯足らず入居している。この新しい公

営住宅の中にも高齢入居者が少なくないので、管理人が主として安全管理の観点から高齢入居者を毎日訪ねる。高齢者が独力でベッドに上がれなくなると、管理人が、家庭医、ソーシャル・ワーカーなどに連絡し、病院への入院、老人ホームへの入居について検討される。

新しい公営住宅のなかには、両隣とは際立って手入れのよい一角が少なからずある。これは、サッチャー政権になって以来、公営住宅がその入居者に積極的に売却された結果生じた現象で、もともと公営住宅であった一角を購入し、持ち家とした住民が、そのことを周囲に示すとともに、資産価値の保全を図るために、俄然、私有部分の手入れに金をかけるようになるからとのことであった。

事例D：1人暮らしの80歳代の男性

市の中心から東南へ車で20分ばかりの距離にある公営住宅で1人暮らしの80歳代の男性Dさん。この公営住宅は比較的新しく、バンガロウ（bungalow）と呼ばれる平屋建ての比較的小さな建物で、1棟に10世帯近くが入居している。Dさんは肉体的にはいたって健康であるが、依存心が強い半面、他人に対して何かにつけ攻撃的で、Gさん以外には心を開こうとせず、何かを食べながら、テレビを1日中みている。専有部分は、日本風にいえば、バス・トイレ・納戸付きの1LK。建物の前に庭があるが、あまり手入れが行き届いていない。近くに自動車工場があるため、黒人労働者が多く住みつき、かつては荒廃した貧しい地域であった。しかし、1980年代に入り再開発が進み、徐々に環境が整備されてきている。

この日は雲1つない快晴であったが、いつも晴雨にかかわらずカーテンを閉め切ったままとのこと。さまざまに手を尽くして、日中は高齢者のための施設（day centre）に連れ出そうとしても、バンガローから出たがらない。娘と息子がそれぞれ独立して市内で生活しており、毎週1回ずつ父親を訪れる。また週末には交代で自宅に泊めるなど、別居はしているが、

子どもたちはDさんのことを常に気にかけ、Gさんにいろいろ相談を持ち掛けるとのこと。テレビが置かれた居間のいたるところに食べかけの菓子袋が散らかっている。朝食と夕食は在宅介護助手が毎日届けに来る。

　以前からGさんは、もっと快適な公営住宅に移る手続きをとるように、しきりにDさんに勧めている。しかしDさんにはこのバンガローの居心地がよいらしく、せっかくの話に応じようとしない。次の日、病院に行き、診察を受けることになっているが、そのわずかな時間、バンガローを留守にすることを嫌がり、Gさんに、自分は健康であり、病院に行く必要はない、と訴え続ける。客観的にみて、Dさんが置かれている状況が幸福とは思えないが、Dさんは現況に至極満足している。

事例E：1人暮らしの90歳代の女性

　築後100年以上の住まいが多いオックスフォードでは非常に現代的な公営共同住宅で、1人暮らしの独身の90歳代の全盲の女性Eさん。この共同住宅の周辺には緑が多く、1棟に12世帯入居している。Eさんの専有部分は、日本風にいえば、バス・トイレ付きで1LK。壁紙が陽に焼けて少し黄ばんでいるのを除くと、室内はきちんと整理され、小さな棚には人形や飾り皿が並び、壁には複製画が掛けてある。

　毎朝、在宅介護助手がEさんを訪れ、必要な介護をする。また毎日午後には暖かい昼食が届く。昼食配達サービス（meals-on-wheels）は、通常、毎日行われるわけではなく、彼女の場合は例外的な措置で、料金は、配達を受ける人の資力に応じて課される。一般にこの制度は、地方自治体とボランタリー団体や地域住民・隣人の協力によって実施されている。地域によっては、昼食会（lunch club）や福祉関連施設で昼食が提供される。

　Eさんは、自宅にいるときでさえ、目が不自由であることが大きく影響しているが、しばしば自分がどこにいるのかわからなくなるほど混乱するにもかかわらず、Dさんとは対照的に外出好きなため、隣人たちが常に注

意し、事故が起きないよう気を配っている。また、起床直後混乱することが多いので、管理人が彼女の様子を毎朝見に来る。近くに近親はいないが、幸い市内に幾人か知人がいて、ボランタリー団体の人びとの協力もあり、ときどきドライブに連れて行ってもらうのを非常に楽しみにしている。

まとめ

　以上、事例ＡとＢによって持ち家に住む中流階級、事例ＣとＤとＥによって公営住宅に住む貧困層に対する在宅介護サービスの具体的な内容の一部を紹介した。オックスフォードの在宅介護計画では、計画自体が試験的に実施されていることもあり、受益者の経済力をサービスの内容・水準に直接反映させていない。この計画では、各種の高齢者福祉サービスに関連するニーズを地域社会の中で多数の関係者の重層的・有機的な連携によって充足していくための方法が模索されている。すべての高齢者がこうした比較的充実したサービスを受けているわけではないが、高齢者は若年層に比べて優遇されている。なお、オックスフォードでは若年層を対象にした同様の福祉計画を別途実施している。

＜ソーシャルワーカー（左奥）と介護支援について話し合う１人暮らしの高齢者（右から２人目）と近所に住む息子夫婦に孫（事例Ａ－Ｅとは直接関係がない）：オックスフォード、1993 年 10 月＞

＜コラム＞　ある在宅家族介護

　イギリスでは、福祉関連のさまざまな分野におけるボランタリー活動が発達し、しっかり社会に根づいており、ボランタリー部門が、たとえば、公的な介護サービスをしっかり支えている。ボランタリー活動に対する法律的・制度的な支援体制も日本と比べて非常に充実している。学校教育のなかでも、ボランタリー活動を非常に重視し、ボランタリー活動に関連する教育が進んでいる。日本でもボランタリー活動が脚光を浴びるようになって久しい。しかし、少なくも筆者がみるかぎりにおいて、あるいは知るかぎりにおいて、ボランタリー活動が活発に行われている領域・分野は、ずいぶん限定されている。活動もなかなか長続きしないようにみえる。それは、ボランタリー活動に関わる人たちの責任というよりも、私たちのボランタリー活動に対する認識の程度、あるいはボランタリー活動に対する国・地方自治体の支援体制の不備に問題があるから、といえそうである。

　ボランタリー活動は、文字通り個人の自発的な意思に基づく活動であることから、ボランタリー活動を、たとえば、介護対応策の中心にすえることはできない。一般的にいって、ボランタリー活動には非常に充実した分野とそうでない分野が不可避的に存在することになる。多くの人びとが注目するような問題に関わるボランタリー活動でなければ、なかなか発展しないし、長続きしない。イギリスにおいても、こうした傾向はある。とはいえ、イギリスでは、公的施策に対する補助的・補完的な役割を担うボランタリー活動が、介護の分野において非常に盛んである。今の日本でボランタリー活動に過度の期待をかけることは、現実的ではない。

　日本人とイギリス人の公的年金水準を含め平均所得を比較すると、大差ないが、非金銭面を含めた生活全般に関しては、イギリス人のほうがはるかにゆとりのある暮らしをしているようにみえる。というのも、生活の実態は、金銭面だけでなく、ストック・資産や社会資本・公共施設、さらには家族や人間関係や社会関係などを含めての、総合的な視点から

＜浴室（手前）と寝室（奥）の仕切りを取り除いた状態／手前左下に天井から下がっているハンガー状のリフト／右後にエレベーター：2004 年 8 月＞

考えなくてはならないからである。金がなければ暮らしにくい日本に対し、イギリスは金がなくても何とかなる社会といえようか。

　筆者の黒人の友人 Mr Roy Louis ―イギリスの旧植民地から移住してきた失業中の父親、（元）看護師の母親、重度障害をもつ Roy の３人家族―は、オックスフォード郊外の公営住宅に住んでいるが、この家には、電動式の車イスに乗ったままで操作できる家庭用エレベーターが設置されている。設置費用は公費負担で、重度の障害をもつ 20 歳代半ばの Roy が利用している。彼は、障害者施設で教育を受けた後、日本の放送大学のモデルになった通信制のオープン・ユニバーシティ（Open University）を卒業し、コンピュータを使ったインターネット・ビジネスを立ち上げ、障害者のためのボランタリー活動のリーダーとして活躍している。ほとんど毎日のように、ボランタリー活動に参加している若者が立ち寄って、彼の話し相手になったり、車イスのままで乗ることができる自動車で、彼を町に連れ出したりしている。イギリスでは、こういった設備が状況次第では全額公費負担で支給される。また、この家では、寝室の天井に取り付けられているリフトを利用し、寝室から隣の浴室に移動し、入浴できるようになっている。こうした設備に関わる費用も全額公費負担である。この家族の事例は非常に恵まれたもので、財政的に苦しい地方自治体では、むろんここまでの手厚い対応はできないが、イギリスでは、どの地方自治体も、基本的に、家族・親族、（日本ではまず考えられない）隣人・知人・友人、ボランタリー団体、などとの間に重層的な協力関係を築くことによって、障害者福祉・介護サービスの充実に努めている。

　ただし、1980 年代のイギリスには、次のような状況があったことにも注意しておく必要がある。

（1）伝統的な意味での貧困は、大部分なくなったが、低所得階層の生活水準はなお低く、貧困な者は一層貧困に陥っている。（Thomas Wilson and Dorothy J. Wilson, *The Political Economy of the Welfare State*, George Allen & Unwin,1982, p. 88.）

（2）社会保障に対する国民の受け止め方が複雑である。一方において、国民の 65 パーセントが、多数の国民が社会保障給付を不正確に請求している、とみているのに対し、他方において、81 パーセントが、多数の国民が正当な権利を有する給付を請求できないでいる、と感じている。（Roger Jowell and Colin Airey, British Social Attitudes, in Ted Ramprakash (ed.), *Social Trends 15*,1985 ed.,Central Statistics Office,1985, p. 81.）

❸ 地域住民に密着したGP制度

４つの箱による地域医療

　高齢者の自立を助長していくためには、いかに高齢者の健康を維持していくか、が重要な課題になってくる。1980年代当時、オックスフォードでは、10年計画でNHS体制の下での病院を核にした柔軟な地域医療体制作り（Regional Strategic Plan 1984 – 1994）が進められていた。この計画には、健康維持に関わる自助努力（self-care）の可能性と重要性を重視するNHS地域医療責任者 Dr J. A. Muir Gray（community physician）の考え方が直接間接に反映されていた。その基本的な問題意識は次のとおりである。

　(1)　これから高齢者になっていく者は、現在の高齢者に比べ、適応力がある。

　(2)　これからの高齢者は、よりよい教育を受け、より強く自己を主張する。

　(3)　企業年金を受給する退職者が増加するにつれ、これからの高齢者はより豊かになっていく。

　(4)　認知症、白内障、パーキンソン病など、活動能力を低下させる疾病は減少しそうもないが、慢性閉塞性気道疾患、リューマチ性・虚血性心疾患や脳卒中は、喫煙人口の減少や医療サービスの有効性が高まることによって減少する可能性がある。

　(5)　したがって、今後、健康維持に関わる自助努力に対する期待が高まってくる。

　(6)　たとえ高齢者が地域社会において最大限のサービスを受けているとしても、多分、1日のうち22時間は1人で過ごすのが普通であることから、この間の自助努力は欠かすことができない。

（7）ただし、自助努力には限界があり、専門的医療に代替しうるものではないので、自助努力を推進していけば、病院医療（hospital care）と地域医療（community care）に対する需要が増加することになる。

（8）むろん、家族、友人、ボランタリー団体によって提供される制度化されていない日常的な介護（informal care）の重要性も再認識されることになる。

このように、Dr Gray は、自助努力とともにそれを支援する体制の整備の必要性を強調する。病院医療―地域医療―日常介護―自助努力は、病気の種類と病状に応じて、その重要性の程度を異にするが、それぞれ十分に有効性を発揮できるような体制を作り出していかなければならない。図5-1／図5-2に示すように、これを4つの箱による健康保障（four-box health care）／健康保障の4つの箱体系（four box system of health care）という。[(2)]

たとえば、穿孔性消化性潰瘍や脛骨骨折の場合、病院医療の前段階では、自助努力、日常介護、地域医療が行われるとしても、大部分の患者は、病院医療を受けることになる。したがって、病院医療の領域は広がり、地域

図5-1　健康保障の4つの箱(1)

図5-2　健康保障の4つの箱(2)

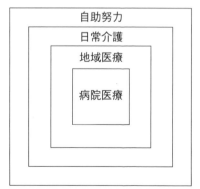

＊図5-1は、Dr Gray 作成の図5-2を基に筆者が作成。

192

社会に対する浸透性が高まることになる（図5-1参照）。またたとえば、慢性疾患（糖尿病、骨関節炎、パーキンソン病、生理不順、視力障害、湿疹など）や身体障害の場合には、病院医療の領域は相対的に小さくなり、地域社会への浸透性は低くなる（図5-2参照）。病院の地域社会への浸透性が低く、貢献度が小さくなればなるほど、4つの箱の間における機能・責任の配分に不均衡が生じ、地域医療で間に合う場合に病院医療を受けたり、逆に病院医療を必要とする場合に自助努力にとどまったりする。このような事態の発生を避けるために、オックスフォードでは病院をしっかりと地域医療体制の中核に組み込み、そのうえで高齢者の自立を助長すべく、以下の世界保健機関（World Health Organization）が掲げる第1次健康保障の4つの主要原則にそって、高齢者福祉施策が転換されていた。

(1) サービスは、全人口のニーズに合致するように計画されるべきである。

(2) 資源は、効果的かつ効率的に利用されるべきである。

(3) 保健サービス計画は、他のサービスと一体化すべきである。

(4) 地域住民の参加が、計画と管理のすべての段階においてなされるべきである。

当時のイギリスは、長期にわたる経済停滞にあえぎ、高失業率に悩まされており、サッチャー政権は、福祉予算を大幅に削減し、19世紀風の自助努力をしきりに喚起していた。Dr Grayは、こうした現実的な制約のなかで少しでも理想に近付いていくための具体的目標設定の必要性を主張していた。目標を設定することで、専門的医療関係者と市民は、問題の焦点を明確に把握でき、進歩の程度を測定する基準を持つことになる。

抽象的な表現を用いて高齢者福祉施策の目標を例示すると、次の通りである。

(1) 肉体的能力の不必要な喪失の予防。

(2) 苦痛や抑鬱状態など、予防または治療が可能な症状、または貧困な

どの社会問題の発生による生活の質の低下の防止。

(3) 家族崩壊の防止。

(4) 高齢者を可能なかぎり自宅に長期間住まわせる。

(5) 自宅では扶養不可能な人びとを対象にした良質の長期入院・入居看護の提供。

(6) 高齢者に、よき生活同様、よき死を迎えさせるための援助。

当時の具体的目標は以下の通りである。

(1) 1985 年までに、自宅で死亡する高齢者の割合をそれまでの水準より 5 パーセント高める。

(2) 1990 年までに、電話をもっていない高齢者の割合を半分に減少させる。

GP の医療専門職としての役割

イギリスの医療介護保障制度の最大の特徴の 1 つは、GP（一般医）／家庭医（family doctor）と病院との役割分担が明確で、地域住民の日常的な健康管理を GP が全面的に担っている点にある。GP は、1950 年代までは、医師の中でも下位に位置づけられていたが、1960 年代初期から状況が変化し、現在では、一般診療（general practice）の専門家（specialist）として位置づけられるようになっており、医師免許取得後における（卒後）研修がきめ細かく実施されているため、GP の医療専門職としての水準はけっして低くない。こうした状況変化には、GP の地位向上のための戦いもあったようである。

GP は、地域社会全体を対象にした、いわば健康管理者的な立場にあり、介護、長期療養、継続治療、慢性病、病気予防（全般）、予防接種、子宮ガン検診、健康管理—特に子ども対象—などを、幅広く担当している。GP は、医療における付随的・2 次的な位置づけから、一般診療に関する「専門医・顧問医」へ変貌を遂げてきている。GP は、病院での専門医に

よる第2次医療にいたるまでの過程と病院での専門医による治療終了後の過程を担当するが、前者の過程において、病院での専門医による治療の必要性の有無を、専門的な知識と技術を身につけた「門番（gate-keeper）」として判断する、という非常に重要な役割を果たしている。イギリスでは、「門番」としてのGPによって不必要な治療が病院で専門医によって行われることが防止され、限られた資源の無駄遣いが防止できている。イギリスの医療が費用対効果の点で、効率的なのは、GPが担っている、こうした役割によるところが大きい。

GPの質と研修

GPになるには、医学部卒業後、通常3年間、GPとしての質を高めるための研修を受け、最後に、The Royal College of Physicians ― 1518年設立の非営利組織で、高度医療サービスの提供などを主たる目的にしている専門職業人の組織―が実施する試験を受ける。その後は、5年ごとの審査と、一定の研修を毎年受け、新しい知識・技術などを修得する。この研修によって、翌年度の（診療）報酬が上がる。研修には、研究（study）、患者や後輩の医師の指導（teaching）、臨床技術、プライバシーを含む患者対応、などが含まれている。

NHS制度の下でのGPの定年年齢は70歳で、5年ごとに資格再審査を受け、私費患者のみを扱うGP（private GP）として仕事を続けていくことができる。オックスフォード地区には、この種のGPはほとんどいないが、ロンドンなどの大都市にはいる。

NHSのGPの報酬は、基本的に人頭請負（capitation fee）と一種の出来高払い（service payment）からなっているが、いずれも上限が定められていて、数をこなせば収入が増える出来高払い方式にはなっていない。

GP と地域住民の関係

　近年は、3-6名の常勤のGPが共同（partnership）で診療所（health centre）を開設して、上記の第1次医療を担当している。診療所には、きわめて簡単な診察と治療のための設備しかないが、GPが受け持つ地域住民のNHS創設以来の診療記録がすべてファイル—現在は電子デイタ化—され、さまざまな事情でGPが変わる場合は、全診療記録が新たなGPのもとに移される。NHSは市民1人1人の健康に関する誕生以来の全情報を把握し、GPはこれを常時利用できる。これがNHSを通じての市民の健康管理の基盤になっている。

　また近年の傾向としては、パートタイムの女性GPが増加している—多くは家事育児などの要因による—が、全般的にGPの数が不足している。とりわけ夜間診療や休日診療をめぐって、GPの絶対数の不足が問題になっている。

　地域住民は、必ず（毎年）1名のGPを選び登録する。住民がGPを選択する基準は、必ずしもGPの医療専門職としての知識・熟練・技術・経験などではなく、人間的な要因による場合が多い。たとえば、ある住民は、GPと患者の間における平等な関係を維持しやすい、と考えられるGPを選び、他の住民は、GPとの間に親子のような関係を築きやすいGPを選ぶ、という具合である。1人のGPが登録制で受け持つ地域住民の数は2000名程度で、共同診療所全体では1万-1.2万人程度の地域住民の健康管理全般を受け持つことになる。GPによる診察治療は基本的に予約制で、地域住民は、登録したGPが所属する共同診療所の他のGPの診察治療を受けることもできる。というのも、GPのもとには、前述したとおり、担当する地域住民の出生以来の全診療記録（patient records）が保管されており、一般的な治療ならば、これによって担当GP以外でも対応が可能なためである。住民が転居する場合には、すべての診療記録が、転居先のGPに引き渡される。この記録は膨大なものになり、現在はコンピュータによ

るデイタ化が完了し、健康記録（health records）として NHS によって
管理保管され、GP と住民とオンライン（GP online services）で結ばれて
いる。

　GP は、診療所での診察治療のほか、受け持ちの地域住民を定期的に訪
問するなどして、人びとの健康管理にあたっている。こうした訪問は、当
然ながら GP の医師としての専門的な立場からの健康に関する指導相談を
主たる目的にしたものになるが、核家族化が進んだ状況下で、ややともす
ると地域社会から孤立しがちになる、1 人暮らしの高齢者の話し相手にな
ることも重要な役割である。GP は、しばしば訪問看護師、保健師、ソー
シャル・ワーカー、さらには福祉ボランティアなどとともに、患者宅を訪
問し、医学医療の観点からだけでなく、社会的な視点からも最適な対応を
図り、医療と福祉が密接不可分の関係で結ばれたチームによる地域医療福
祉サービス（community care）を展開している。

　筆者は、旧知の GP に同行して、中流知識階級に属する 80 歳代後半か
ら 90 歳代の 3 人の患者宅を訪問した。3 人のうちアルツハイマー病の女
性患者を除く 2 人は、日常生活に不自由しない程度の健康状態で、過不足
のない医療福祉サービスを享受しているうえ、近隣に親族や知人もいて、
実に生き生きと人生を楽しんでいるようであった。しかしアルツハイマー
病の妻と暮らす夫（元・オックスフォード大学フェロー）は、自分自身で
は妻の介護ができないため、1 日 1-2 時間、民間の有料介護サービスを
毎日利用するための費用が年間 550 万円（2001 年：1 ポンド＝ 180 円で換
算）にもなり、遠からず負担しきれなくなることを非常に心配していた。

GP 受診体験

　筆者がいく人かのイギリス人にたずねた範囲では、ほとんど全員が GP
サービスについては、高い満足度を表明したのに対し、「病院」に関しては、
ほぼ全員が異口同音に「不満」を漏らした。GP のお世話に 2-3 回なっ

たことがある筆者と筆者の家族の経験からしても、GP に対する印象は、きわめて良好だった。ただし、前述のとおり、緊急時以外は、予約制なので、日本の医療保険制度に親しんできた平均的な日本人の感覚からすると、不便を感じる。また筆者の個人的な経験からは、病院（救急サービス）についても、きわめて良好という印象を持っているが、どうやら、こちらは運がよかったらしい。

　GP 診療の予約制については、1 度、次のような経験をした。GP との約束が、ある朝の 10 時 9 分であったが、わずかに 1 分、時計の狂いを考慮しても長くて 2 分、予約時間に遅れて診療所に行ったところ、受付で、次のようにいわれ、日をあらためて、予約する必要がある、ということになり、不自由な英語を駆使してのあの手この手の交渉の結果、幸いこのときは、1 時間近く待って診察を受けることができた。

　受付での説明―筆者の担当医は、筆者が約束の時間に来なかったので、すでに他の患者の診察を開始している。その後も、予約時間が決まっている患者が、待っているので、今日は、担当医に会うことはできない。

　これに対して、筆者は、日を改めてでもよかった程度の風邪の軽い症状であったが、わずか 1-2 分の遅れで、あらためて予約を取らされるのも癪に障り、どうしても、その日には診察してもらえないのか、どうか担当医に尋ねてほしい、と受付に再三再四頼み込んだところ、相手も根負けしたのか、担当医に電話を入れてくれ、しばらく待つことになった。こうして 1 時間ばかり待って、診察を受けることができた。

　この日、GP（女医）が私に最初にかけた言葉は次のようなものであった。「長く待たせて、ごめんなさい。いつも患者が多くて、忙しく、時間の調整がとても難しいの。」それまでは、わずか 1-2 分のことで、杓子定規な対応しかできないのか、と自分が約束の時間に遅れたことを棚に上げて、いささか釈然としない気持ちでいたのであるが、この一言で、それもほとんど氷解してしまった。こうした事例だけで判断することは、むろん短絡

的にすぎるが、GP は、医療とは直接関係がない人間関係面での患者の扱い方についても、かなり訓練されているのかもしれない。地域住民（患者）と GP の関係は、基本的に、長期継続的な、しかも家族全員とのものなので、きわめて濃密なものになる。

４ コミュニティ・ケアの新展開

1990 年代になると、国民保健サービスおよびコミュニティ・ケア法に対するオックスフォード州（Oxfordshire）—イギリスの「州」（county）は日本の「県」におおむね相当する—としての対応が以下のように本格化する。オックスフォードで当時発行されていた 2 種類の手引き Oxford Regional Health Authority, Trainer's Resource Pack：Caring for People：Working for Health と Oxfordshire County Council, Core Assessment Guide の概要を、筆者の体験に基づく考察と感想をまじえて紹介する。

福祉サービス転換の指針と戦略的留意事項

(1) 州の社会サービス局が、コミュニティ・ケアにおいて主要な役割を担う。

(2) 州の社会サービス局は、私的介護施設または公的介護施設への入所が必要な人びとのニーズを評価し調整する。

(3) ニーズの評価は、サービスの提供者・提供機関とは別の者によってなされなければならない。

(4) 州の社会サービス局は、施設入所者のために資金を提供できるが、自身で定めた規則に従って提供しなければならない。

(5) 中央政府管掌の社会保障からは、1993 年 4 月 1 日以降、新規施設入所者のための費用負担は行われない。

(6) 資金は、中央政府の社会保障部門から州の社会サービス部門に移転

される。

(7) 施設への入所が見込まれる人びとには、公的施設と私的施設のいずれで生活するかについての選択権が与えられなければならない。

また戦略的留意事項として次の7項目が確認された。

(1) コミュニティ・ケアの提供者・提供機関の連携を強化する。

(2) 地方政府の社会サービス局が主導的な役割を果たす。

(3) もっとも援助を必要としている人びとのニーズを十分に評価する。

(4) サービス提供者の立場からではなく、ニーズを有する人びとの立場に立って、ニーズを評価する。

(5) 個人の選択権を尊重する。

(6) 個人が、自らの方法で選択し決定したニーズを充足するためのサービスを購入するに際しての費用負担を免除する（実際には経済力に応じた負担が求められる）。

(7) 公的・私的・ボランタリーの、さまざまな提供者によって提供される広範なサービスを利用できるようにする。

こうした指針のもとに、オックスフォード州では、日常生活を営むうえでの援助を必要としている人びと、たとえば、高齢者、薬物・アルコール中毒者、身体障害者、精神病患者、就学困難者などを対象にした、広範なサービスと施設の提供が行われることになった。提供される援助のなかには、一定の条件付きのものを含むが、給食配達サービス、養護住宅、家事援助、昼間介護、公的老人ホームおよび私的老人ホーム、交通機関の援助、家計または金銭に関する助言、健康管理、カウンセリング、介護者の休息期間中の介護などが、地方政府を中心に、中央政府の出先機関、各種のボランタリー団体、民間企業を通じて提供されることになった。これらの事業に要する費用は、中央政府からの補助金と地方税によって調達される。また地方政府は、一定のサービスの提供に対応して徴収する費用に関する規則を設けているが、受益者からの費用の徴収は、日常生活を営むうえで

の援助を必要としている人びとには多大な影響を及ぼすため、非常に所得
の低い人びとに対しては、費用の一部を、中央政府の社会保障省と地方政
府の社会サービス局が補充する。

サービス利用者本位主義

　以上の新たな方向性のなかで非常に興味深いのが、サービス利用者の立
場に立った消費者主権的な発想が積極的に取り入れられている点である。
サービス利用者・介護者をサービス提供者と対等の立場に立たせることに
よって、確実かつ継続的なサービスの質の向上を目指して、個人のニーズ
に合致したサービスを提供する過程を、表5-1に示す7つの段階に分け、
全過程を介護管理（care management）概念で統括している。
　このようにして介護管理が行われると、次のような効果を期待しうる。
　(1) 評価と資源の利用がニーズ中心に行われ、各種のサービスを個々の
　　　要求に合致させることができる。

表5-1　介護管理の7つの段階

第1段階：広報	扶助が与えられるニーズと、これらのニーズを充足するための手順と資源を公表する。
第2段階：評価の水準の決定	当初のニーズを確認し、当該ニーズに対し適正な水準の評価を下す。
第3段階：ニーズの評価	個々のニーズを理解し、ニーズと関係機関の方針および優先順位との関係を検討して、関与する目的についての合意を形成する。
第4段階：介護計画	必要性を評価することによって確認された目的を達成するために最適な方法について協議し、最適な方法を個々の介護計画のなかに組み入れる。
第5段階：介護計画の実行	必要なサービス資源を確保する。
第6段階：観察	継続的に介護計画の実施状況を支援し統制する。
第7段階：再検討	一定の間隔で、介護計画の見直しを図るために、ニーズとサービスの結果を再評価する。

（筆者作成）

(2) 個々の介護計画に参加し、好ましい結果を引き出すことができる。

(3) 評価・介護管理についての責任とサービス提供についての責任を明確に区分し、サービス利用者とサービス提供者の利害関係を分断する。

(4) ニーズの評価とサービスの購入・委託を結び付けることによって、結果的に、より敏感にサービスをニーズに対応させることができる。

(5) 公的部門と私的部門の双方から、より広範なサービスを選択することができる。

(6) 利用者と介護者が、自分たちの受けるサービスを決定する際に、専門家とともに、より能動的な役割を演じることができる。

(7) 代弁・弁護の機会を活用することができる。

(8) 恵まれない状況におかれている個々人のニーズを、より効率的に充足する方法となることができる。

(9) 介護の継続性を、いっそう増すことができ、利用者と介護者に対する説明義務を、いっそう強めることができる。

(10) 関係機関内部と関係機関相互の間におけるサービスの改善と統合を図ることができる。

ニーズ重視の方針は、まず何よりも、詳細をきわめるニーズ評価のための指標に端的に表われている。その概要は次のとおりである。

(1) 感覚と意思の疎通（それぞれ3段階で評価）：聴覚。視覚。話す能力。触覚。他者との意思の疎通。自分の意思を表示する能力。他者を理解する能力。読み書きの能力。

(2) 学習、労働、レジャー（それぞれ4段階で評価）：現在の教育・学習に対する満足度。現在の労働に対する満足度。現在のレジャー活動に対する満足度。

(3) 他者との関係および交流（それぞれ3段階で評価）：家族との関係。介護者との関係。他人との関係。ときどき顔を合わせる人びと（たとえば、牛乳配達人、美容師など）との関係。最近の生活上の変化、た

とえば、近親者との死別、転職、住所変更など（あり／なし）。

(4)　**肉体的な健康状態**（それぞれ3-4段階で評価）：一般的な健康状態。過去6カ月以内に転倒したことがあるか。薬物療法をしているか。どのようにして薬物療法をしているか。アルコールを飲用または処方箋なしの薬剤・興奮剤を服用している場合、それが、どのような影響を生活に及ぼしているか。疲労を感じるか。苦痛または不快を感じるか。診断・どのような薬物療法をしているか・状態はどうか。

(5)　**情緒的な健康状態**（それぞれ4段階で評価）：日常の気分はどうか。気分が対人関係に影響するか。1日のうちに気分が変わるか。どのように時間的には気分が変わるか。睡眠。通常、どのように自分について考えているか。どのように未来を見ているか。一般的な記憶力。時間・場所・人物についての記憶力。

(6)　**住居**（それぞれ5段階で評価）：どこに住んでいるか。誰と住んでいるか。住居の種類。住居、なかんずく浴室と台所の状態。居住場所として適しているか。自分専用の部屋を持っているか。給湯設備があるか。孤独を感じるか。商店街から離れた場所に住んでいるか・交通手段は何か。

(7)　**自活能力**（それぞれ4段階で評価）：洗面・歯磨き・ひげ剃り。入浴・シャワー。衣服の着脱。飲食の質と量・食欲。飲食の準備。爪と皮膚の手入れ。身ごしらえ。排尿。排便。

(8)　**家事**（それぞれ4段階で評価）：家事全般。炊事。洗濯。金銭と請求書の支払い。暖房。

(9)　**移動**（それぞれ4段階で評価）：どのようにして屋内では移動しているか。どのようにしてベッドに上がり、ベッドから下りているか。どのようにして椅子に座り、椅子から立っているか。どのようにして段差のある場所や階段を移動しているか。どのようにして屋外では移動しているか。どのようにして交通機関を利用しているか。

(10) 介護および介護者について（それぞれ4段階で評価）：主たる介護者は誰か。いつ介護を必要とするか。現在行っている介護を続けていくとすれば、どのように、それを受け止めるか。健康状態。社会生活。外部からの援助を、どの程度の頻度で受けているか。要介護者を1人にしておくことができるか。介護が、家族の他の構成員に、どのような影響を与えているか。

さらに上記(1)から(10)の10項目について、当該時点の支援状況、ニーズの概要、注釈が、それぞれ記載され、総合的な評価が下される。

こうした対応の結果、次のような変化が生じた。

(1) サービスの評価重視から、ニーズの評価重視への変化。

(2) 大部分の来談者に対する非系統的な評価から、中枢機関としての地方当局による系統的な評価への変化。

(3) 社会保障による公的介護施設および私的介護施設における介護費用の負担から、地方当局による公的介護施設および私的介護施設における新規要介護者のための介護の購入への変化。

(4) 退院時における退院計画の策定から、入院時または入院前における退院計画の策定への変化。

(5) 公的介護施設および私的介護施設の自由な利用から、ニーズの評価と予算上の制約を基礎にした利用への変化。

(6) 施設での介護の重視から、在宅介護、昼間介護、介護者の休息期間中の介護の重視への変化。

(7) 少数の独立した提供者による在宅介護と昼間介護の提供から、広範囲にわたるコミュニティ・ケアの提供者による介護の提供への変化。

(8) 断片的なサービスの提供から、介護管理者（care manager）を通じての系統的なサービスの提供への変化。

⑤ 高齢者介護計画の問題点

家族負担とコミュニティ・センターの役割

オックスフォードにおいて展開されていた高齢者在宅介護計画は、その対象が限定されていたとはいえ、上記のような成果を挙げていたが、反対の声も少なからずあった。反対は、労働党、労働組合を中心にした福祉医療関係者、知識人、一般市民など、幅広い階層から出ていた。そこでの重要な論点の1つは、地域社会を核にした福祉政策・医療保障政策は、しばしば家族に過重な負担を課す点である。イギリスでは、日本以上に核家族化が進んでいる。しかし、伝統的に都市での生活を必ずしも高く評価しないイギリスでは、人口の社会的移動が日本に比べ相対的に少ない。したがって、老親と同居することはなくても、親子近親が比較的隣接した場所で暮らすことが珍しくなく、兄弟姉妹のいない場合には唯一人の家族近親の肩に大きな負担がかかる。

このような状況での地域社会を核にした福祉政策の展開は、暗黙の前提として、その根底に家族間の扶養扶助をおいており、家族親族、特に独身女性に過重な負担を強いがちになる。高齢者との同居は家庭内における世代間の対立を生み出したり、特に居住空間の狭隘化による子どもの成長の妨げとなったりして、離婚にまでいたることもある。高齢者の立場からしても、可能なかぎり施設への入居と在宅介護のいずれをも選択しうる余地が残されているべきであり、状況の変化に応じての選択の変更が可能であることが望ましい。

さらに、当時（1980 – 2000 年）のオックスフォードの計画では、地方自治体と NHS の連携関係が必ずしも明確ではなかった。また、こうした批判とは別に、高齢者福祉施策全般について、実施運営のあり方次第で、高齢者の自立心を弱め、依存心を強める、という声もあった。イギリスで

は、伝統的に地域社会が大きな社会的機能を果たしており、草の根民主主義を支えてもいる。

　イギリスの介護を含む医療福祉サービス制度が、日本のそれと決定的に異なる点の１つは、その重層性・多面性にある。たとえば、イギリスでは、それを象徴する施設・制度として、必ずしも介護サービスに限定することなく、多様な地域住民のニーズに対応するためのコミュニティ・センター（community centres）が各地に設立されている。筆者は、2001 年 3 − 4 月にオックスフォード市とオックスフォードの東方・ロンドンの北方に位置するハートフォード州（Hertfordshire）の特色あるコミュニティ・センターを訪問し、聴き取り調査を行った。そこでは、いずれも有能かつ活動的な指導者によって組織されたボランタリー団体が活動しており、それぞれ明確な目的とそれに沿った独自の運営方針を持ち、地方自治体の社会サービス部などからの支援を受けていた。

　オックスフォード市の介護者支援センター（Carer Centre）は、高齢・疾病・障害などのために自立困難な人たちや、旧植民地などから移住してきた、言語・宗教・文化などに関する生活困難を抱えている人たちの介護や介助に日々任じている家族・隣人・友人・知人などに対する支援活動を展開している。介護者支援センターは、介護者のための支援センターで、当時、インド・パキスタン系移住者のニーズへの対応から、東ヨーロッパ系移住者の増加にともなうニーズの変化への対応が課題になっていた。これらの移住者の失業率は相対的に高く、したがって社会サービスへの依存度も大きくなりがちであるが、公的サービスでは必ずしも十分充足しきれていないニーズに、ソーシャル・ワーカーを中心に、5 カ国語で対応していた。

　ハートフォード州では、キリスト教系とアジア系のコミュニティ・センターを訪問し、聴き取り調査を行った。1980 年代以降実施された規制緩和・民営化政策によって、イギリスは相対的な繁栄期を迎えることができた半

面、貧富の格差が拡大し、その格差が地域・職種・人種・年齢などを背景にして増幅される傾向にあった。たとえば、雇用不安は若年層・少数民族系において相対的に大きく、障害者も雇用不安にさらされていた。訪問した2つのセンターでは、ともにコンピュータ教育を含む多彩な文化的・教育的なプログラムを通じての雇用機会の拡大を目標の1つに掲げて、地域住民の生活支援活動を行っていた。

　これらのコミュニティ・センターの活動調査を通じて直感的に感知できたのは、繁栄の背後にある新しい形態の貧困問題と密接に関連する人種問題の深刻さであった。というのも、それまでの調査対象が、いずれも概して人的資源・物的資源に恵まれた施設であり、相対的に豊かともいえる生活条件の下にある高齢者と障害者だったからである。したがって、どちらかといえば、イギリスの介護サービスに関連する光の部分を観察したことになる。イギリスや北欧諸国などにおける福祉サービスの光の部分が、しばしば日本では紹介されるが、これをもってイギリスの福祉サービスの全般的な状況として評価することは非常に危険である。イギリスの福祉サービスには、突出した実験的・先進的な事例が数多くあることは確かであり、北欧諸国同様、これらが、ややともすると、いささか誇張されたかたちで紹介されることが少なくない。しかしながら、イギリスの福祉制度は基本的に平等原則に基づいているものの、制度利用者がおかれている状況によって、実際にはかなりの福祉格差が生じていることに十分注意する必要がある。

専門的職業人の養成

　医療と福祉の緊密な連携に基づく新しいコミュニティ・ケア政策は、予算面での制約から、必ずしも新しいニーズに十分対応しうるだけの人的な手当てを行わないままに進められており、サービス担当者の負担の増大をもたらしている。ちなみに、保守党政権下の1981年と1994年の国民保健

サービスのスタッフの総数を比較すると、約98万人から約92万人へと減少している。家庭医・歯科医、社会サービス従事者などの増加を考慮しても、この間に、医療福祉サービス従事者は増加していない。しかも、1980年代半ばから、行政職・事務職と一般管理職・上級管理職が増加し続けているのとは対照的に、看護職・助産職は減少を続け、実際に専門的な医療サービスを提供する人員は減少している。制度運営の効率化・計画化を図るためには管理部門を強化することも必要である。しかし、管理部門のみを強化しても、サービスの質的な向上を図ることはできない。むしろ看護職・助産職の減少は、提供可能なサービスの絶対量の不足をもたらしかねない。さもなければ、実際に治療・看護・介護を担当するスタッフに労働強化を強いることになり、長期的にはサービスの質の低下を招く。管理部門の強化と看護スタッフの弱体化が、制度改正に伴う過渡的な現象であれば、まだしも、制度改正の本質に関わる現象であるとすれば、イギリスの医療福祉サービス政策は、今後、全体の流れとしては民営化・自由化の傾向を強めつつ、個別的な施策の展開過程においては、官僚化・集権化の傾向を増し、急速に質的な変貌を遂げていくことになるかもしれない。

　予算上の制約があるなかで、今後ますます多様化・高度化していくであろうニーズに対応しつつ、制度を効率的に運営していくためには、介護管理（care management）・介護管理者（care manager）という言葉に象徴されるように、医療福祉に関わる制度運営についての専門的な知識と経験を有する人材が欠かせない。イギリスでは、従来から、こうした分野の研究と人材の育成が行われてきているが、必ずしも新しい状況に対応できるだけの人材を確保できているわけではなく、介護管理者の中には、資金とスタッフがともに不足しがちな状況の下で、時間に追われながら業務をこなしている者も少なくない。

　医療と福祉は、しばしば聖域化されることがあり、その理念理想を堅持しつつ、制度運営の合理化・省力化を図っていくことは容易でない。専門

的なサービスの提供に直接携わる人材の養成と並んで、医療と福祉の理念
理想を十分に理解したうえで、制度の管理運営に携わることができる人材
の養成は、イギリスのみならず日本においても喫緊の深刻な課題の1つで
ある。

施設の老朽化

　イギリスでは、多数の建築後100年以上経過した建物が、現在も公共施
設としてはもちろん、個人の住まいとしても使用されている。筆者が
1980年代の中頃におよそ1年住んだセイント・アントニーズ・カレッジ
（St Antony's College）の宿舎（flat）も19世紀に建てられたものであっ
た。当時、オックスフォード市には、約3万6000戸の住宅があり、その
うち3分の2は第2次世界大戦が勃発した1939年以前に建てられたもの
だった。こうした点に関連して社会構造と価値観・社会規範についての日
英両国を比較すると、日本がフロー重視の耐用年数が短く狭い貧弱住宅社
会であるのに対し、イギリスはストック重視の耐用年数が長く広い堅牢住
宅社会といえよう。日本とイギリスでは、地震発生の可能性に天地の開き
があり、気象条件が異なる上に、平地が少なく山が多い日本と、平地ある
いはなだらかな丘陵地が多いイギリスとでは、建築の様式や建造物の耐用
年数に違いが生じることは当然のこととしても、公共建造物の整備状況や
住宅事情は、市民の福祉の根幹に関わる問題であり、これらに関しては、
質量ともに日本はイギリスに一歩を譲る、といわざるをえない。ただし、
建造物が堅牢で耐用年数が長いことから、イギリスではときに不都合が生
じることもある。

　いかに堅牢な建築物であっても年月が経過するにつれ老朽化することは
避けられず、その維持修繕費用が増加してくる。堅牢な建築物であれば、
その改修改築も、しばしば大掛かりな工事になり、費用も高額に達する。
イギリスの医療福祉関連施設には老朽化したものが少なくない。たとえば、

アレグザンダー・フレミング（Sir Alexander Fleming）が発見したペニシリンが最初に人体の治療に用いられたのは、1770 年に開設されたオックスフォードのラドクリフ病院（Radcliffe Infirmary）においてであったが、その本館は、今は大学の施設として利用されているが、建築後 200 年以上が経過した時点でも、オックスフォード大学の医学部と病院の一部として利用されていた。オックスフォード大学には、これとは別に新たに開設されたジョン・ラドクリフ病院（John Radcliffe Hospital：JRH）とチャーチル病院（Churchill Hospital）があり、これらの病院が、オックスフォード地区における国民保健サービスのセンターとしての機能を長らく担っていた。それにしても日本では、建築後 200 年を経過した建物が病院の一部として利用されるなど、とうてい考えられないことである。

＜旧 Radcliffe Infirmary：2007 年 8 月＞

ラドクリフ病院とジョン・ラドクリフ病院は、イギリスというよりも世界における医学の研究教育機関としても最高峰の 1 つに位置付けられている。しかし、古い施設を使用しながら、日進月歩の医学医術の最新の研究成果を遅滞なく取り入れていくことは困難であり、イギリスの医療施設には、予算上の制約から、しばしば世界の最先端をいく部分と新しい潮流に

遅れがちな部分が同居している。目下のところ、多数の強烈な職業意識を持った医療スタッフによって、こうした矛盾が破局的な事態を迎えることなくすんでいるが、一部では、イギリスにとっての最大の財産といっても過言でない優秀な人材・頭脳の海外流出が既に生じている。

　施設の老朽化は、一部の老人ホームなどについても深刻で、財政的な余裕がない地方政府は、中央政府のガイドラインに沿うかたちで施設を整備することができないため、本来は利用してはならない施設が、依然として利用されていることもある。限られた予算の中で、いかにして医療福祉に関連する施設設備の老朽化に対処していくかは、福祉施設の絶対量が不足している日本とは別の次元におけるイギリスの医療福祉政策の重要な課題の1つである。

ニーズの多様化

　イギリスの医療福祉サービスは、日本のそれと比較すると、相対的に充実している、といってよいが、制度的には、日本同様、継ぎ接ぎ的な対応が積み重ねられ、たびたび制度が改変されてきた。その結果、制度全体としての整合性が欠如し、ときに異なる制度間の調整が不十分であったり、医療福祉サービスと社会保障との連携が円滑でなかったりして、社会的入院が増加する傾向にあった。1990年に国民保健サービスおよびコミュニティ・ケア法（The National Health Service and Community Care Act 1990）が制定された背景には、こうした事情もあった。

　制度改正が度重なると、第一線の窓口での対応に混乱が生じることにもなる。また、国民・住民にとっては制度改正や新制度についての情報を迅速的確に把握することが、必ずしも容易でなくなる。それでも相対的に所得水準が高く、教育水準も高い中流階級は、社会サービスや社会保障の動向に対する関心の度合いも、これらの諸制度に対する費用負担に対応しての権利意識も、ともに高く、制度の改正に対応して、比較的容易に必要な

サービスの提供を受けることが可能である。ところが、相対的に所得水準が低く、医療福祉サービスに対するニーズを多く抱えている人たちの中には、教育水準が低く、したがって医療福祉サービスや社会保障の動向に無関心だったり、これらに対する権利意識が稀薄だったりする人たちが、少なからず含まれている。また、イギリスには海外から移住してきた英語英文を十分理解できない居住者も少なくない。こうした状況の下では、ソーシャル・ワーカーの社会経済的な役割の発揮が最大限に期待されるところである。ソーシャル・ワーカーも熱意を持って責務を果たしており、ソーシャル・ワーカーの活躍の場は日本より多い。しかし、その活動にも限度がある。そこで、こうした現象に対処するための種々の対策が講じられている。一例を紹介しよう。

オックスフォードのジョン・ラドクリフ病院の全20ページの患者と見舞い客などを対象にした総合案内書には、英語を外国語とするために、医師・看護師などとの意思の疎通に困難を感じる患者は、通訳のサービスを受けることができる旨、アラビア語、ベンガル語、広東語、ギリシャ語、ヒンディ語、パンジャブ語、ウルドゥ語で、それぞれ書いてある。筆者の知る限りでは、すべての病院に、さまざまな言語で書かれた国民保健サービスの概要や健康管理などに関する情報を提供するためのパンフレット類が備え付けてあり、誰でも無料で自由に入手できる。

その程度について軽々に判断を下すことは控えたいが、イギリスにも、もっとも切実な医療福祉ニーズを抱えている人たちが、必ずしも十分にニーズを充足できないままに生活せざるをえない、という状況が存在していることだけは間違いなさそうである。医療福祉サービス制度・社会保障制度が、相対的に恵まれた立場にある人びとによってもっとも活用されている、という皮肉な現象、換言すると、一種の所得の逆再分配現象がイギリスではみられる、というわけである。もっとも、国民保健サービスに対する満足度に関しては、年齢別・性別に違いがみられる、という K. ジャッジと M.

ソロモンの「世論と国民保健サービス⁽³⁾」についての研究などもあり、両極に位置する最大公約数的な人物像を描くと、次のようになる。

【Mr Dissatisfied（不満足氏）】

　30 歳。独身男性。

　相対的に社会的地位が高く、ロンドンに住んでいる。

　最近、保健サービスを受けたことがまったくない。

【Mrs Satisfied（満足夫人）】

　70 歳。既婚女性。

　相対的に社会的地位が低く、ロンドン、イングランド南東部、イングランド北部には住んでいない。

　最近、適切な保健サービスを受けたことがある。

　日本では、公的年金・社会保障の歴史と本義を介さない曲学阿世？の論者とその追随者による年金損得論・社会保障損得論がかまびすしい。

＜ 1992 年 9 月、ヨーク大学（The University of York）で開催された Annual Colloquium of the European Institute of Social Security: Social Security: 50 Years after Beveridge（ヨーロッパ社会保障研究所年次研究会「社会保障：ベバリジ後 50 年」）に参加し、ボランティア精神を発揮して、受付を手伝う若き日の筆者。なぜかテイブルの上に a pint of bitter が置かれているが、この bitter については、まったく記憶にない。＞

＜コラム＞ 静かにゆっくり走る救急車

　1983年夏、1年間の遊学のため2度目の渡英をした際、最初の約1ヵ月をロンドンのホテルで過ごした。ホテルはハイド・パーク（Hyde Park）に続くケンジントン・ガーデンズ（Kensington Gardens）とホランド・パーク（Holland Park）の中間にあり、地下鉄のハイ・ストリート・ケンジンン（High Street Kensington）駅とバス停留所まで5分もかからない便利さで、しかも閑静な場所にあった。筆者のイギリス遊学の前後数年を日本の大学で英語を教えると同時に日英文化の比較研究をしていた友人のランドル（John H. Randle）氏が、このホテルを手配してくれた。

　このホテルは、天文学者サー・ジェイムズ・サウス（Sir James South）の死後、天文台の跡に建てられた19世紀の邸宅を利用したもので、准男爵（Baronet）／勲爵士（Knight）に許される称号サー（Sir）を授与された初老のイギリス人とレイディ（Lady）―正式にはデイム（Dame）―の尊称を付けて呼ばれる日本人女性夫妻が家族的に経営していた。赤煉瓦の壁に目立たないように小さく白い塗料でHotelとだけ印されていた。この建物がホテルであることに、通りすがりの者が気付くことはまずない、といった風情であった。現にホテルに滞在中の筆者を尋ねてくれた2人の在英の友人は、夜間のことでもあり、ともにこのホテルをみつけるために大変苦労し、携帯電話などない時代のことだったが、約束の時間に1時間以上も遅れた。彼らはともにロンドンでの生活が長く、道に迷うなどおよそ考えられないことだったが、当時の日本人の滞在するホテルすなわち高くてモダンなホテル、という先入観でもあったのか、何度も尋ねるべきホテルの前を往来しながら、気付かずにいたのであった。

　このとき非常に驚いたことがある。滞在したホテルの近くを、毎日午前・午後の2回、ほぼ決まった時間に、散光式警光灯を点けず、サイレンも鳴らさず、静かにゆっくり救急車が走っているのに気付いた。この救急車は、日本の救急車よりも1回り大きく、小型マイクロ・バスかミニ・バス程度に見えた。最初は、緊急出動の帰りくらいに考え、さして気に留めなかったが、さすがに毎日のことなので、1週間も経つと、少し気になり始め、ロンドンは事故とりわけ交通事故が多いのだ、と勝手に推測した。ロンドンでは名物の2階建てバス（double decker）が狭い道路を縦横に走っており、バスの定員は厳しく守られる一方で、現在とはバスの構造が違い、飛び乗り飛び降りし放題だったことから、事故が起こっても少しも不思

議ではなかったのだが、事故に遭遇したことは1度もなかった。車だけではない。ロンドンにかぎらず、イギリスでは、多くのというよりも、ほとんどすべての歩行者が交通信号を無視して道路を横断するにもかかわらず、歩行者対車の事故を目にすることもなかった。イギリスでは、自転車も、日本とは異なり、自動車と同じ扱いで車道を走行しなければならない。イギリスは、日本と同じで「人は右、車は左」であることから、自転車が右折をする場合には、自動車の間を縫うようにして道路の中央に寄り、自動車といっしょに右折しなければならない。慣れるまでは、これはかなり緊張を強いられる体験であった。それでも、この滞在期間中に交通事故を目撃することはなかったことから、このときはそのままで終わった。

9月末にオックスフォードに移り、オックスフォード大学の St Antony's College の宿舎に滞在することになった、その近所に、かつては貧困者を対象にした医療施設でもあったラドクリフ病院（Radcliffe Infirmary）があった。ある朝のこと、病院の前を通りかかると、例の救急車がゆっくりとその構内に入っていくのが目に入り、何気なくその後を追うと、玄関わきにつけられた救急車から、およそ10名ばかりの歩行困難な人たちが、白衣をまとった看護師と思しき女性数人と紺色の制服を着た運転手に介助されて降りてきた。杖を両手にした高齢者、車イスの高齢者など、ほとんどが高齢者であったが、誰も救急患者にはみえなかった。

イギリスでは、高齢者や障害者などの日常的な通院の便を図るために「救急車」が利用されていたのである。そのため乗降が楽になるように救急車の大きさが日本のものより優に1回り大きかったのである。彼我の体格の違いもあったかもしれない。それにしても、筆者には大きな衝撃であり、一大発見であった。このときまで、救急車は文字通り緊急出動するもの、という固定観念にとらわれていた。救急車も自動車の一種であり、緊急時以外に単なる交通手段として利用することがあっても一向に不自然でも不思議でもない。救急車即交通事故あるいは急病・大ケガと思い込んでいた筆者の発想が貧困で、視野が狭かったのである。

ちなみに、当時（1980年）公刊されていた資料（Central Office of Information, *Social Welfare in Britain*, HMSO, 1980）によると、ロンドンの救急サービスは世界最高水準にあり、1580平方キロメートルに及ぶ地域の約700万人の居住者と非居住者を対象にし、76の救急署（ambulance station）、1000台を超える救急車、2600名を超える救急要員を擁していた。1日平均1700回（1分間に1回以上）の緊急出動の要請がある一方で、公共交通機関網が高度に発達しているにもかかわらず、9000名の通院患者の送迎にあたっている。東京消防庁の資料によると、その管轄区域の面積は1769平方キロメートル、人口は

1368万人弱で、救急隊員2340人（2018年）、日常の事故での救急搬送は約12万9000人（2015年：1日平均353人強）で、時代の差を考慮するにしても、違いが顕著である。

　イギリスでは、NHSの一環として、「医療上の必要」がある場合は救急車による無料輸送を含む救急サービス（ambulance services）が実施されており、2つの種類がある。1つは、急病、緊急出産、あらゆる種類の事故を対象にした緊急出動で、他の1つは、病院（hospital）、診療所（clinic）、外来患者専用病院（day hospital）での外来診療を必要としている患者に通院の便を提供する。地域医療と外来患者専用病院の発展によって、後者での診療に対する需要が増加し、その役割と構造の再検討が行われている。地域によっては、非緊急の場合、ボランティアによる自家用車を利用しての病院送迎サービスも行われている。

　イギリスの病院は、大半がNHS体制の下にあり、病院への通院が困難な者、特に高齢者に対しては、通院患者送迎車（hospital car）または救急車が、あらかじめ知らせておいた時刻に患者宅を回り、患者を病院に運ぶサービスを提供している。帰宅の際は、同じ車で通院した患者全員の診療が終わるまで、帰宅の便をたいてい1時間以上待たなければならない。この種のサービスを受ける患者は、GPまたは通院する病院の外来部門の看護師に手続きを依頼する。路線バスなどの公共輸送機関を利用する場合には、所得水準に応じて通院費の償還を受けることもできる。医療上の見地から患者の通院に付き添いが必要な場合は付き添いの交通費も償還される。

　イギリスで、こうしたサービスが可能というよりも、むしろ必要とされるのは、病院が非営利の公的な存在であるにもかかわらず、医療供給体制に地理的な不均衡があることが大きい。とはいえ、こうした点を考慮するにしても、イギリスにおける医療機関相互、医療機関と福祉機関の機能の分化分担と連携は、日本よりもはるかに進んでいる。

＜ジョン・ラドクリフ病院の入り口に駐車中の通院送迎用の救急車：運転手（左の白いシャツの男性）の煙草を持つ右前腕部にはタトゥがある：2004年5月＞

＜コラム＞　Dr Alex Gatherer

　筆者の20年来の共同研究者にして友人であった Alex こと Dr Alexander Gatherer が、2013年8月6日に84歳で旅立ちました。彼は、公衆衛生の行政官・研究者として NHS に長年勤務し、1994年に NHS を退くまでの後半の20年間は、オックスフォード大学のグリーン・カレッジ（Green College）とウルフスン・カレッジ（Wolfson College）にも所属して、行政と研究・教育の両面から公衆衛生の改善に尽力しました。かつてイギリスではもっとも優秀な医学生が公衆衛生（Public Health）を専攻していたそうです。きっと Alex もその1人だったのでしょう。彼は、公衆衛生、とりわけ受刑者の健康の改善に関する調査研究によって、イギリス国内外で多くの栄誉に浴しています。

　その彼と筆者は不思議なめぐり合わせで、10数年間にわたる「健康と福祉」に関する学際的な日英比較研究プロジェクトを立ち上ることになり、その成果を『21世紀の地球と人間の安全保障 健康と福祉』（英語版：*Security of the Earth and Mankind in the 21st Century: Health and Welfare*）ほか3冊の共同研究報告書として刊行しました。

　日本では、アメリカでの刑務所民営化を背景にしたアンジェラ・デイヴィス（上杉忍訳）の『監獄ビジネス―グローバリズムと産獄複合体―』（Angela Y Davis, *Are Prisons Obsolete?*, 2003）が、2008年に岩波書店から刊行され、少し注目されましたが、筆者は、それより少し前から Alex との研究交流を通じて、刑務所内における健康と福祉に関心を持つようになっていました。Alex が、NHS 退職と前後して、世界保健機関（WHO）が1995年に策定した「ヨーロッパの監獄における健康計画」（European Health in Prisons Programme）に当初から助言者として参画し、受刑者の健康と福祉の改善に力を尽くしてきていたからです。Alex は、WHO Regional Office for Europe から2007年に出版された *Health in prisons: A WHO guide to the essentials in prison health* の編者の1人でもあります。

　筆者はイギリスに多くの Cool Head と Warm Heart の友人知己をもっていますが、中でも Alex は、情に厚く、映画では「寅さん（男はつらいよ）」シリーズ、歌謡曲では「霧の摩周湖」が大好きで、容貌が少しばかり似ていたことから映画評論家の故・淀川長治さんの従弟を名乗る、日本びいきの英国紳士―厳密には Scottish Gentleman ―でした。

注

(1) John Le Carré, *Smiley's People*, Coronet ed., Hodder and Stoughton, 1992, pp. 297−298：ジョン・ル・カレ（村上博基訳）『スマイリーと仲間たち』早川書房（ハヤカワ文庫）、1987 年、401 ページ。

(2) J. A. Muir Gray, Four Box Health Care：Development in a Time of Zero Growth, *The Lancet,* November 19, 1983, pp. 1185−1186.

(3) K. Judge and M. Salomon, Public Opinion and the National Health Service：Patterns and Perspectives：Consumer Satisfaction, *Journal of Social Policy,* Vol. 22 Part 3, 1993.

6. イギリスの老人ホームとホスピス

空しい悔いほど深いものはない。

チャールズ・ディケンズ『オリヴァ・ツウィスト[1]』

1 日英比較：住宅のナショナル・ミニマム

イギリス住宅政策小史

19世紀後半のイギリスは世界でもっとも豊かな国であったが、産業革命によってもたらされた貧富の格差と環境破壊が深刻化・顕在化してきていた。こうした状況を背景に、貧困調査が実施され、福祉国家論やナショナル・ミニマム論が登場し、社会改良的な政策の展開が要請されるようになる。またイギリスでは、ボーア戦争（The South African Boer War）を契機に青壮年層の健康水準の低さが明らかになるとともに、集団生活を行う軍隊における伝染病集団感染の予防の重要性が植民地の確保をめぐる戦略と関連する政策課題としても浮かび上がってくる。その一方で、高齢者の貧困問題が質量ともに深刻の度を増し、公的年金制度導入をめぐる議論が盛んになってもくる。こうしたことから、工場労働者を主たる対象にした健康保険と失業保険からなる国民保険が、社会保険として、1911年から実施されることになる。

最初の産業国家（The First Industrial Nation）イギリスにおける住宅問題、とりわけスラム問題は、社会福祉・社会保障に関連する最重要課題の1つとして古くから認識されてきた。チャールズ・ブースの『民衆の生活と労働』（Charles Booth, *Life and Labour of the People*, 2 vols, 1889–

1891）やシーボーム・ラウントリーの『貧困―都市生活の研究』（Benjamin Seebohm Rowntree, *Poverty, A Study of Town Life*, 1901）、ウエッブ夫妻による『産業民主制論』（Sidney and Beatrice Webb, *Industrial Democracy*, 1897）などによって、貧困のとらえ方に新たな視点が加わり、第2次世界大戦中に発表され、戦後の多くの国々における社会保障政策の展開に多大な影響を与えた『社会保険および関連サービス（ベバリジ報告）』（*Social Insurance and Allies Services*：*Report by Sir William Beveridge*, 1942）によって、1つの頂点に到達する。『ベバリジ報告』では、第2次世界大戦後のイギリスの再建を阻む5つの巨悪（five giants）の1つとして、窮乏（Want）、疾病（Disease）、無知（Ignorance）、怠惰（Idleness）と並べて、スラム・住宅に関連する不潔不快（Squalor）が取り上げられている。英語のSqualorは、（貧困のために）極端に不潔で不快な状態を意味するが、この英単語にぴったり当てはまる日本語は見当たらず、山田雄三監訳『社会保険および関連サービス』では、狭くてむさくるしい、という意味の「陋隘」があてられているが、これでは不潔で不快な住環境・住宅事情が伝わりにくいため、冗長になるのをいとわず、ここでは「不潔不快」と訳した。

　20世紀のイギリスにおける「福祉国家建設の歩みは、公営住宅の建設、家賃統制を中心とする住宅政策」を明確に位置付けた[2]、とされる。早川和男『災害と居住福祉』によると、第2次世界大戦の終わりに近い1944年11月29日、イギリスのチャーチル（Winston Leonard Spencer Churchill）首相は、すでに戦後の復興のあり方に目を向け、「国土の復興は家庭の復興から、家庭の復興は生活の根拠である住宅の復興にある」と述べ、翌1945年8月16日、アトリー（Clement Richard Attlee）首相は、議会で「人びとの精神にとって住宅以上に大切なものを考えることはできない」と演説し、数年間、住宅建設戸数の7-8割を政府・自治体の責任による公共賃貸住宅として建設した[3]、という。

イギリスでは、ホワイト・カラーとブルー・カラーの間で、賃金体系をはじめとする処遇に大きな差があった。ホワイト・カラーに対しては、住宅取得に対する支援を含む各種の手当が支給されることがあっても、現場で働くブルー・カラーに対しては、仕事の出来高に応じた週払いの賃金しか支給されなかった。こうした状況で、労働者が住宅を取得することは非常に困難であったし、労働者階級や低所得層を対象にした住宅取得に関する金融融資制度も十分には発達していなかった。1980年代までのイギリスには、老朽化した住宅が多く、十分な暖房設備が整っていない住宅で暮らす低所得高齢者が低体温症で死亡する事例が多数発生している。イギリスの冬は寒さが厳しいため，暖房設備の善し悪しが生活の快適さのみならず，健康ひいては生命にまで深刻な影響を及ぼし，20世紀末といってもよい1986年1－3月の間に578名—毎日6名強—が，暖房の不足による低体温症で死亡している。[4] いまだに階級社会の名残りがあるイギリスでは、住宅所有は社会的地位に関わる大きな指標であり、中流階級のみならず、労働者階級にとっても、住宅取得は大きな目標であるが、今日でもイギリスには大土地所有者が相対的に多くいて、日本のように細切れの宅地販売や乱開発は通常行われない。今日では中流階級や低所得層を主たる対象にした民間非営利の住宅金融協会（housing associations）を利用した住宅取得が一般的であるが、同じ住宅で一生涯過ごす、つまり住宅を終のすみかとして意識する者は日本と比べ少なく、多くの／ほとんどの子どもは、学業を終えると親から独立し、親と同居しない。

　第2次世界大戦後のイギリスでは、サッチャー政権下における規制緩和・民営化の流れの中で、公営住宅の売却が推進され、民間業者による住宅の建設販売が盛んになる。こうした状況に加え、オイル・マネイによる景気高揚、香港の中国返還に伴う資金の流入、などが拍車をかけ、1990年代には一種の不動産バブル化現象が起こる。

　住宅整備を含めた地域開発におけるイギリスと日本の大きな違いは、戦

後民主化政策の柱の1つとして日本で実施された農地改革＝農地解放の有無である。日本では、第2次世界大戦直後の農地改革によって大地主が所有していた農地の多くが旧・小作農の所有になり、狭隘な土地が分散所有されることになった。これが、その後の地域開発の隘路（あいろ）になってくる。また都市部では、戦災からの復興が民間主導でなされる場合が多く、総合的・合理的な視点からの計画に基づく都市の再建が行われなかった。これが、その後の都市部における地域開発と住宅建設を規制する社会経済的な要因となり、今に続く禍根を残すことになる。これに対してイギリスでは、大地主が現在も健在で、交渉がまとまれば、環境に配慮した大規模な地域開発が可能になる。

　イギリスでは、従来、土地の資産価値が日本ほど高くなく、投機目的で土地その他の不動産が売買されることは通常ない。日本では、バブル期以前においても、平均的な勤労者にとって土地と住宅の取得は生涯最大の支出を伴う経済行為であったが、木造住宅が一般的であった時代には、相対的に安価で貧弱な住宅が民間業者を通じて供給された。急激に豊かになった日本人が、ことの当否は別にして、かつてEC（欧州共同体）の非公式報告書で「ウサギ小屋に住む働き蜂」（workaholics living in rabbit hutches）と揶揄？されたこともあり、土地所有のあり方や市民の価値観などともからみ、日本では公共財としての住宅という視点からの適切な政策対応が十分になされてこなかったきらいがあることを否定できない。

高齢者と住宅管理

　日本と比較し、イギリスの住宅は広く堅牢にできており、高齢者が1人で住む場合、その維持管理が容易でない。住まいの一部分しか使用しない、という状況も多い。そのため、使用しない部分の管理が行き届かず、ときに住まいの一部がゴミ置き場と化したり、漏電やガス漏れなどによる火災が発生したり、盗難にあったりするなど、1人暮らしの高齢者の暮らしの

安全の確保が、社会政策・福祉政策の課題の１つになっている。住宅は所有しているが、貯蓄がなく、年金以外の収入に乏しい高齢者にとって、住まいの修繕や改築は容易でない。そのため、地方自治体は個人の住環境の整備に対して一定の支援を行い、その他の生活上の困難については、ソーシャル・ワーカー、ボランタリー団体、隣人・知人・友人、などによる重層的な対応がなされていたりもするが、これらにも限界があり、地域的な格差も大きい。そこで自治体やボランタリー団体などが斡旋して、ホームレスや低所得や失業のため住宅を確保できない若者などを高齢者が居住する住宅に住まわせ、高齢者に対する生活支援と住宅管理をさせる、という取り組みがなされたりもしている。このような取り組みは都心部の新しい貧困化・空洞化現象ともいうべきインナー・シティ（inner city）問題解決に向けての今後の方向性・可能性の１つを示唆している。高齢者の生活上の安全の確保と住宅の管理のみならず、ホームレスや低所得者や失業者などへの住居の提供を同時に可能にし、高齢世代と若年世代との交流を促し、双方の社会参加の機会を増やす効果が期待されている。こうした対応がイギリスで可能なのは、イギリスのホームレスや失業者に、日本とは異

＜オックスフォードのカッレジ沿いの路上で昼寝中のホームレス：2004 年 6 月＞

なり、若年層が多いことも関係している(5)。

　急速に稀薄化してきているとはいえ、イギリスには、依然として階級社会の名残りがあり、暮らしぶりや価値観などについての階層間・世代間の格差もあって、必ずしも強烈な上昇志向をもたない人たちが少なからずいる。これらの人びとは地域社会における人間関係を大切にし、成長発展や急激な変化よりも、安定や調和を重視して暮らしている。若年層のなかにも、こうした生き方を選ぶ者が少なからずいて、個人主義を土台にしたうえでの、濃密な人間関係が張りめぐらされた地域社会が、その歴史的・伝統的な機能を曲がりなりにも保持している。たとえば、日本の都市部においては、まず考えられないことであるが、イギリスでは家族の介護支援を友人や知人や隣人に頼むことが必ずしも珍しくない。このあたり靴を脱ぐ日本の住生活と靴を脱がないイギリスの住生活の違いが、人間関係にもいく分反映しているのかもしれない。このようにイギリスでは、地域社会が、地方自治体や多様な活動内容をもつボランタリー団体と協力しながら、曲がりなりにも相互扶助的な機能を果たしており、高齢者の社会的孤立と家族介護者の過重な負担の軽減に効果を発揮している。

社会保護政策の対象としての住宅

　日本では、住宅政策は国土交通省、社会保障政策は厚生労働省が担当していることから、従来は両政策を生活福祉の視点から一体的に進める、という認識が乏しかったように思われる。『ベバリジ報告』における住宅問題に関連する問題提起は、21世紀の今日においても通用するものであり、住宅政策を抜きにした社会保障政策は、期待される機能を十分に果たしえない。たとえば、介護関連問題1つ取り上げても、このことは明らかであろう。老後・退職後の所得保障を担う年金保険と健康に関わる医療保険・介護保険が、高齢者対象の社会保障の両輪となりながら、これらと老人ホームや高齢者向けの住宅などを含む住環境の整備と地域社会ぐるみの環境整

備が密接に連携しつつ進められることによって、はじめて真の意味での高齢福祉社会が実現することになるであろう。

　低所得高齢者を対象にした社会保障・社会福祉は、生活保護や公的年金などを通じての経済的保障を中心にしたものから、高齢者を社会的に孤立させないための住環境の整備を含むサービスと施設の提供と一体化した制度へと転換していく必要がある。誰にでも社会参加の機会を最大限に保障するためには、社会保障から社会保護への発想の転換が必要である（表4-2参照）。住宅は、労働・雇用から基本的に解放された大方の高齢者が、1日で、したがって年間を通じて最も長い時間を過ごす生活空間であることから、住宅に関するナショナル・ミニマムの確保は、高齢社会において最優先されなくてはならない政策課題といえよう。

　社会保護は、社会保障における所得保障を中心とした経済面に関しての生活保障の範疇を越えて、伝統的な社会保障を包摂しながら、あるいはそれらを核としながら、それらに関連する各種の政策・制度をも総合的に体系化し、すべての人びとを社会的に包摂し、すべての人びとにとっての実質的な社会参加を可能にし、すべての人びとの生活の安定を実現するための社会経済的な前提条件を整備する、という発想に基づく総合的な政策概念であり、住宅は、当然、その対象になる。

　日本では、かつて存在した地域的な連帯や相互扶助は、一部の地域や事象を除くと、イギリスと異なり、非常に弱体化している。特に介護が必要となり、外出が難しい高齢者には、社会参加の機会が限られており、少なからざる割合の高齢者が社会的に排除されてさえいる状況を、市民意識の変革だけでなく、社会サービスと公共施設の両面から改善していく必要がある。

　高齢者にとって、ほとんど唯一の社会的交流の場が、老人ホーム、デイ・ケア施設、病院などに限られている、という状況は、年金水準が相対的に高いとしても、健全な福祉社会の姿とはいえない。経営主体の公私を問わ

ず、公園、図書館、美術館、博物館、劇場、映画館、スポーツ施設、交通機関、などに割引などの高齢者優待制度があるとはいえ、低所得高齢者にとって、これらの日常的・継続的な利用可能性は必ずしも高くなく、地域間の格差も大きい。公共サービスと公共施設の調和のとれた整備が望まれる。

② イギリスの老人ホーム

公的老人ホームの概要

1980 年代のイギリスでは、国民扶助法（National Assistant Act 1948 Part III Section 21(1) and (2)）によって、すべての地方自治体（local authorities）は、年齢、病弱など、理由のいかんを問わず、看護と手当を必要とするにもかかわらず、これらを受けられない高齢者のために居住施設を設置するよう義務付けられた。通常、この施設を老人ホーム（residential or old people's home）といい、ときに第III部施設と呼ばれ、地方自治体の社会サービス部によって運営されていた。老人ホームでは入居者に対し医療または特別の看護を一切行わない。ホームには看護師さえまったくいない場合がある。ソーシャル・ワーカーが入居者の世話をすることもあるが、職員の多くは何ら特別の資格を持っていない。

入居するには、家庭医またはソーシャル・ワーカーによるその必要性の確認を要するが、希望者は自治体の社会サービス局長に直接申し込む。ただし自治体が、肉体的・精神的に健康な、たとえば、排泄抑制能力があり、歩行可能な高齢者でなければ、申し込みに同意しない場合もある。認知症や寝たきりで、家族が看護できない高齢者は入居できない。家庭医または主として病院で診察治療に当たる専門医（specialist）・顧問医（consultant）は、特定の患者が老人ホームに入居できるように自治体に働きかけることができるが、老人ホーム側で、患者がホームで提供できるサービスの範囲

を越える看護を必要としている、と判断すると、患者の受け入れを拒否する権利をホームはもっている。入居の申し込みに対しては、その時点において親族の世話を受けている者よりも、1人暮らしの高齢者が通常優先される。ただし、高齢者の世話をしている親族に短期間の休息を与えるため、高齢者を一時的にホームにあずかることはある。また患者が病院を退院し、再び自宅で生活できるようになるまでの短期間の入居を認めることもある。多くの自治体は、入居資格をその住民に与えており、高齢者が親族または友人の近くに住むために他の施設への移転を希望しても、厳格な資格制限を設けている自治体の老人ホームには入居できない。費用は、最低額が決められているが、それ以上は入居者の資力に応じて課される。

　イギリスの老人ホームの約3分の2は、こうした地方自治体によるもので、残りは宗教団体や慈善団体など、さまざまな民営またはボランタリー方式で運営されている。中央政府は、入院治療を必要としない高齢者を積極的に長期入院患者用病院（long-stay hospital）から老人ホームに移していく方針をとっている。また地方自治体、民間の非営利組織である住宅金融協会（housing associations）、民間宅地開発業者によって、自活可能な高齢者向けの住宅（sheltered house）が供給されている。前述の地方自治体による老人ホームと基本的に同一のサービスを提供する、自治体に登録して、その監督を受ける、民間の営利・非営利の老人ホームもある。ボランタリー方式の施設への入居を希望する高齢者に、その費用を支弁する経済力がない場合、自治体の社会サービス部がこれを負担することもある。私的施設に入居するための手続きは、高齢者またはその親族が行う。

オックスフォードの老人ホーム

　オックスフォードにもいくつか老人ホームがある。筆者は、旧知の Dr Muir Gray に市の担当部長 W さんを紹介してもらい、彼女の案内でその所在地の名をとってイフリ・ハウス（Iffley House）と呼ばれる公設の老

人ホームを、1985年8月に訪問した。市の中心から車で南へ15分ばかりの、緑に囲まれた、日当たりのよい、小高い場所に、このホームはあった。ホームの日常業務を管理している女性の管理責任者がWさんといっしょに筆者の質問に答えながら、ホームの内外を案内してくれた。このホームは2階建てで、背後に高齢者の散歩・運動には十分な芝生の庭がある。玄関を入ると、すぐ火災報知器が目につき、長い廊下の両側には、すべて手すりが取り付けてある。大小2つの談話室があり、ここでテレビをみたり、編み物をしたり、新聞や本や雑誌を読んだり、おしゃべりをして過ごす入居者が多い。このときは55名—うち男性14名だったが、普通は3分の1が男性：夫婦も数組—が入居中で、個室、2人部屋、3人部屋がある。各ベッドの枕元には非常呼び出しボタンがある。他人同士を同室させる場合には、気難しい高齢者が多く、その組み合わせに苦慮するとのこと。入居者はベッドでの喫煙を禁じられていることを除くと、自由に生活を楽しむことができる。週に1度は、美容師の出張サービス（有料）があり、また日を違えて、ボランタリー団体の人たちが週に1度ホームを訪問する。何かと口実を設けて、パーティが開かれ、観劇—オックスフォードには常設劇場が2つある—やピクニックなど外出の機会も多い。

　古い救貧院の影に脅え、この種の老人ホームへの入居を恥辱とし、罪の意識さえ感じる高齢者が、減少しているとはいえ、1980年代のイギリスには少なからずいた。この老人ホームで生活する高齢者の大半は80-90歳代で、60-70歳代までは家族親族とともに地域社会の住民が世話をする、という前提のもとに、このホームは運営されている。この種の老人ホームでは、65歳は若くて元気のよいヒヨコ（young sprightly chicken）と呼ばれていた。このホームへの入居申し込みを受理するにあたって考慮される重要な点は、高齢者を介護している家族親族の緊張が精神的・肉体的な限界に達し、家族崩壊の危険が迫っているか否かである。入居者の大部分に4-5人の家族や親族があり、まったく身寄りのない高齢者はわずかし

かいない。これらの家族親族は、しばしば面会に訪れ、ホームで話して帰ったり、高齢者をお茶や夕食に自宅に伴ったり、週末を自宅で過ごさせたりする。もっともなかには、メリー・クリスマスを年に1度告げに来るだけの家族もいる、という。

　管理責任者の下には、1985年8月時点で16名の看護師の資格を持たない看護助手（home care assistant）、4名の夜勤要員、10名の用務員、2名の調理師がいたが、資格を有する看護師はおらず、医療設備もない。全員が非常勤で、看護助手は、応募の際、必ずしも経験や資格を有している必要はなく、採用直後に多数の訓練課程のなかから1課程以上を修得する。週39時間勤務の者と30時間勤務の者に大別され、女性2名と男性1名がホームに毎晩宿直する。用務員は、週30時間勤務の者と20時間勤務の者に大別される。賃金は低く、経済的な動機で就職した者は長続きせず、職員は、いずれも高齢化に関連する問題に何らかの事情で深い関心を寄せる者ばかりとのことであった。そのせいか職員の入居者への対応ぶりには、短時間の観察からの印象にすぎないが、血の通った温かさが感じられ、高齢入居者の表情も概して明るかった。

介護ニーズの充足

　オックスフォードでは、高齢者の個別的なニーズはソーシャル・ワーカーを通じて通常把握され、在宅介護制度（Home Care System）によって充足される。その内容は、前述の高齢者在宅介護計画（本書「5. オックスフォードの市民生活と福祉サービス」参照）とほぼ同じで、衣服の着脱や食事の世話などにいたるサービスと高齢者向きに自宅を改装するための費用などの金銭面に関わる問題を含む。しかし高齢者が必ずしも持ち家ではない自宅で介護を受けながら生活することが困難になると、再びソーシャル・ワーカーを通じて状況が確認され、肉体的・精神的に衰弱が著しく自活困難と判断されると、施設に移ることになる。入居費は、入居者の経済

力に応じ、銀行預金残高が 3000 ポンドを超える場合には徴収される。オックスフォードにおける基本金額は 1 週 13 ポンドで、他の自治体と比較すると、相対的に安いが、基本金額以下の負担ですむ人たちが通常多い。その一方で、私的施設に入居することが認められることもある。費用は個人が負担する場合と、保健・社会保障省（Department of Health and Social Security）が入居費を援助する市に対して 1 週 110 ポンドまでの補助金を交付する場合がある。しかし、その前に高齢者本人とその家族と、施設への入居について 1 カ月かけて十分に協議する。可能なかぎり地域社会で生活できるよう援助し、施設への入居を避けさせることが基本原則であり、そのための在宅介護計画なのである。W さんは、老年医療専門医、老年精神医療専門医、地区訪問看護師、老年医療専門地区訪問看護師、老人ホーム看護人、市の福祉関連サービス担当者などと、地域社会における高齢者福祉サービスと老人ホームの多角的な連携のあり方を求めて、2 週間ごとに検討会を開いている。

　ちなみに当時のオックスフォード市に改築を必要としている老朽化した住宅が多いことは既に紹介したが、なかには基本的設備とされる屋内専用便所、浴室またはシャワー、台所流し台、浴室・洗面台・流し台への給水・給湯設備を欠く住宅もあり、こうした住宅で暮らす高齢者も少なくない。また 1 人暮らしの高齢者、特に女性は、押し込み強盗に狙われやすく、高齢者が被害を受けた、という記事が地方紙に掲載されることも珍しくない。地域社会の一員として高齢者が安心して暮らすことができるような条件をオックスフォード市が整備し終えるまでには相当の時間を要する。それには、たとえば、伝統的な専門職種の代表としての医師と相対的に新しい専門職種としてのソーシャル・ワーカーの連携、専門的職業人と一般市民・地域住民の協力が不可欠であり、新しい技術、とりわけコンピュータの積極的な活用が必要になる。

＜コラム＞ 快適だが高価な民間老人ホーム

　2001年4月、オックスフォード大学医学部講師でGPでもあるカーティス（Dr Simon Curtis）医師の案内で、故・五十嵐眞博士（当時、日本大学）、故・吉田達雄教授（同）、堀田一吉教授（慶應義塾大学）と、オックスフォードの住宅街にある民間の高齢者向け共同住宅（residential home）を訪問し、元・校長の入居者A氏から彼の居室で1時間近く話を聞いた。A氏の態度物腰は紳士そのもので、背筋が伸び、歩行が多少不自由なことを除くと、日常生活にはほとんど支障がなく、施設での生活に満足していた。共同住宅の2階にあるA氏の専有居室は、8畳ほどの居間兼寝室と浴室からなり、プライバシーが守られている。少し狭いが、本棚もあり、歴史、芸術、宗教、哲学などの本が並んでいる。A氏は現役時代には宗教的な啓蒙活動に参加していたとのこと。

　筆者には、日本で相当数の老人ホームを訪問し、入居者と面談したり、居室をみせてもらったりした経験があるが、ホームの規則で家具の持ち込みを認めないためなのか、部屋が狭くて本棚を置く余地がなかったのか、本棚がある居室は皆無で、棚が備え付けてあっても本が棚に並んでいるのを目にしたことはない。めったに視ない日本のテレビ・ドラマではあるが、本棚に本が並んでいる家庭が映し出される

＜オックスフォードの住宅街にある高齢者向けの高級共同住宅：2001年4月＞

ことはまずなく、本棚が出てくるのは弁護士事務所の場面くらいである。居住空間の狭隘に加え、読書をしなくなった昨今の日本人……ドラマ作家の関心や視線も自ずとその水準に落ち着くのであろう。

　閑話休題。A氏の居室の窓から見える階下の庭には、水仙やチューリップやパンジーが咲いていた。窓越しに桜やレンギョウやハナミズキなどが季節の移り変わりを知らせてくれる。10年ほど前に夫人に先立たれた後、A氏はこの施設に入居した。近くには娘夫婦が住んでおり、1週間に1−2度、孫と一緒に会いに来る。カーティス医師も定期的に往診している。

　A氏は、朝7時に起床し、8時に階下の食堂で朝食をとった後、午前中は、散歩か、自室で新聞を読んだり、趣味の読書をしたりして過し、11時45分に昼食。午後3時ごろに居室に午後のお茶（afternoon tea）が届けられる。午後6時30分に夕食、午後9時に就寝。実に平和で優雅な毎日といえよう。A氏は、10年前にあった土地ブームのおかげで、幸運にもロンドン郊外の一戸建ての住まいを1億2500万円（1ポンド＝250円で換算）という好条件で売却し、現在のホームに入居した。平均的な経済力しか持たない人びとには、とてもこのホームへの入居は無理である。

　施設の様子を少し紹介しておこう。訪問が午後のことでもあり、10人足らずの上品そうな老婦人が談話室の椅子に並んで座り、和やかに午後のお茶を楽しんでいた。男性の姿はない。窓越しには緑鮮やかな庭園が見え、まさに福祉先進国イギリスを象徴するような光景であった。裏庭に面しては、光がまばゆいほどに差し込むガラス張りのテラスもある。理想的な老後生活は、こうした施設で静かに余生を送ることかもしれないが、活気はまったくない。並んで座っていても会話を楽しんでいる様子はなく、イギリスの中流知識階層はあまりテレビを視ないせいか、テレビを視ているわけでもない。老婦人たちは穏やかな昼下がりを静かに過ごしているだけだった。

　カーティス医師によると、共同住宅では入居者同士のいさかいが珍しくなく、夫婦で入居していても、夫婦間での深刻ないさかいがあり、同じ施設の中で部屋を別にすることもあるとか。事情は日本でも同じ。

　イギリスでは、在宅での介護が困難な場合は老人ホームに移るが、老人ホームには次のような種類がある。障害があっても、日常生活に支障が生じない程度であれば、高齢者向け共同住宅に、介護が必要な場合は、介護付きの老人ホーム（nursing home）に移る。これらの老人ホームには、大別すると、公設公営、民間非営利

(voluntary／charity)、民間営利（private）の３種類がある。

　公的老人ホームへの入所には厳格な資力調査が課される。入所のための負担金は、所得（年金を含む各種の社会保障給付や個人年金・企業年金など）と保有資産（預貯金、有価証券、不動産など）によって決められ、所得の大部分は介護費用に充てられる。資産については、180万円（１ポンド＝180円で換算）以上の資産に対して、４万5000円につき週当たり180円が他の所得と合算して計算される。さらに、288万円以上の資産を所有している場合は、費用の全額を自己負担しなければならない。現金が用意できない場合には、不動産を処分しなければならない。資産が、この金額に達するまでは、この措置が続けられる。不動産を持っている場合は、原則として、これを処分しなければならない。つまり、公的な社会サービスを受けて、介護施設に入所するには、資産を事実上処分しなければならない、という厳しい条件が課されることになる。

　資産制限がかなり厳しい結果、貧困線よりもわずかに上程度の資産を持つ者は、ほとんどすべての財産を処分しなければ、全面的な公的サービスを受けることができず、老後生活は原則として自己責任で対応しなければならないことになり、公的サービスの対象は貧困者にしぼられる。NHSでも、裕福な者は個人負担により、よりよい医療福祉サービスを受けることができるのに対し、貧しい者は、NHSの範囲でのサービスを受けることになる。その結果、NHSのサービスの質が徐々に低下している、との批判も出ている。

　一方、イギリスの民間営利介護施設は非常に充実している。しかし、入所には高額の費用を要し、だれもが簡単に利用できるわけではなく、介護サービス格差が現実に生じている。この格差を埋めるのがボランタリー団体や非営利組織である。イギリス社会では、この分野が非常に発達し充実している。

　さらに特筆すべきは、日本よりもはるかに早い段階から、イギリスでは、家族ほかの介護者に短期間の休息を与える配慮（respite care）がなされてきた点であり、介護者に対する配慮（care for carers）がNHSの下で制度化されている。

＊本稿は、堀田一吉「イギリスのコミュニティ・ケア　介護サービスの現状と課題（下）高齢者福祉の理想と現実」『月刊　介護保険情報』2001年９月号に負うところ大である。記して感謝する。

③ イギリスのホスピス

調査の概要

　究極の介護サービスは終末期の医療・看護・介護にある。ホスピスは、終末期の、死に至る直前のそれ、つまりターミナル・ケア（end-of-life care）を行う施設である。イギリスには、1958 年、ロンドン南郊に世界初の近代的なホスピス「セイント・クリストファーズ・ホスピス」（St Christopher's Hospice：SCH）」が設立されて以来、各地にさまざまなホスピスが開設され、2001 年時点で約 200 のホスピスが地域住民の終末期の看取りに関与していた。このうち、セイント・クリストファーズ・ホスピスとオックスフォードのサー・マイケル・ソーベル・ハウス（Sir Michael Sobell House：SMSH）とベイル・ハウス（Vale House：VH）を故・五十嵐眞博士と訪問し、聴き取り調査を行った。以下でイギリスのホスピスに共通する一般的な特徴を紹介する。

非営利事業

　3 施設に共通の第 1 の特徴は、いずれも非営利の施設で、国民保健サービス（NHS）などからの公的資金と一般市民や企業などからの寄付金によって運営されている点である。とりわけ SCH は、その経費の 60 パーセントを寄付金（チャリティ）に依存し、無料で終末期の医療と介護を提供している。

　五十嵐博士との共同コメント：経営責任者が管理責任者を兼ねており、ケア・マネジャーの経験を有しているのは、介護のあり方を管理責任者が把握しておく必要があるからである。医療や介護をビジネスとして利潤につなげる考え方があまりない。イギリスと日本の寄付金に対する税制上の差異が大きい。チャリティやボランティアを好むイギリス人の国民性にも

よるのであろうが、イギリスのように寄付を促進する制度的な枠組みや税制上の優遇措置が整わないかぎり、日本では寄付に大きく依存したホスピスの経営は困難である。

小規模老朽化

第2の特徴は、病床数でみた規模が、いずれも相対的に小さい点である。SCHでは50床、SMSHとVHでは20床と、規模を抑え、患者とその家族の個別的なニーズにきめ細かく対応できる態勢をとっている。ただ、SMSHは、財政上の制約からスタッフが不足し、施設設備の拡充が思うに任せない状況におかれていた。また、VHは、アルツハイマー患者を主たる対象にした施設であるため、24時間体制でのサービスを提供しており、高額の運営費の確保に多大な努力を払っていた。

イギリスのホスピスの定員は大体20人程度で、イギリスの老人ホームやホスピスは、日本のそれらと比較し、非常に小規模で、定員20−30名程度の施設が多く、きめ細かなサービスを提供できるようにするために、定員が抑えられている。日本のように、定員が100人とか200人あるいはそれ以上の大規模な老人ホームは、イギリスにはない。

イギリスのホスピスには必ず礼拝室がある。その名称からも分かるように、セント・クリストファーズ・ホスピスは、キリスト教の考え方に基づいて創設された施設であるが、受け入れるのはキリスト教徒だけではない。さまざまな宗教的・民族的な背景を持つ人たちを受け入れている。礼拝室の祭壇のキルトの壁掛けが、それを象徴している。キリスト教の象徴の十字架、ユダヤ教の象徴のダビデの星、イスラム教の象徴の三日月、宗教・民族の象徴とはいえないが、漢字も含め、このキルトには実に多彩なイメージが縫い込まれている。

五十嵐博士との共同コメント：イギリスのホスピスの施設は概して古いが、基本的・標準的な介護方式が用いられており、大きな支障はなく、よ

く整備され、スペイスも十分とられている。機械化が少ないだけ、「人と人」の接触が円滑に行われている。日常生活の場で自然に親しむイギリス式の園芸（gardening）が、どの施設でも十分活用されており、強く印象に残った。人口対土地の比率からして、日本ではなかなかこうはいかない。さらに絵画や音楽が介護に十分活用されているし、SCHにはアロマ療法専用の立派な施設があり、非常に印象深かった。いずれのホスピスも、イギリスの伝統的な保守主義に根付いた、施設的にはつつましくとも、利用者が人間らしく生きられることを最優先にして、すべてにきめ細かく配慮されている。認知症専門のVHの室内や庭も非常によく整備されていた。これは、認知症の患者本人に対してというよりも、むしろ「家族たち」への心配りの大切さと感じられた。

職員不足

　第3の特徴は、いずれのホスピスでも、事務系の職員がやや多く、3K職に近い介護職員も、給与を含む労働条件には大体満足している点にある。全般的にスタッフは削減傾向にあり、いずれのホスピスでも、スタッフ確保のため、レクリエーション施設・休憩室・食堂などの充実を含む待遇改善に努めていたが、どのホスピスも非常によい雰囲気で、患者本位のプログラムがしっかりとできあがっていた。理学療法士、作業療法士、美術・音楽療法士はもとより、代替医療・伝統的医療（alternative medicine）も希望に応じて受けられ、鍼師までいる。壁の明るさや照明などにも配慮していて、患者側（患者本人、その家族、友人、知人など）は満足していた。

　五十嵐博士との共同コメント：アメリカの大都市では、3Kに近い深夜勤務が少なくない病棟勤務の看護師が不足して、ヒスパニック系や黒人系ばかりになってしまい、白人系は日勤、手術室勤務、楽な開業医付きの外来看護師、などに流れてしまっているのに対し、イギリスでは、少なくと

も、オックスフォードやロンドン南郊部では、こうした傾向はみられず、介護には力仕事的な面があることから、身体の大きな東欧系の男性看護士がかなりいた。介護システムが円滑に機能するかどうかは、介護する側とされる側の人口バランスに大きくかかっている。人口が減少に向かっている日本の介護に関わる人的資源の確保に関し、人びとの介護に対する意識の変化を視野に入れながら、今から十分検討しておく必要がある。

ホスピス教育の充実

　さらに注目すべきは、ホスピスには、ターミナル・ケアを担当する、さまざまなプロフェッショナルを養成するための充実した教育プログラムが設置されている点である。高度に専門的な理論を学ぶと同時に、最先端の技術を習得するための実習も行うようになっている。

　五十嵐博士との共同コメント：SCH には本館よりも立派で新しい４階建ての教育棟があり、驚かされた。イギリスの医学生には、卒業までに認知症を中心にした老年医療介護教育のための２回の交代制の研修がある。１回目はオリエンテーションで短期間、２回目には１カ月程度かけての実地修練が課される。これは非常によいが、大切な卒後研修や生涯学習を、いっそう積極的に充実させていく必要がある。SH には、かなり高額の負担を要するホスピス教育課程が設けられていて、リンパ水腫の治療から緩和医療、死に対する苦悩を軽減するための療法など、広範囲なプログラムが用意されていたが、非常に重要な後述する死生学や自己の職責に対する哲学をもたせるための教育を積極的に行っているようにはみえなかった。これらは、医学教育や看護学教育が始まる前の段階の一般基礎教育がしっかりしているので、専門課程では特に必要を認めないのかもしれない。地域住民を対象にした一般教育・広報活動の一環としては、ホスピス関連のいろいろな行事の通知などに熱心で、多くの配付用資料が用意されていた。これは、ホスピスの運営に、地域住民の支援と理解がいかに重要であるか

を示唆している。

④ 生と死を考える

死生学

　避けられない「死」へ向かって生き続けるための熟考の科学「死生学」なるものがあることを、筆者が故・五十嵐眞博士から教えられたのは、30年ばかり前のことである。すべての人が最終的には死に直面する。死は、すべての人に共通する非常に重要な問題である。日本の介護保険においては、死をいかに位置付けるか、についての十分な検討がなされていない。介護の先に何があるのか、についての本格的な議論が欠落している。介護は生きている人間を相手に行われるが、若い障害者に対する看護介護を除き、高齢者介護の先に待っているのは死だけである。

　弱壮年の障害者は、リハビリテーション（施設・サービス）を利用することによって社会復帰できるかもしれないが、ホスピス入所者にとってのリハビリテーションは社会復帰のためではない。高齢のホスピス入所者には、リハビリテーション・サービスを受けても、社会復帰できる可能性はない。ホスピスに入っているのは必ずしも高齢者だけではないが、ホスピス入所者は死を待つのみである。それでも、できるだけ苦痛を和らげ、長く生きていられるように、リハビリテーション・サービスを受けるが、介護の先には必ず死が待ち受けている。介護を受けている人も、介護をしている家族をはじめ周囲の人びとも、私たち全員が、いつかは送られる側に回る。それを、つまり死を、どのように迎えるか。そのことについての議論が日本ではほとんどなされていない。

　たとえば、脳死の問題がある。脳死判定の基準を、どのように定めるのか。臓器移植については、どのように考えるのか。日本人の感性は、これらについての議論をあまり好まない。日本人は死について話すことを避け、

＜オックスフォード東方・ロンドン北方に位置するノーザンプトン
（Northampton）にある現在はホスピスの 1976 年に開設された介護施設
（Synthia Spencer House）：1993 年 9 月＞

　日本社会には死について話しにくい雰囲気がある。私たちの生活の中で、
あるいは意識の中で、死が、何か異常な、何か特別なものになっている。
しかし、死は、それを迎えるのが、いつかは分からないが、誰もが、絶対
免れることのできない、厳然たる事実として、必ず直面しなければならな
い現実として、すべての人に訪れる。はたして介護保険で、こうした問題
に対処できるか。介護保険制度を文字通り介護に関わる問題全般を引き受
ける仕組みとして社会的に位置付けるのであれば、生活の質（quality of
life）に関わる問題と並んで、死に方・看取り方（quality of dying and
death）についての正面からの議論を、私たち日本人はもっとする必要が
あるだろう。

　「死ばかりでなく、老いもまた避けることのできない私たちの運命である。
固体の寿命がのびたことによって、老いの苦しみを感じる時間も長くなっ
ている。……私たちは、死を運命づけられてこの世に生まれてきた。しか
し、その死を刑罰として受けとめるのではなく、永遠の解放として、安ら
ぎの訪れとして受け入れることができるはずである。[6]」

日本の介護保険は、生活の質の問題、生きることについての質の問題、特に人生を締めくくる時期における生活の質の問題に立ち向かっていこうとしているが、その究極にある最後の問題には、いまだ正面から向き合っていない。そこが最大の問題といえよう。

究極の選択

　筆者は、イギリスで、多くの人びとから「福祉」に関連する広範多岐にわたる多くのことを学んできたつもりだが、いまだにどうしても答えを見出すことができないでいる問題がある。2004年4月−2005年4月の約1年、客員フェロー（visiting fellow）としてオックスフォード大学グリーン・カレッジ（Green College：現 Green Templeton College）に所属していたときに、親しくなった聖職者の資格を持ち、科学哲学者でもある、数学教授レノックス（John C. Lenox）博士と、福祉に関連する歓談をしていたときに、話題が人の命の重さに及び、大略、以下の質問を投げかけられ、答えに窮した。

　＜レノックス博士の質問の要旨＞

　1人の命の重さと、10人、20人、30人、……の命の重さを比較することができるであろうか？　100人の命を救うために、1人の命を犠牲にして、よいか？　1人の命を救うために、100人の命を犠牲にして、よいか？その根拠は何か？　功利主義的に考えれば、答えは簡単である。1人の命よりも、100人の命のほうが重い。しかし、次のような状況のもとでは、どうだろうか？

　君は、転轍機がある鉄道線路の分岐点にいる。いま、列車が近づいてきている。君の前で分岐した、それぞれの線路上に人がいる。一方には、数10人あるいは100人ほど。他方には、線路上にたった1人しかいない。君は、列車の運転士に、この状況を伝える手段を持たない。線路上にいる人びとにも、列車が近づいていることを知らせる術がない。君は、転轍機

を操作して、どちらかに列車を進めることはできる。さあどうする？　ところで、線路上にたった1人いる人物は、君の最愛の妻（あるいは子ども、親）であることが君には視認でき、他方の線路上にいる多くの人たちは、君にとってまったくの見知らぬ他人でしかない。さあどうする？　君が、どちらに列車を進めても、多分、その決定を誰も非難することはできないであろう……（図6-1参照）。

　筆者は、このとき何も答えることができなかったが、帰国後も、この問題を何度か考えているうちに「第三の道」を思いついた。これが筆者に実行可能であるかどうかは別にして、転轍機には触れないで、列車の前にわが身を投げ出す。おそらく列車を止めることはできないであろう。これにやや似た光景は、実話に基づく三浦綾子の小説『塩狩峠』（新潮文庫）に出てくる。まだ、レノックス教授には「第三の道」についてのコメントを求める機会がないままになっている。

図6-1　究極の選択

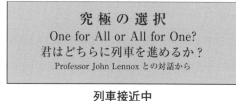

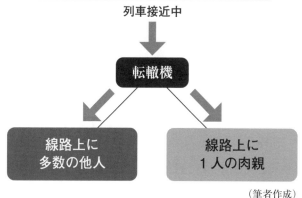

（筆者作成）

世界に目を向けると、その日その日、何とか命をつなぐことだけを考えなければならない1日1ドル（100円玉1個）にも満たない所得での暮しを強いられている最貧国・最貧地域の人びとの存在を、豊かな社会に生きる私たちは、過去を振り返り、現在をみつめて、未来を展望しつつ、どのように考えれば、よいのであろうか。アフリカやアジア、その他の最貧国・最貧地域には、かつて「貧者のバスティーユ（監獄）」と呼ばれた「救貧院」さえ用意されていない状況下で、HIV／AIDSやエボラ出血熱やマラリアや結核などの疾病に脅かされながら、かろうじて飢餓線上で生命を維持している人びとが多数存在する。

　ちなみに、世界銀行（The World Bank）の推計では、筆者がイギリスに滞在していた2005年時点における地球上に、以下のような現実があった。発展途上国では毎週1万人の女性が出産によって命を落とし、20万人の子どもたちが疾病によって5歳の誕生日を迎える前に死亡している。HIV／AIDS関連の疾病での死者は1日に8000人を超え、アフリカだけでも、1年間に200万人がHIV／AIDSで死亡している。発展途上国全体でみると、未就学児童の数は実に1億1500万人に上る。

　そして、その10年後の2015年においても、国際連合児童基金（UNICEF, Child poverty facts（https://www.unicef.org/social-policy/child-poverty, 10 August 2020））によると、世界では、6億6300万人の子どもたち―ほぼ3人に1人―が、貧しい暮らし（in poverty）を、また3億8500万人の子どもたちが、1日1.90ドル未満の極貧（in extreme poverty）生活を強いられている。

補論　死との向き合い方

　どのように死と向き合えば、よいのか。以下は、五十嵐博士が構想と草稿を執筆し、野村泰之博士と筆者がこれを整理した共同論文「健康福祉社

会と死生学―終末期医療と死の質[(7)]」からの抜粋である。

　死に直面した患者の「自助グループ」への参加はきわめて有効な場合が多い、といわれている。死の恐怖と何とか上手に共存する。死ぬときには死ぬしかない、という哲学、できうれば、死を自然現象の1つと理解し、それぞれの時点でできる限りの建設的準備をしておく等々、前向き志向に努力するのを助け合う。

　臨死体験などを読むと、神経化学物質とか、神経細胞（neuron）の機能の関係で幻覚を生じるのか、とも思える。しかしエックルズ（John Eccles）のようなノーベル賞を受賞した先端的な脳神経生理学者でも、生涯にわたる研究の末に行きついたところでは、脳と「こころ」の2元論を考えたようで、人間が人間としての「こころ」を含めて機能し、存在することの本態は、現在のところまったく不明といわざるをえない。

　がんなどの告知は決して単純には考えられないし、またなすべきでない。まず本人がどう受けとめる型の人間であるかをみきわめることは非常に難しいが、一番大切なことである。すべての場合に告知をすることが合理的でよいことであるとは限らない。受けとめ方は本人のタイプにもよるが、キューブラー＝ロスが『「死ぬ瞬間」と死後の生』（Elizabeth Kübler-Ross, *On Death and Dying*, 1969）で明示した5段階―第1段階：否認と孤立、第2段階：怒り、第3段階：取引、第4段階：抑鬱、第5段階：受容―のように経時的にも変化するものであろうし、周辺の人びとからの影響を受けることで変化する[(8)]。

　患者の心理を常に理解するだけでなく、向かい合うお互いの「自己」の心の動きを客観的に見つめる訓練をしておくことも重要であろう。いかに告げ、どのように対応し援助していくか。そして、患者が自己主体で自分自身の課題として、それをどのように乗り越えていけるか。これらの面でのコンサルテーション・リエゾン精神医学とか、心の動きを扱う力動精神医学といわれる分野の重要性は現在急速に増加している。

欧米人の場合はきわめて少ない、と考えられるが、日本人の場合、告知
をしてもらわないで、かえってよかった、とするケースも意外と少なくな
い。1家族の中でも告知適応（Yes）型と告知不適応（No）型が混在して
いるのが、日本である。告知後のフォロー・アップは患者の生存が可能だっ
た場合、長期にわたって続けてなされるべきで、その影響を忘れてはなら
ない。

　脳死に関しての脳幹死と高次脳死の比較考察については、人間としての
知能、感覚、行動、神経系の機能生理的・神経化学的・形態的な可塑性、
適応、多くの系の間の調整や協同、神経の修復や再生、遺伝子、分子生物
学的な課題、等々と気が遠くなるほどの数多くの検討研究課題が現在提示
されている。まさに、今や「脳の時代」が始まったところ、といわれるゆ
えんであろう。

　今日の医科学の進歩は「生命」の終わりをむしろあいまいな（？）もの
にしてしまったのかもしれない。1つの生物個体の終わりは、結局、死で
あり、これは事実として厳存する。ヒトのような高次の生命を、自分で自
分を生成する「スーパー（生物学的）システム」として捉えると、システ
ム自体が自己の内部的目的で多くの遺伝子を準備し、必要に応じて要素を
追加したり、時には「自死（apoptosis）」などを行ったりしながら、複雑
化し進化してきている。「スーパーシステム」の発生や生成過程と対比し
て考えてみると、個体の「死」は、このような物質的に重層化した「スー
パーシステム」の絶対的そして不可逆的な崩壊であって、脳を含めて器官
や組織の死の総計というようなものではない、との考え方がある。

　「死」とは生物単位装置（unit）の精神（psyche）の消滅である。その
複雑性、神秘性に基づいて、人間は小宇宙である、というような表現をす
る向きもあるし、「死」は巨大な生態系（ecology）の原則にのっとって、
万物の主たる宇宙と1つになる、という考え方もある。それは、仏教にお
ける輪廻転生の概念のごとく永遠・来世（eternity）の概念へのつながり

を求める考え方なのかもしれない。あとに残る人びとの心の中で生きられるのなら、それは死ぬことにならない、との考え方もある。

　自殺は、それ自体、古くは殉死、心中などから、最近の自爆テロなどを含めて、社会的・宗教的に大きな問題⁽⁹⁾であるのに、患者用の自殺幇助機器や薬品などの方法の出現は、医療にたずさわる者が、いかに苦痛と断末魔の苦しみを除去（no pain, no agony）するためとはいえ、まったく逆の方向で医師が積極的に患者に協力する自殺（physician-assisted suicide）ということで、メディアが騒いで取り上げたがるテーマである。しかし現実には治癒が不可能なケース、たとえば、重症脳内出血で、人工的にのみ生き続けさせることが、本人にとっても周囲の家族などにとっても負担以外の何物でもないときに、一体どうしたらよいのか。何もしないのか。リサ・ベルキンのノンフィクション『いつ死なせるか—ハーマン病院倫理委員会の六ヵ月』（Lisa Belkin, *First, Do No Harm*, 1993）⁽¹⁰⁾は、揺れ動く医療倫理と社会・経済のはざまの苦悩を深刻に記述している。

　死生学教育（thanatology education）では、死に臨んだ患者を介護（care）するためにどうすべきか、について、現場を担当する医師、看護師、介護士、そして宗教家などに教えることが第1の目的となる。学生期での教育だけでは意味が少なく、実体験を重ねつつ、生涯教育として実施することが当然必要である。そして教え、互いに学び、互いに引き出し合う、という基本態度がもっとも重要である。この線にそっての参考書としては、ハワード・ブローディの『医の倫理：医師・看護婦・患者のためのケース・スタディ』（Howard Brody, *Ethical Decisions in Medicine*, 1981）⁽¹¹⁾とデイル・ハートの『死の学び方』（Dale V. Hardt, *Death : The Final Frontier*, 1979）⁽¹²⁾が重要である。人間という生物単位装置（unit）の消滅である1時点に限定された死という出来事（event）に関する哲学や倫理学は古くから存在しているが、その出来事に接するそれぞれが、自己の死生観ともいうべきものを確立させうるような教育を行うべきであろう。あくまで死は

暴力であるとの考え方もあるが、死にゆく人を中心に、最適な、できる限り自然な死（quality of death）、ある場合には自由な死に方（free-style death）、そしてそれに先行する生活の質を考え、実際にその線にそって介護すべきであろう。そこには非常に重要な緩和医療と死の課題も存在する。いかに生命が絶対の尊厳に値するとはいえ、単純に生物学的生命の時間的延長のみを考えれば、よいのか、という大きな反省期に今入っている。

さらにアート療法に加えて、音楽療法やアロマ療法から介助犬（動物）療法、等々、研究されるべき裾野はきわめて広い。それに加えて、生命倫理、自己決定権と尊厳死、介護側のいわゆる燃え尽き症候群（burnout syndrome）、また患者の死後に残された者への喪悲療法（grief care）、などについても考えなくてはならない。「人は死ねば、ゴミになる」というだけでは簡単にすまされない場合が多いのではあるまいか。さらに在宅介護、病院管理、老人ホームなどに関連してくる社会経済上の問題も死生学の１段階として無関係とはいえない。前向きに１つ１つの分野で努力することが大切であろう。

ところで、私たちが現在考え、そして問題としている死生学教育は、実は、今よりもはるかにコスモポリタンな21世紀に生存し、活動する人びとの課題である。ものごとの価値判断とか、情緒的包容力が、まず私たちの現在持つそれとは大きく異なってくるものと考えられる。それにまた個人の死生観は固定したものでなく、時間や環境によっても大きく変動するものでもあろう。どうしたらよいのか。人間性の淘冶が、まず第１の課題として考えられなければならない。そのためには東洋的な徳操教育も役立つかもしれない。

多くの日本人はボランティア精神（volunteer spirit）の感覚をしっかりと把握できないし、自己の所属する共同体（community）と自己の個（holon）との両方向のつながりを把握することが経験的に未熟である、といわれている。この点に関連する問題は、本書「1. ここが不思議なイギリス

の社会　3　難解にして明解な『公』と『私』の関係」で取り上げたところである。しかし少なくとも心とか気持ちのふれあい、ほのぼのとした思いやりの美学、といったような表現が存在し、人と人との間で同調（tune）し合える何ものかが認められる限り、日本人のなかにボランティア精神や自己犠牲（self-sacrifice）の感覚が育まれてくる機会はある、と思われる。「しっかりしていなかったら、生きていられない。しかし、やさしくなれなかったら、生きている資格がない」⁽¹³⁾といえば、あまりにもセンチメンタルに響きすぎるとしても、冷酷な人と機械（machine）の時代の 21 世紀にも直接的な人間同士のつながり（man-to-man communication）の重要性はけっして減少するものではない。

注

(1)　ディケンズ（本田季子訳）『オリヴァ・ツウィスト』（下）岩波書店（岩波文庫）、1989 年（Charles Dickens, *Oliver Twist*, 1838）、68 ページ。

(2)　田畑光美「イギリスの在宅福祉と住宅政策」社会保障研究所編『住宅政策と社会保障』東京大学出版会、1990 年、275 ページ。

(3)　早川和男『災害と居住福祉　神戸失策行政を未来に生かすために』三五館、2001 年、191 ページ。

(4)　Jeremy Laurence, Frozen to Death, *New Society*, 16 January 1987, pp. 18 – 20.

(5)　Phillida Purvis and Rodney Headley（真屋尚生訳）『英国から見た日英ホームレスレポート *UK-Japan Homeless Project UK Report : 2004*』Links Japan, 2004.

(6)　柳澤桂子『われわれはなぜ死ぬのか　死の生命科学』筑摩書房（ちくま文庫）、2010 年、220 – 221 ページ。

(7)　真屋尚生編『社会保護政策論―グローバル健康福祉社会への政策提言』慶應義塾大学出版会、2014 年。

(8)　エリザベス・キューブラー＝ロス（鈴木晶訳）『「死ぬ瞬間」と死後の生』中央公論社（中公文庫）、2001 年（Elizabeth Kübler-Ross, *On Death and Dying*, 1969）。

(9)　モーリス・パンゲ（竹内信夫訳）『自死の日本史』講談社（講談社学術文庫）、

2011 年（Maurice Pinguet, *La mort volontaire au Japon*, Éd. Gallimard, 1984）は、日本・日本人についての理解に賛成しかねる点も若干あるが、日本人にとって非常に刺激的な著書で、訳文も優れている。

(10) リサ・ベルキン（宮田親平訳）『いつ死なせるか—ハーマン病院倫理委員会の六カ月』文藝春秋、1994 年（Lisa Belkin, *First, Do No Harm*, 1993）。

(11) H. ブロディ（館野之男・榎本勝之訳）『医の倫理：医師・看護婦・患者のためのケース・スタディ』東京大学出版会、1985 年（Howard Brody, *Ethical Decisions in Medicine*, 1981）。

(12) デイル・V. ハート（井桁碧訳）『死の学び方』法蔵館、1992 年（Dale V. Hardt, *Death : The Final Frontier*, 1979）。

(13) レイモンド・チャンドラー(清水俊二訳)『プレイバック』早川書房（ハヤカワ・ミステリ文庫）、1977 年（Raymond Chandler, *Playback*, 1958）243 ページ。

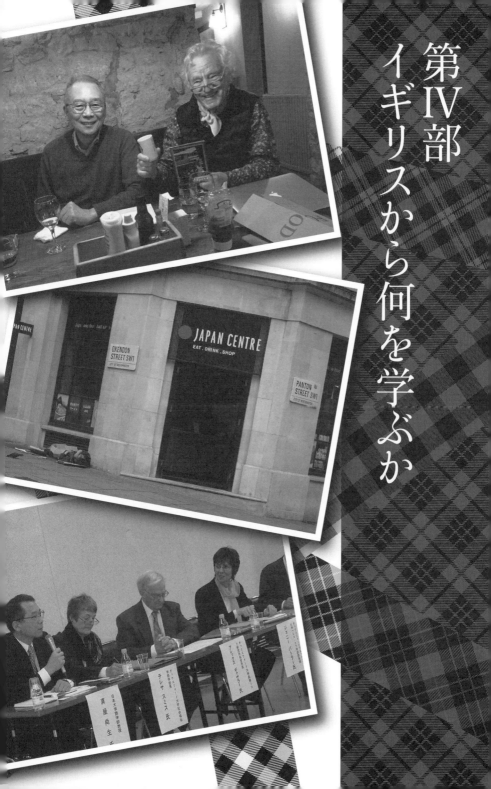

第Ⅳ部
イギリスから何を学ぶか

上段の写真：かなり深刻な内容の歓談の後、オックスフォードでもっとも古いパブの1つ Turf Tavern で夕食をとりながらくつろぐ Sir Muir Gray と筆者。このパブには、ベトナム戦争を忌避し、オックスフォードに留学していた、若き日の元・アメリカ大統領 Bill Clinton も通っていたらしい。2019年9月。

　中段の写真：ロンドンの中心ピカデリイ・サーカス（Piccadilly Circus）の近くにある食品ほかの日本商品を扱う店の「RAMEN ラーメン」「SUSHI 寿司」と書かれたウインドウの前で、昼間から寝入るホームレスと思しき男性。イギリスのホームレスは日本のホームレスに比べ、みんな若く、多くは大きな犬を連れている。2019年9月。

　下段の写真：青梅市福祉センターで開催された高齢者介護に関する公開セミナーで討論する、左から、筆者、オックスフォード大学社会政策学部長 Mrs Teresa Smith、オックスフォード大学医療リスク研究所長 Dr Alex Gatherer、オックスフォード・ブルックス大学健康科学部教授 Dr Jenny Butler。2003年1月。

7. 日英比較：医療福祉事情

私たちは正しいことを正しい方法で実践しているか？

J. A. ミュア・グレイ『根拠に基づく医療保障[1]』

■1 社会サービスと社会保険

効率重視とニーズ優先

日英両国の医療福祉政策がきわだった対照をなしているのは、日本の医療保障制度が社会保険方式で運営されているのに対し、イギリスのそれが社会サービス方式で運営されている点であり、医療保障制度を支える基盤ともいうべき病院を頂点にした医療制度－医療サービス供給体制が著しく異なっている点である。表7-1では、日英両国の医療福祉政策の特徴を可能な限り鮮明に浮き彫りにするために、誤解をおそれず、いささか大胆なかたちで整理し、対比させてみた。日本の医療福祉政策の最大の問題点は、その根底に、依然として経済的業績重視＝生活ニーズ軽視とでも呼ぶべき性格が残存していることである。多くの事例を挙げるまでもなかろう。誰の目にも明らかなはずの問題点を、2つ3つ指摘しておこう。

歴史的な経緯はともかくも、定年退職後、（元）被用者は、2年間の任意継続制度はあるものの、当然のごとく健康保険その他の被用者保険から排除され、国民健康保険に加入することになる。労働能力が減退低下すると同時に、健康状態も悪化していく可能性が高まり、したがって医療保険制度への依存度が高まるこの段階で、給付内容・給付水準に格差のある国民健康保険に移るということは、介護保険や後期高齢者医療制度などが用

表 7-1　医療福祉政策の日英比較

	日　　　本	イ　ギ　リ　ス
政策理念	保守志向／消極的	改革志向／積極的
政策目的	経済成長／所得増大	経済安定／所得再分配
政策手段	社会保険中心	社会サービス中心
財　　源	保険料（主）＋租税（従）	租税（主）＋保険料（従）
給付形態	現金給付中心 医療は現物給付中心	サービス中心 福祉関連施設の提供
給付基準	比例主義／格差大 資力調査の意義小	均一主義／低位平準化 資力調査の意義大
運営方法	中央集権的／中央政府主導 医療と福祉の連携不十分	地方分権（地域差大）／官民混合 医療と福祉の提携密接
中核制度	公的制度中心	公的制度中心
関連制度	民営中心 名目非営利・実質営利主義 企業内福利厚生（格差大）	公営中心 非営利主義 各種のボランタリー団体
基盤整備	GP 制度なし／専門職種間の格差大 医療機関の機能未分化・連携不十分 医薬分業の不徹底	GP 制度確立／多様な専門職種の発達 医療機関の機能分化・連携徹底 医薬分業の徹底

（筆者作成）

意されていることを考慮するにしても、福祉の原点ともいうべき平等の視
点からすると、矛盾している。ここには、労働生産性と医療保障給付を結
び付けて考える、旧来の政策理念の残滓がほのみえるといえば、うがちす
ぎか。これに対して、イギリスでは、もちろん完全無欠というわけではな
く、入院手術の待機期間の長期化や施設の老朽化など、種々の問題を抱え
てはいるが、全国民を対象にした単一の制度である国民保健サービス（Na-
tional Health Service：NHS）によって、生涯にわたる医療保障が、年齢・

職業・性別などにかかわりなく、無差別平等に実施されている。

　高齢者同様に、障害者にとっても日本の社会は、とても住みやすいようにはみえない。たとえば、1960年に身体障害者雇用促進法（その後、障害者の雇用促進等に関する法律に名称改正）が制定されているが、民間企業における障害者雇用は、現在も遅々として進まない。利潤追求・経営効率を最優先するため、多くの企業が障害者の雇用に対して消極的な姿勢を保持し続けている。社会基盤の整備改良改修が進んではいるが、取り組みは点にしかすぎず、公共施設でさえも、事実上、身体障害者を拒否する、あるいはこれらの人びとのニーズを軽視した設計、見せかけのバリア・フリー／ユニバーサル・デザインになっていることが多い。身近な例を1つ紹介しよう。

　筆者が初めてイギリスに行ったのは1980年のことで、約2週間滞在した。今でも鮮明に記憶していることの1つが、訪れた美術館・博物館などの公共施設だけでなく、路上やホテル、商店、レストラン、劇場、公園はいうまでもなく、パブ（居酒屋）で、ア・パイント・オブ・ビター——0.568リットルのジョッキに入った苦味の強いイギリスのビール——をなめている車イスの人さえいるではないか。余談ながら、イギリス人は私たち日本人よりもはるかにアルコールに強い遺伝子？を持っているようであるが、しばしば飲むというよりも、なめる、といった感じでビールを味わい楽しむ。日本ではイギリスといえば、スコッチ・ウイスキーを連想する人が多いようだが、パブでウイスキーを飲んでいるイギリス人はほとんどいない。

　「イギリスは障害者の国だ！なぜだ？」これが、筆者のイギリス社会観察史の第一歩であった。「気候のせいだろうか？交通事故が多いのだろうか？食生活のせいだろうか？先天性の障害なのだろうか？それにしても障害者が多い！」だが、ロンドン滞在中に答えを見つけることはできなかった。帰国後、障害者に関する資料をあさってはみたが、当時の日本で障害者に関する資料を見つけることは容易でなく、ようやく探し出した厚生省の推

＜必ず住宅街にはある Disabled の文字が示す障害者用の路上駐車区画：オックスフォードの住宅街：2019 年 9 月＞

計によると、その定義は別にして、日本の障害者数は十分にイギリスのそれに匹敵するものだった。そこで、ようやく気付くことになった。筆者にとっては「目から鱗」どころか「コペルニクス的転回」でさえあった。1980 年代前半のイギリスは、日本と比較し、障害者に対してはるかに開かれた社会、障害者に社会参加の機会がより多く与えられる社会に、すでになっていたのである。当時の日本にも、間違いなく多くの障害者が存在していたが、日本の社会は、これらの人びとを積極的に受け入れようとしていなかったのである。障害者数に関する信頼できる統計数値を入手することさえ困難だったのである。

　その後、筆者が、この話をオックスフォード大学での研究会で披露したところ、友人のロジャー・グッドマン（Roger Goodman：現在はオックスフォード大学教授で St Antony's College 学寮長）が、私とは逆の経験を日本でしたことを紹介してくれた。彼は、1980 年代半ばに日本に留学したとき、非常に驚いたそうだ。「日本は障害者がいない不思議な国だ！なぜだ？」彼も筆者も大いなる誤解をしていたのである。ちなみに、日本

では1970年に障害者基本法が、イギリスでは1995年に障害者差別禁止法（The Disability Discrimination Act 1995）が、それぞれ制定されている。皆さん、21世紀になって20年が経過した今、日本の居酒屋や喫茶店や料理店などで、車イスの人をみかけたことが何度ありますか。

ところで、イギリスの医療保障制度は社会サービス方式によって、日本のそれは社会保険方式によって運営されているので、両者の間に異質な点が多々存在することは当然であり、一概に両者の優劣を論じることはできない。ここでいう社会サービスとは、特定の事象事態の発生のみを対象にした給付を行う点において社会保険と共通の性格を、その一方で、社会保険のように拠出を条件とすることなく、全額公費で財源が調達される点において公的扶助と共通する性格を併せ有する制度を指す。これに対し、少なくとも現物給付方式を全面的に取り入れている日本の医療保険は、こと提供する医療サービスの質と量に関する限り、決定的にイギリスに劣っている、とも思えない。問題は、医療保障制度を支える基盤としての医療サービス供給体制とこれに関連する諸制度・諸施策、より根本的には医療についての社会的な理解の日英両国間における決定的な差違である。

イギリスでは、必ずしも十分に円滑に運営されているわけではないが、中央政府主導の医療サービスと地方政府主導の福祉サービスを有機的・複合的に結び付け、国民・住民の医療ニーズと福祉ニーズに体系的・多面的・総合的に応えていこう、としている。イギリスでは、1990年に制定された国民保健サービスおよびコミュニティ・ケア法によって医療・介護・福祉の一体化が従来以上に積極的に図られることになった。素朴な形態のものも含めれば、こうした発想はイギリスには古くからあり、そもそも福祉の理念思想を抜きにしての医療はありえないとするのが、イギリスのみならずヨーロッパ諸国では、過去においても現在においても支配的な思潮である。もちろん、イギリスにも一種の自営業者としての開業医（GP）は多数存在し、家庭医としての開業医の参加協力がなければ、イギリスの国

民保健サービス制度は成り立ちえないが、日本とは異なり、開業医の治療行為と経済的報酬は切り離されている。

自助努力と私的保険

　1980年代以降、日英両国で、しきりに新自由主義経済政策と一体化したかたちでの自助努力の意義が強調されるようになった。そうした風潮の中で、日本では、生命保険・損害保険と呼び慣わされている私的保険・民間保険は、生活保障なかんずく所得保障に関わる代表的な自助努力の方法とみなされ、社会保険を補完する制度として位置付けられてきた。私的保険は、民間活力利用型の福祉の代表ともされてきた。

　表7−2は、1990年代の日英両国における生命保険と損害保険の普及状況を比較したものである。保険は文明の尺度である、といわれる。近代的保険の母国とされるのは、資本主義経済が他の諸国に先がけて発展を遂げたイギリスである。19世紀後半にサミュエル・スマイルズ（Samuel Smiles）の『自助論（西国立志編）』（*Self-Help*, 1859）に代表される自助努力論が沸騰し、中流階級のみならず労働者階級からも、個人的というよりも社会的な規範としての自助努力が強く支持されたのも、イギリスである。

　しかし、そのイギリスにおける保険、とりわけ生命保険の普及の現状は、日本と比較し、格段の低さである。当時の日本は世界一の生命保険大国だった。しかも抜きん出た高さでの第1位である。多額の生命保険料を負担できた日本人は豊かだった、ともいえようが、いかなる保険も危険の存在と一体化した制度であることからすると、日本における生命保険の高度普及の背後に、保険業界人の営業努力もさることながら、大きな生活危険・生活不安が存在しており、人びとはそれを感じ取り、保険に加入していた、ともいえる。また、生命保険と損害保険の普及の度合いに非常に大きな隔たりが見られる点も、日本人の保険利用のあり方の特徴である。

それはなぜなのか。いくつか理由が考えられるが、その根本には、日本人の保険の機能と構造に対する無理解がある。これを象徴しているのが、いわゆる「保険料の掛け捨て」を日本人が嫌う、という傾向・現象である。長年にわたって勤倹貯蓄を至高の美徳としてきた日本人の中には、危険を制度的に処理するための費用あるいは経費として、保険料を理解することができない人たちが、いまだに多いようである。こうした点も、表面的な生活の欧米化とは裏腹に、日本人の価値観・判断基準がイギリス人のそれとは異質のものであることを示している。

　こうした過てる保険理解の歴史的背景をたどると、1868 年に福沢諭吉が著わした『西洋事情外編』「巻之二　政府の職分　相対扶助の法」にたどり着く。彼は、同書で、「小金を棄てゝ大難を救ふ」のが保険と述べている。保険とは何か。支払う保険料よりも受け取る保険金のほうが絶対的に高額だが、傷病や死亡や火災や交通事故などの保険事故が発生せず、結果的に保険金＝0になった場合に、保険料が掛け捨て＝無駄になった！という理解しかできない人は経済人失格といえよう。平気で「掛け捨ての保険」という言葉を口にする保険業界人は、保険の何たるかを理解できてお

表 7 - 2　1990 年代の生命保険と損害保険の普及状況の日英比較

	日　本	イギリス
生命保険（1994 年末）		
保有金額	2074 兆円	167 兆円
人口 1 人当たりの保険金額	1660 万円	288 万円
国民所得に対する保有金額の割合	569%	184%
損害保険（1995 年）		
元受け保険料（グロス）	12.2 兆円	5.3 兆円
国内総生産に対する元受け保険料の割合	2.5%	3.8%
国民 1 人当たりの保険料	9 万 7600 円	5 万 9400 円

資料：生命保険文化センター編『生命保険ファクトブック』1997年版。
　　　日本損害保険協会編『日本の損害保険ファクトブック』1997年版。

らず、保険業界人失格である。保険料は、確定した相対的に少額の負担で不確実性に対処し、危険を処理するための必要経費であり、古来「保険は利得を許さず」といい、保険では、損をすることもなければ、得をすることもない。古言「保険は文明の尺度である」に従うと、貯蓄的な要素が加味された損害保険（長期総合保険）を選好する人は、合理的な考え方が求められる経済人として未成熟であり、半文明人でしかない。

② 財政的制約と効率主義

社会保障給付費の日英比較

　日英両国の医療福祉政策の違いを、少し視点を変えて考察してみよう。表1-3に示したように、日本は、社会保障給付費の中で「高齢」すなわち「年金」の比率が最大になっている。これに対して、イギリスは、「高齢」と「保健」がほぼ拮抗している。日英両国とも、高齢化が進展するなかで、年金—イギリスの社会保障の項目には年金以外の現金給付を含む—を中心にした所得保障の比重が大きいが、「高齢」と「保健」の比重を比較すると、日本では1対0.73であるのに対し、イギリスでは1対1.06になっている。これは、社会保障費用—イギリスの社会保障は現金給付のみ—とは対照的に、イギリスでは、社会サービス費用に対する中央政府負担が絶対的に少なく、社会サービス諸施策が地方政府の責任のもとに実施されていることの反映でもあるが、日英両国とも、高齢化問題が、今後も最大の政策課題の1つ、という点では共通している、といえよう。

　表7-3では、日英両国ほかの国民負担率を示した。近年、日本の数値が上昇を続けているのとは対照的にイギリスの数値が減少を続けているため、比較可能な直近の数値はかなり接近している。医療福祉関連制度の効率的な運営を図ることは、もちろん必要ではあるが、一定の政策効果を挙げるためには、かけるべき費用は避けるべきでなく、その抑制も困難であ

ろう。イギリスでは、鉄の女（Iron Lady）と呼ばれたサッチャー首相を
もってしても、社会保障費用の増加傾向に歯止めをかけられず、社会保障
制度の改革、自助努力の喚起、医療福祉関連分野におけるさまざまな民営
化政策の実施などにもかかわらず、彼女の在任期間中を通じて社会保障費
用は増加し続けた。表7-3に示すように、欧米諸国の国民負担率の水準
を1つの目安として考えるならば、日本のそれも遠からず50パーセント
程度に上昇する可能性は十分ある。要はその負担のあり方と費消の仕方と
いうことになろう。

　社会保険を保険の一種としてとらえ、保険制度は保険料によって運営さ
れるべきであり、少なくとも保険理論にいう収支相等の原則に従って、「保
険料総額＝保険給付総額」となるように社会保険も仕組むべきであるとす
れば、国庫負担の割合が大きい日本の医療保険制度はきわめて特異な性格
を有しており、伝統的な保険の原理から逸脱している。しかし、見方を変
えれば、日本の社会保険としての医療保険は、保険事業運営方法の多様な
可能性を示唆してもいる。政策目的と社会経済情勢に応じた保険料と租税
の柔軟な組み合わせによって、国民・住民の健康が維持増進されるのであ

表7-3　社会保障関連指標の国際比較（%）（表4-3を一部修正して再掲）

	日　本	イギリス	ドイツ	フランス	スウェーデン	アメリカ
国民負担率	44.6	47.7	54.1	68.2	58.9	34.5
社会保障負担率	18.1	10.7	22.6	26.5	5.2	8.5
租税負担率	26.5	36.9	31.5	41.7	53.8	26.1
労働生産性	8万4027	8万9674	10万0940	10万6998	10万0207	12万7075

注：国民負担率＝租税負担率＋社会保障負担率
　　日本の国民負担率は2020年度見通し。諸外国は2017年度の実績。
　　労働生産性：2017年度の購買力平価換算米ドル。
資料：財務省「国民負担率の国際比較」。総務省統計局編『世界の統計』2020年版、日本
　　　統計協会、2020年、234ページ。

れば、いわゆる保険の原理に拘泥する必要はない。国民・住民の福祉の維持向上を図る手段として、保険を利用するのであって、保険財政の均衡を図ることが社会保障の目的ではない。

保険の原理・原則を重視するのは、そうすることによって、制度としての保険経営の安全性と永続性を維持しやすいからにほかならない。公的保険としての社会保険では、一般に生命保険や損害保険などの名称で親しまれている私的保険とは異なり、保険経営の視点は二義的なものと考えてよかろう。いずれにしても、日本の社会保険としての医療保険に租税負担に依存する部分が多分にあり、租税によって医療サービスを提供してきたイギリスが、高齢化問題に対処する手段の1つとして公的介護保険制度の導入について検討した、という事実は21世紀における社会保障・社会サービスのあり方を示唆している、といえなくもない。日英両国とも、21世紀の医療福祉問題に対処するためには、目的と手段を取り違えるべきではなく、国民的な合意に基づく、しっかりした目標を定めた上で、状況に応じた柔軟な政策的対応を図る必要がある。

教育文化の日英比較

日本は、元来、教育熱心な国と考えられており、日本人の知的水準は、国際的にみてもけっして低くない。そして近年は、教育「産業」という言葉が定着し、生涯教育の重要性がしばしば指摘される一方で、海外からの留学生・研修生などの受け入れも進んでいる。しかし、教育「産業」という言葉に象徴されるように、日本の教育「事業」の中には、教育・文化に名を借りた営利至上主義事業といっても過言でなさそうなものが少なからず含まれている。

またそこでの教育の内容も、ニーズがあるからといえば、それまでだが、さまざまなレベルでの受験戦争や各種の資格取得に備えての、いわば詰め込み主義・実用主義のものであることが多く、日本の教育の現状は、人間

の持つ多様な可能性を開花させるための教育、人間性を高めるための教育からは、ほど遠いように思われる。海外からの留学生・研修生などの多くも、実利的な目的や動機で来日している場合が少なくない。今日では経済大国としての日本の評価は世界的に確立している、といってよかろう。しかし、日本は、文化国家として国際的に高い評価を得られるまでには、いまだになっていない。このあたりにも、日本人の福祉観とも関連する日本社会の歪みの一端がうかがえる。教育は、国民・市民の福祉に対する問題意識を間違いなく規制する。医療福祉に関わる問題は教育に関わる問題でもある。その意味において、日本の医療福祉政策をめぐる諸矛盾を解決するには、過度の競争主義・業績主義に立脚した教育のあり方についての見直しが避けられない。

　本書「4. ナショナル・ミニマム論再考　補論　社会保障は「未来への投資」か」で指摘したところであるが、日英両国の国内総生産に対する学校教育費の割合を再確認しよう。「公財政支出教育費」の国内総生産に対する割合において、日本の2.9パーセントに対し、イギリスは4.2パーセント（日本の1.4倍）、「私費負担教育費」についても、日本の1.2パーセントに対し、イギリスは1.9パーセント（日本の1.6倍）で、差が目立つ。イギリスは教育文化政策を非常に重視しており、イギリスの教育文化政策のあり方には、日本の追随を許さない、すぐれた側面が多々ある。一例を示そう。ロンドンを訪れる人びとの多くは、大英博物館（The British Museum）や国立美術館（The National Gallery）に足を運ぶのではなかろうか。世界的な文化遺産が充満している両施設が、観光客も含め、すべての人びとに無料で開放されている。

　イギリスにおける教育のあり方は、若年層の失業対策・職業訓練制度の見直し、急速な技術革新・高度情報化への対応とも絡んで、近年、教養主義から実用主義へと変貌を遂げつつあるが、少なくとも義務教育段階においては競争主義・業績主義へ過度に傾斜しているようにはみえない。たと

えば、しばしば日本では、障害児の普通学級への受け入れが学校側によって拒否される。健常児の父母・保護者も、障害児の普通学級への受け入れには、あからさまな拒絶反応は示さないまでも、しばしば消極的であるように聞く。少なくとも積極的とはいえそうもない。学校は児童を保護する立場にあるにもかかわらず、現状では障害児に対して十分な対応ができない、とする学校側の理屈にはうなずけないでもないが、こうした現象は、日本の学校教育のゆとりのなさが具現化したものにほかならず、教育の本質を見失っている。かりに学校側の、たとえば、障害児は特に保護されるべき存在という見解を善意に基づくものと理解するにしても、こうした対応は、結果的に障害児・障害者を特別視し、社会的に排除することにほかならず、ひいては差別を生み出す土壌を作ることにつながる。この種の弱者保護論の背後には、障害児を普通学級へ受け入れることによる学校側の負担と責任の増大を避け、教室運営＝学習指導の非効率化を防ぎたい、という事情があるというのが、ことの本質に近いのではなかろうか。

　イギリスにも、もちろん養護学校はあるが、普通学級への障害児の受け入れの門戸は、日本よりはるかに広い。障害児の場合とは状況は異なるが、英語をまったく理解しない外国人の子ども、たとえば、親の仕事の関係で、永住するわけではないが、イギリスに数年程度滞在する日本人の子どもを、イギリスの小学校は当然のごとく受け入れ、不自由な英語については無料で課外の指導までしてくれる。学業成績をもっとも重視する教育制度のもとでは、こうした対応は困難であろう。一方で、こうした対応を行いながら、他方では、世界的にも最高級の評価を受けるオックスフォード・ケンブリッジ両大学ほかの大学・大学院を頂点にした教育研究機関を持ち、海外からの留学生を多数受け入れているイギリスには、日本も学ぶべき点が多い。世間話の部類に入るかもしれないが、少なくとも21世紀の間は、海外からの留学生と英語研修生の受け入れだけで、イギリス経済は安泰で、イギリス人は生活を維持できる、ともいわれる。

③ 専門的職業人の活躍

医師・看護師の日英比較

　医療福祉サービスは、その費用をめぐる問題もさることながら、専門的な職業人の存在を抜きにしては語れない。単純な比較は慎まなければならないが、病院サービスを主体にしたイギリスの国民保健サービスのスタッフについてみてみよう。1981年には医師・歯科医師1人に対して看護職・助産職は10人弱、医療保障制度改革が進んでいた1994年でも7人強である。かりに国民保健サービスのスタッフとしての医師・歯科医師に開業医としての一般医・歯科医師を加えた医師1人に対する看護職の割合をみても、1981年が5.1倍、1994年が3.4倍になる。実際には、開業医として一まとめにした数値のなかに開業医のもとで働く看護師（看護婦・看護夫）も含まれているので、この比率は幾分高くなるはずである。

　これに対して、日本はどうであろう。1980年には医師・歯科医師に対して看護職（保健婦・助産婦などを含む）は2.5倍、1994年には2.9倍と、明らかに日本における看護職の比重はイギリスよりも低い。イギリスは近代看護教育の母とされるフローレンス・ナイティンゲイル（Florence Nightingale）の母国ではあるが、それにしても看護職の層の厚さは圧倒的である。しかも、現代のイギリスにおける看護婦・看護夫（nurse：以下、看護師）の専門的職業人としての地位と権威は、日本のそれと比較し、相対的にも絶対的にも高く、看護師は、医師に一方的に従属する、医師に対する補助者といった存在ではない。また担当する看護サービスの種類によって取得すべき資格も細分化・専門化され、専門的職業人として高度の知識・技術の習得を、看護師は要求され、これが、その地位と権威の裏付けになっている。労働条件には必ずしも恵まれているわけではなく、多くは一種の公務員ということから所得水準もけっして高くはないが、ある種の使命感

から看護師を志望する人たちは多い。職業意識が高い看護師が多いことから、イギリスでは、入院・外来・在宅を問わず、いわば医療の原点ともいうべき、時間をかけての人間的な触れ合いに基づく医療と関連サービスの提供が可能になっている。

　日本における看護職員の労働条件の過酷さについては、しばしば論及され、社会問題化さえしているが、イギリスの状況をみるにつけ、医療サービスを支える専門職の養成と並んで、その労働条件・待遇の抜本的な見直しは是非とも行う必要がある。特定の人びとの善意、犠牲、献身に過度に依存する状態が恒常化すると、やがて制度自体が疲弊し、ついには崩壊にまで至りかねない。現にコロナ禍の下で医療・介護崩壊が迫りつつある。

地域密着のイギリスの医療サービス

　イギリスの国民保健サービスでは、地域住民の日常の健康管理・健康維持に重要な役割を果たしている、通常、一般医（GP：general practitioner）と呼ばれる家庭医としての開業医の存在も大きい。日本語で一般医・専門医を並べると、一般医は専門医よりも一段格下と受け止められそうだが、一般医は第1次医療（primary care）の専門家であり、地域社会における家庭医として、平均すると、2000人程度の住民を登録制で受け持っている。イギリスの病院と診療所の間の機能分化と両者の有機的連携は、家庭医制度を基盤にして初めて可能であり、家庭医が制度上存在しない日本と比較するとき、医療基盤の整備という点で、著しい対比をなしている（表7-1参照）。なお、歯科診療については、もちろん国民保健サービスを利用できるが、自費診療・自由診療を利用する人も多く、日本と類似した傾向にある。

　さらに、イギリスの医療福祉サービスをめぐる人的資源に関連して、もう1つ付け加えるならば、地方政府による社会サービスの質と量の両面における充実と、ソーシャル・ワーカーの活躍である。専門的な職業人とし

てのソーシャル・ワーカーは、地域住民が直面している生計費や住宅事情などを含む生活上の諸問題に多面的に対応するために、しばしば家庭医・看護師などとの密接な連携のもとに活動している。また、国民保健サービスのスタッフとして医療福祉問題を担当したり、さまざまな生活福祉に関連するボランタリー活動に関与したりもしている。日本における比較的新しい資格としての社会福祉士と比較すると、少なくとも現時点におけるその社会的な評価と地位は格段に高く、全国紙や地方紙に、さらには週刊誌や専門誌などに、ほとんど途切れることなく求人広告が掲載されている。

　ちなみに、イギリスには約700万人の無資格・非公式の介護者がいて、そのうち少なくとも180万人は週当たり20時間超の介護サービスを提供している、と推定されているが、こうした活動も、医師・看護師を中心にした医療専門職とソーシャル・ワーカーを中心にした福祉専門職の緊密な連携のもとで、計画的・組織的に行われることによって、効果を発揮して

＜圧倒的に女性参加者が多かったオックスフォード地区のソーシャル・ワーカー研修会：2005年3月＞

いる。在宅の患者・要介護者とその家族の、看護師なかんずく地域社会での看護活動全般を担当する訪問看護師とソーシャル・ワーカーに対する信頼度・依存度は、筆者が観察したかぎりでは絶大である。

　イギリスにおける医療福祉サービスに対する国民・住民の信頼度が高いのは、これらが、基本的に、専門的な教育を受け、資格を取得した公務員によって提供されていることにもよる。イギリスでは、伝統的に個人の自主独立が尊重される半面で、公共的な事業への参画や貢献が社会的に高く評価される。こうした要因によって、公務員として活動する看護師やソーシャル・ワーカーの社会的な評価が高められると同時に、常に専門的職業人が提供するサービスの質に一定以上の水準が求められ、専門的職業人が、これに応えるための努力を続ける、という相乗効果が生じている。

　もっとも、イギリスの公共サービスについては、競争原理が働きにくく、サービスの向上に対する意欲刺激が乏しく、新しい知識や技術を導入する積極性に欠ける、との批判も一部にある。サッチャー政権下で推進された一連の規制緩和政策は、こうした認識に基づくものであったが、必ずしも所期の目的を達することができず、むしろ富の偏在と貧富の格差の拡大をもたらす結果となった。日本でも今さまざまな分野で規制緩和が進められている。確かに規制緩和政策にはプラスの側面もあるが、規制緩和によって激化した競争の過程で生じる負の効果に対する十分な配慮を欠けば、規制緩和政策は、弱者切り捨て政策と同義になりかねない。少なくとも福祉的な発想は基本的に競争原理とは異質・異次元のものである。ともあれ、イギリスでは、すべての国民・住民が、原則として、無料で医療サービスと福祉サービスを提供されていることから、日本と比較し、相対的に多くの人びとが、ある種のゆとりを持って暮らしていられる。

４ 医療福祉サービスをめぐる新たな潮流

1990年代の医療福祉サービス改革

イギリスでは、1980年代後半の社会保障制度改革に続き、1990年代に入ると、医療福祉サービスのあり方をめぐる改革が実施に移されることになった。この改革は、1990年に制定された国民保健サービスおよびコミュニティ・ケア法（National Health Service and Community Care Act 1990）に基づくもので、理念的には、1989年に議会に提出された白書『人びとの介護』（*Caring for People*）で提示された方向性を継承し、介護サービスの提供をめぐって、次の6項目を主要目標として掲げている。

(1) 在宅サービス、デイ・サービス、介護者の休息期間中のサービスを推進し、可能かつ適切な場合には、常に人びとが家庭で生活できるようにする。

(2) サービスの提供者・提供機関は、必ず介護者を実質的に支援することに高い優先順位を与える。

(3) ニーズを適正に評価し、個々の事例に適切に対処して、質の高い介護を提供するための基礎とする。

(4) 活況を呈している民間部門を、良質な公的サービスと並行して発展させる。

(5) 公的機関の責任を明確にし、公的機関に、その業務の成果に関する報告を、いっそう簡潔なかたちで行うようにさせる。

(6) 納税者にとっての貨幣計算上の価値が確実に高まるように、社会的介護のための新しい財政制度を導入する。

そして、この白書によって、地域社会に基礎をおいた介護（community care）の主要な目的として、適正な介護を提供し、人びとの生活に影響を及ぼす各種の決定を行うに際しては、従来以上に人びとに発言権を与えつ

つ、人びとが、「可能な限り、通常の生活を、その家庭または地域社会にある家庭的な環境のなかで営む」ことができるようにすることが、一段と明確にされた。さらに政府は、これに対応するかたちで、社会サービスの主流を形成する従来からの考え方を継承する一方で、新しい発想を導入した。

継承された伝統的な考え方の核心部分は次の2点である。

(1) 個人およびその介護者のニーズを柔軟かつ敏感に把握し、サービスを提供する。

(2) サービスの提供に際して個人の独立を妨げることがないようにする。

他方、新しい発想の核心部分は次の2点である。

(1) 提供するサービスに対する一定の範囲での選択の余地を消費者に認める。

(2) 最大のニーズを有する人びとに対して集中的にサービスを提供する。

1960年代以降のイギリスでは、訪問介護（home help）、給食配送サービス、訪問看護などの在宅サービス、ならびに老人ホーム、共同住宅（residential home）、介護付き共同住宅（sheltered house）などの整備を中心にした地方政府主導による社会サービス／地域社会ぐるみの介護（community care）が高齢者福祉の分野において展開されてきた。しかし、1970年代半ばから、世界的な景気後退がイギリス経済にも影響を及ぼし、イギリスでは、社会保障費用の負担の増加とそれへの対処、給付についての優先順位の決定と最大のニーズを有する人びとへの費用の重点配分のあり方、などについて盛んに議論されるようになっていた。増加を続ける高齢者を対象にした給付が増大を続ける一方で、出生率の低下によって、税金と社会保険料を負担する人口が減少してきていた。さらに、相次ぐ制度改正によって社会保障制度自体が非常に複雑になり、行政担当者には運営が、給付申請者には理解が、困難な仕組みになっていた。

1980年代になると、急激な人口の高齢化によってもたらされる、一方

における多様化を伴うニーズの増大と、他方における費用負担の増大が、社会サービスとコミュニティ・ケアのあり方の再検討を、中央政府と地方政府にともに迫ることになった。さらに1980年代には世界的な景気後退が深刻化し、失業者が増大するにつれ、一部で制度の悪用と乱用が顕著になってきていた。

　当時の首相マーガレット・サッチャーは、すでに一部紹介したが、次のように述べている。「この世で最も簡単なことの1つは、国家、つまりあの想像上の母親の象徴が、われわれ全員を、過酷な現実から、つまり重荷を背負うことから守ってくれるであろう、と信じたい誘惑に屈することである。しかし母親の象徴は、かくも容易に、結局は救助者ではなく、抑圧者になり、そして活力が徐々に弱められ、さらに進取の精神が損われることになる。援助として始めたことが、結局は妨害に……、提供しようとしていた、まさにそのものを獲得する際の障害になってしまう。[3]」

　サッチャー首相に率いられた保守党政府は、緑書『社会保障の改革』(*The Reform of Social Security*, 1984) と、それに続く立法は、「ベバリジ以来の福祉国家の最も抜本的な見直し」である、と1985年に発表した。この改革に担当大臣として関わったノーマン・ファウラー（Norman Fowler）は、既存の制度の根本的な欠陥として、次の5点を指摘している。

(1) 制度が過度に複雑になっている。

(2) 効果的な支援を、最大のニーズを有する者、なかんずく低所得就労者の家族に対して与えていない。

(3) あまりにも多数の人びとを貧困の罠に捉えられるままに、あるいは失業に陥ったままに放置しており、就労すると、失業するよりも暮らし向きが悪くなる者もいる。

(4) 個人で個人通算年金を選択することができない。

(5) 拠出者に将来なる世代にとっての巨額の財政負担が増している。

国民保健サービスおよびコミュニティ・ケア法の制定

　こうした潮流の中で、1990年に国民保健サービスおよびコミュニティ・ケア法が制定され、医療と福祉が一体化したサービスの提供が行われることになり、イギリスの医療福祉サービスは、新たな発展段階を迎え、その現場では試行錯誤が繰り返された。イギリスで現在も進行中の医療と福祉が一体化した新しいコミュニティ・ケア政策には、未解決の課題も少なくない。しかし、それらでさえ制度発足から20年が経過した今でも公的介護保険の基盤が脆弱な日本にとって参考になるように思われる。一例として、オックスフォード地域におけるコミュニティ・ケアのあり方をめぐって生じている変化についての、筆者の調査結果の要点を紹介しておこう。

(1) サービスの評価重視から、ニーズの評価重視への変化。

(2) 申請者・受給者（clients）に対する非系統的な評価から、地方当局による系統的な評価への変化。

(3) 社会保障（中央政府）による介護費用の負担から、地方当局による公的介護施設と私的介護施設における新規要介護者のための介護の購入への変化。

(4) 退院時における退院計画の策定から、入院時・入院前における退院計画の策定への変化。

(5) 公的介護施設と私的介護施設の自由な利用から、ニーズの評価と予算上の制約を基礎にした利用への変化。

(6) 施設介護の重視から、在宅介護、リハビリテーションを含む介護（day care）、介護者の休息期間中の介護の重視への変化。

(7) 少数の独立した提供者による在宅介護とリハビリテーションを含む介護の提供から、広範囲にわたるコミュニティ・ケアの提供者による介護の提供への変化。

(8) 断片的なサービスの提供から、介護管理者を通じての系統的なサービスの提供への変化。

30 年前にイギリスではこうした課題に取り組んでいる。翻って、日本の介護保険をめぐる環境整備の進捗状況は、どうであろう。保険あって、介護なし、といわれる状況が続いていなければ幸いであるが、多くの日本人は老後・退職後の生活に、いまだに大きな不安を抱えている。

21 世紀における医療福祉サービス改革の指針

　日英両国を含むいずれの国においても医療福祉サービスの将来のあり方を検討するに際しては、その国の社会経済の発展の過程と現状を的確に認識しておくことが必要であり、政策提言も、歴史と現状の的確な分析に基づいてなされなければならない。なぜならば、いずれの国においても医療福祉サービスのあり方は、その国の社会経済状況によって規制されているからであり、それぞれの社会に内在するさまざまな矛盾が、医療福祉サービスのうえに反映されていたり、そこで再生産されていたりする可能性があるからである。未来の社会を人間の健康と福祉の視点からより好ましいものにしていくためには、さまざまな矛盾を解消していくための努力を、世界の歴史の大きな流れを見据えながら、絶えることなく続けていかなくてはならないであろう。人間の叡智によって社会が発展し、科学技術が進歩していく限り、医療福祉サービスのあり方も絶えることなく変化し続けていくであろう。科学者・研究者にとっては、この変化を人間の健康と福祉にとってより好ましいものにしていくための、換言すると、人間の健康と福祉にとってより好ましい社会を積極的に構築していくための、科学的な研究によって裏付けられた政策提言を行うことが、その社会的責任の一部といえよう。

　ベイラー医科大学（Baylor College of Medicine）教授ほかとしてのアメリカでの研究教育歴が 30 年に及ぶ、平衡神経科学・宇宙生命医学・耳科学の世界的な権威だった故・五十嵐眞博士との、オックスフォードでの現地調査を含む、およそ 20 年にわたる研究交流から、筆者が得た科学方

法論に関する示唆を応用するかたちで、21世紀における医療福祉サービス改革の指針を以下に提示する。

(1) 医療福祉サービスの改革に関わる政策提言を行うに際しては、その社会経済的背景を明示しなければならない。なぜ改革が必要なのか、についての社会経済的な背景を明らかにする必要がある。そこでは、社会の分析が的確になされていなければならず、日常性に埋没することなく、世界史的・国際的な視野からの問題提起が必要である。

(2) 医療福祉サービスの改革に関わる政策提言を行うに際しては、固有の政策目的と政策手段を明示しなければならない。いかなる政策も固有の政策目的を担っているが、手段としての政策には一定の限界がある。たとえば、介護保険で介護に関わるすべての問題を解決することはできない。政策目的と政策手段を明示することによって、その政策の可能性と限界が明らかになり、状況に応じた補完的または代替的な政策手段の導入が容易になる。

(3) 医療福祉サービスの改革に関わる政策提言を行うに際しては、その社会経済的な意義を明示しなければならない。医療福祉サービスの改革は、国民・住民の生活に直結する問題であり、その意義について、十分に国民・住民の理解を得ておかなくてはならない。誰にでも理解できる方法で改革の意義を提示し、社会的な合意と連帯に基づいて改革を進めなくてならない。

(4) 医療福祉サービスの改革に関わる政策提言を行うに際しては、その理論的根拠を明示しなければならない。上記(1)(2)(3)は、改革が十分に科学的な根拠を有するものであって、初めて可能になる。また、政策提言が科学的な根拠を有していれば、社会的な改革には常に政治が絡むが、改革の理念理想が、特定の利害集団によって不当に踏みにじられることを防止あるいは阻止できる。

(5) 医療福祉サービスの改革に関わる政策提言を行うに際しては、その

範囲を明示しなければならない。この問題は上記(2)とも密接に関係している。社会的な改革は、現実に多くの人びとが生活を営んでいるなかで実施されることになる。したがって、改革の過程で生じる社会経済的な摩擦を可能な限り少なくする必要があり、ある社会のある時代における改革には、しばしば一定の限界が伴う。しかしながら、こうした限界が存在することによって、改革の名に値しない、対症療法的な弥縫策が可とされるわけではない。改革には終わりはなく、ある改革は常に次なる高次の段階へ向かっての発展の過程で行われる。人間社会が存続している限り、改革は永遠に続く。したがって、改革の範囲を明確にすることによって、自ずと次なる目標が明らかになってくるはずである。

(6) 医療福祉サービスの改革に関わる政策提言を行うに際しては、提言にいたるまでの作業仮説を明示しなければならない。この問題は上記(4)とも密接に関係している。社会科学においては、自然科学の分野では可能な実験を行うことができない。したがって、社会的な改革に関わる政策提言を行うためには、実験に替わる方法として、作業仮説を立て、一定の仮説のもとに、将来を予測しながら、政策を立案せざるをえないが、この仮説の妥当性を絶えず検証する必要がある。しかも、常に社会的な批判を受け入れるかたちでの検証を続けていく必要がある。それには、作業仮説をすべて明示し、積極的・建設的な批判を引き出す必要がある。

(7) 医療福祉サービスの改革に関わる政策提言を行うに際しては、それまでに実施されてきた政策の成果と問題点を明示しなければならない。政策の歴史を理解し、現状を的確に把握することによって、初めて未来へ向けての建設的な政策提言が可能になる。

(8) 医療福祉サービスの改革に関わる政策提言を行うに際しては、改革に要する予算と財源の調達方法を明示しなければならない。医療と福

祉に関連する問題は、万人に共通する問題であるが、財政的な裏付け
を欠いては、問題解決に取り組めない。高い理想の実現を目指せば目
指すほど、負担も増加する。財源を、誰が、どのようにして負担し、ど
のように配分していくのか。社会的な合意を形成しにくい問題である
が、それだけに国民的な、ときにはグローバルな規模での徹底した議
論が必要になる。

(9) 医療福祉サービスの改革に関わる政策提言を行うに際しては、改革
を推進する主体を明示しなければならない。改革が大規模なものであ
れば、多かれ少なかれ改革への政府の関与は避けえない。もちろん、
地方自治体、企業、ボランタリー団体など、さまざまな団体や組織に、
改革への参画が求められることはいうまでもない。とはいえ、医療と
福祉に関わる改革においては、医療福祉政策の対象である国民・市民・
住民が、改革の主体でもある。国民・市民・住民の主体的な参加なく
して医療福祉サービスの改革はなしえない。医療福祉サービスの改革
に関わる政策提言を行うに際しては、この点を明確にしておく必要が
ある。

注

(1) J. A. Muir Gray, *Evidence-based Health Care : How to Make Health Policy and Management Decisions*, 2nd ed., Churchill Livingstone, 2001, p. 45.

(2) 福沢諭吉『西洋事情外編』1868 年（富田正文編集代表『福沢諭吉選集』第 1 巻、岩波書店、1980 年）233 ページ。

(3) *50th Anniversary of the Beveridge Report 1942−1992*, prepared by the Department of Social Security and the Central Office of Information, 1992, p. 11.

8. 日本型ケアリング・ソサエティの探求

仮令ひ前途は遠くして、僅に一歩を進ると雖も、進は則ち進なり。

福沢諭吉『文明論の概略[(1)]』

1 社会保障の理想と現実

なぜ21世紀の今も社会保障なのか

社会保障は自助努力に限界のあることが歴史的に証明されたことによって登場し、その後発展を遂げ、今日に至っている。今や社会保障の使命は終わり、社会保障に頼ることなく、個人が自らの力だけで生活を全面的・全生涯的に維持していくことができる時代になったのであろうか。答は否である。個性尊重の掛け声とは異なり、個人の力はますます弱まり、労働者・勤労者の企業への従属の度合いが強まってきている。このような状況にあればこそ、すべての人びとに共通する生活の基盤ともいうべき社会保障の充実が要請される。社会保障の充実なくして社会の健全な発展はありえない。

高齢化、情報化、高学歴化、国際化などの要因が複雑に絡み合うなかで、生活保障ニーズの多様化・高度化の傾向は、今後いっそう強まっていくであろう。これに対して、自助の制度の典型たる私的保険は、基本的には所得保障制度であり、多様化・高度化していくニーズに全面的に応えることはできない。多様化・高度化していくニーズのなかには、所得に関わるもののほか、保健・医療・介護、環境、住宅、雇用、教育など、社会保険制度はもちろん、社会保障制度の枠をも越えて対応しなくては対処し切れな

い領域が多く含まれている。こうした課題に対して、社会保険は、まず社会保険相互の関係を調整し、制度の分立がもたらす不公平・不平等の本格的な是正に真剣に取り組まなければならないであろう。むろん、社会保険制度間の調整改革と並行して、社会保険と社会福祉・社会サービスなどの関連諸制度との調整が進められ、相互により緊密で効果的な連携が可能になるような態勢を作り上げていかなくてはならないし、すべての人びとが真に頼ることのできる社会保険に代表される公的保障制度があって初めて、さらに保障の厚みと拡がりを加える集団保障制度と個人保障制度の意義も増してくる。社会保険に過度の期待をすることは、社会保険についての正しい理解の仕方とはいえないが、逆に社会保険の機能を過小に評価することも間違っている、社会保険は、それが公的保険であるがゆえに、私的保険には不可能な数々の挑戦を試み、数多の成果を上げてきたことを、今一度想起すべきである。

　税と社会保障は将来においても重要である。社会保障給付を現役世代の所得の増加と結び付ければ、現役労働者と非労働者の間の、また豊かな年金受給者と貧しい年金受給者の間の格差や不平等の拡大を抑えられるであろう。長期的には、教育と職業訓練が非常に重要である。その拡充と改善のための明確な指針をここで明示することはできない[2]が、あえて自問し続けるとすれば、ミュア・グレイの言葉「私たちは正しいことを正しい方法で実践しているか？[3]」であろうか。

社会保障の国際性

　日本の社会保障と関連諸制度には、それぞれに歴史的な発展の経緯があるにしても、これらの大方は、いずれも内部的な矛盾をはらみつつ、今日まで機能してきており、ときに新たな社会経済的緊張を生み出しもしてきたが、現代の社会保障は、19世紀後半以降のヨーロッパ諸国において承認されていた、自助努力を基盤にした自由権的生存権や社会的労働と密接

に結びついていた労働権的生存権とは異なり、基本的人権としての生存権を具体的に保障している点において特色を有している。ただ注意すべきは、たとえば、1948年の国際連合第3回総会で採択された「世界人権宣言」にみられるように、社会保障とそれに関連する諸施策の実行に関しては「各国の組織及び資源」によって規制される現実的な制約条件が存在することである。高度に発達した市民社会たる現代の福祉国家を筆者なりに定義すれば、「自由と平等を基軸にして、多様な人間の個性・可能性の自由な展開と、それを最大限度可能にするための社会経済的条件を万人に平等に保障することを目指している」となろうか。社会保障はこの社会経済的条件の確保の根幹に関わる制度であり、基本的には国民経済的な規模での所得の再分配を通じて、しばしばナショナル・ミニマム（the national minimum）といわれる水準での生活保障に関わるニーズを充足し、人びとの経済的な自由と平等の可能性を社会的に拡大することを目指しているが、しばしば理想と現実の乖離に直面し、その改革を迫られることになる。史上初めて本格的な政策概念・政策体系としてのナショナル・ミニマム論を展開したウエッブ夫妻（Sidney and Beatrice Webb）は、著書『産業民主制論』（*Industrial Democracy*, 1897）によって、賃金、労働時間、衛生、安全、保健、医療、住宅、教育、余暇、休息など、生活の再生産の全分野と生産力の増強に関わる壮大な構想を描いてみせた。

　一般にはあまり論議されることがない、現代社会保障の根幹に関わる事例を1つ取り上げてみよう。1951年に難民および無国籍者の地位に関する国際連合全権会議は「難民の地位に関する条約」を採択した。おくればせながら日本も1982年にこの条約を承認した。日本に限らず、その社会の国際化が進展すると、その影響がさまざまなかたちで社会保障に及ぶ。たとえば、今後さらに日本人の行動範囲が全地球的規模にまで広がれば、それだけ危険も増大する。法務省「出入国管理統計」によると、2013年に新規入国者と再入国者の合計が1000万人を超え、2018年には3000万

人を超えるまでになっている。しかもこうした状況の下で発生する危険は、日本国内においては必ずしも一般的ではない、特異かつ異質な危険であることが少なくない。変化しつつあるとはいえ、基本的に閉じられた社会を前提にした従来の社会保障制度が想定していないような事態の発生さえ考えられる。2019 年末から世界が恐慌を来たした新型コロナウイルス禍などは、その典型といえよう。観光や商用などでの短期的な外国人の日本訪問だけでなく、日本での就業・研修・修学・研究、さらには日本人との結婚など、さまざまな目的での長期的な日本滞在や永住も、今後ますます増加するであろう。

かなり以前から、一部の農村地域では農業後継者の配偶者を海外から積極的に迎えている、とも聞く。また農業後継者が育たず、農林水産省「平成 30 年度食料自給率・食料自給力指標」（2019 年）によると、2010－2018 年のカロリー・ベース食料自給率が 40 パーセント未満、同じ期間の生産額ベース食料自給率が 70 パーセント以下という状況にある。食料の確保さえままならない国の発展がありえるであろうか。今後は外国人労働者の受け入れによる農業振興を図らざるをえなくなるかもしれない。こうした問題は、社会保障の理念とも深く関わりつつ、社会保障の適用範囲、加入資格、受給要件、給付の内容・水準・方法、費用負担、などをめぐる新しい課題を提起してくることになる。

そのうえ、あたかも日本経済の国際化と一体化したようなかたちで不断に進行する技術革新・情報革命は、社会保障に関する国際的な情報交換を活発化・迅速化する。これによって外国での事例を参考にしながらの社会保障制度の改革が行われるだけでなく、人びとの社会保障に対する国際比較的な視点からの認識も広がると同時に高まることになる。世界的な就学年限の延長・高学歴化が、こうした傾向に一段と拍車をかける。教育の普及による人びとの知的水準の向上は、社会保険に対する人びとの権利意識を高め、制度の改正、たとえば、拠出率・負担額や給付率・受給額の変更

などに対して敏感に反応し、既存・現行の制度に内在する諸矛盾、たとえば、制度間・男女間・世代間などの格差問題に対する批判を顕在化させ、改善に向かわせようとする世論を形成する可能性がある。しかし、その反面において、情報化と高学歴化は、国民の価値観の多様化を促し、社会保障に関する統一的な世論形成を妨げる可能性も持っている。

社会保障から社会保護へ

　EU・ヨーロッパ諸国を中心に比較的近年になって、その具体化に向けた取り組みが進められている社会保護（social protection）にも注目する必要がある。社会保護は、いまだ確立した概念ではないが、豊かな社会における貧困問題に対する、伝統的な社会保障と関連諸制度を通じての政策的な対応という枠組みを越えた取り組み、といってまず大過ないであろう。つまり「社会保護」は、教育はいうまでもなく、性・年齢・人種・宗教などをめぐる差別や偏見と一体化した社会的排除から、さらには環境などにまで及ぶ、人びとの生活の安定に関連する諸問題を幅広く対象にした「政策」「制度」ということになり、そこでは、当然のこととして、生活に関わる「公と私」の関係が重要な意味をもってくる。

　日本で社会保障についての議論と政策が本格的に展開されるようになったのは、第2次世界大戦後のことであり、1947年に施行された日本国憲法第25条は、戦後の日本が福祉国家の建設を目指すことを内外に宣言したが、「社会保障とは何か」については明示していない。

　「すべて国民は、健康で文化的な最低限度の生活を営む権利を有する。国は、すべての生活部面について社会福祉、社会保障及び公衆衛生の向上及び増進に努めなければならない。」

　この条文は、社会保障を、すべての国民を対象にして、国の責任の下に運営され、国民の健康で文化的な生活の維持に関わる、生存権を保障する制度として、社会福祉、公衆衛生と対置しているのみである。この憲法第

25 条をうけ、社会保障の政策のみならず、理論的な研究にまで影響を及ぼすかたちで、社会保障の概念を明示したのが、総理大臣の諮問機関として 1949 年に設置された社会保障制度審議会の 1950 年の「社会保障制度に関する勧告」であった。この勧告では、社会保障制度を次のように規定している。

「社会保障制度とは、疾病、負傷、分娩、廃疾、死亡、老齢、失業、多子その他困窮の原因に対し、保険的方法または直接公の負担において経済保障の道を講じ、生活困窮に陥った者に対しては、国家扶助によって最低限度の生活を保障するとともに、公衆衛生および社会福祉の向上を図り、もってすべての国民が文化的社会の成員たるに値する生活を営むことができるようにすることをいうのである。」

ここには、社会保障が本格的に国の政策課題として取り上げられることになった当時の社会経済的な背景を示す、いかにも歴史的な表現が含まれているが、この後、この勧告の考え方を、日本の社会保障制度の体系は基本的に踏襲することになる。こうした社会保障のとらえ方は、ヨーロッパ諸国の社会保障のとらえ方よりも、はるかに広い。ここに日本の社会保障の制度的な特徴の一端をうかがい知ることができる。ちなみに、ヨーロッパ諸国の社会保障、なかんずく社会保険の体系は、2 つの類型に大別されることが多い。1 つは、概して平等志向が強く、水平的所得再分配を重視するイギリス・北欧型と呼ばれる、すべての国民・住民を対象にした単一の社会保険による方式で、相対的に低水準の均一の保険料拠出と保険給付を特徴とする。イギリス・北欧型の国々では、社会保険による所得保障と並行して、租税を財源とする相対的に高水準の社会サービスが実施されている。他の 1 つは、歴史的には、ドイツやフランスで発達してきた大陸型と呼ばれる方式で、産業別・職業別に社会保険制度が設立され運営されている。大陸型の社会保険では、保険料拠出を所得に対応させ、保険料拠出に対応した保険給付を行っており、保険的所得再分配重視型の高福祉高負

担になっているが、大陸型では国民皆保険は実現しにくい。近年は、多く
の国々の制度が両者の中間的・混合的な形態に向かう傾向にあり、これら
2つの類型の差異が不鮮明になり、国民負担率が50-60パーセントの水
準に収斂しつつある（表7-3参照）。これまで日本は、どちらかといえば、
大陸型に近い方式で制度を展開してきており、狭義の社会保障（公的扶助、
社会福祉、社会保険、公衆衛生および医療、老人保健）、広義の社会保障
（狭義の社会保障、恩給、戦争犠牲者援護）、社会保障関連制度（住宅等、
雇用（失業）対策）によって、日本の社会保障制度は構成される、という
のが公式（社会保障制度審議会事務局）の見解であった。

　こうした制度的な枠組みをめぐる問題もさることながら、1995年の社
会保障制度審議会の勧告「社会保障体制の再構築―安心して暮らせる21
世紀の社会を目指して―」において、今後の日本の社会保障の方向性を示
唆する非常に重要な、次のような指摘がなされた。「21世紀に向けて日本
の社会保障体制を充実させるためには、はっきりと、広く国民に健やかで
安心できる生活を保障することを、社会保障の基本的な理念として掲げな
ければならない。」

　さらに1995年には「高齢社会対策基本法」が制定され、第1条において、
その目的が、「急速な高齢化の進展が経済社会の変化と相まって、国民生
活に広範な影響を及ぼしている状況にかんがみ、高齢化の進展に適切に対
処するための施策に関し、基本理念を定め、並びに国及び地方公共団体の
責務等を明らかにするとともに、高齢社会対策の基本となる事項を定める
こと等により、高齢社会対策を総合的に推進し、もって経済社会の健全な
発展及び国民生活の安定向上を図る」こととされた。続く第2条では、あ
るべき高齢社会の姿が、抽象的ではあるが、次のように明示された。

1.　国民が生涯にわたって就業その他の多様な社会的活動に参加する機
　　会が確保される公正で活力ある社会。

2.　国民が生涯にわたって社会を構成する重要な一員として尊重され、

地域社会が自立と連帯の精神に立脚して形成される社会。

3.　国民が生涯にわたって健やかで充実した生活を営むことができる豊かな社会。

　第1の理念との関連でいえば、社会保障制度は、今後ますます社会経済の変化に対する多様な内容と柔軟な運営での対応を求められる。また第2の理念との関連でいえば、社会保障制度は、今後ますます地域社会の特性に対応した展開を求められる。さらに第3の理念との関連でいえば、社会保障制度は、きわめて広範な課題を包摂する健康と福祉に関わるサービスの提供を今後ますます求められる。つまり現在および近未来における社会保障のキイ・ワードは、多様性・柔軟性・地域性であり、私たちにとっての永遠の課題ともいうべき健康と福祉ということになる。

　抽象的な次元でのこうした理念の提示に対して全面的に異議を唱える者は、まずいないであろう。問題は、こうした理念に沿った社会を構築するための政策手段の選定であり、方法の選択である。とりわけ経済が長期的停滞を続け、少子高齢化が一段と進行するなかで、表8-1に示すように増加の一途をたどる「国の予算における社会保障関係費」の財源の確保をめぐる議論は、社会保障制度のあり方にまで踏み込んだものにならざるをえないであろうが、社会保障制度そのものが否定されることはないであろうし、あってはならない。社会保障制度は、今後も、そのあり方を変化させることがあるにしても、社会経済的に不可欠な制度として重要な役割を担い続けていくことであろう。

表8-1　社会保障関係費の推移（億円）

1980 年	1990 年	2000 年	2005 年	2010 年	2015 年	2018 年
8 兆 2124	11 兆 6154	16 兆 7666	20 兆 3808	27 兆 2686	31 兆 5297	32 兆 9732

注：2005 年度以前の厚生労働省予算は、厚生省予算と労働省予算の合計。
　　2015 年 4 月より保育所運営費等が内閣府へ移管された。
資料：厚生労働省大臣官房会計課調べ。

❷ 社会保障と自助努力の関係

豊かさのなかの貧困

　社会保障が関わりを持つ経済政策・社会政策・労働政策などの領域は広範多岐にわたり、しかも多様な社会保障を構成する制度が入り乱れて存在し、それぞれが担っている政策目的も錯綜し、現代の社会保障制度を体系的に理解することは容易ではない。これも、社会保障制度が特定の社会経済状況を背景に創設され、その後の状況変化に対応しつつも、1つの独立した制度として、日本では縦割りの行政機構によって運営され、制度相互の調整や連携が十分にはなされていないことが多いからにほかならない。

　一般的・長期的な傾向として社会保障制度の内容・範囲は拡充の傾向にある。その一方で、社会保障制度をめぐる格差と不平等が顕在化してきてもいる。制度適用の対象・範囲、保障の内容・水準などが、そのときどきの社会的・経済的・政治的な状況によって規制されることをある程度は許容せざるをえないにしても、あまりに大きな社会保障をめぐる格差や不平等の存在は、制度そのものの存立の基盤を揺るがすことにもなりかねない。社会保障制度は、政府・公共機関によって運営されている、という信頼感からか、またその重要性とは裏腹に、国民の目に、その運営の実態が直接触れる機会が従来は相対的に少なかったが、今日では、運営の民営化・民間委託などもあり、社会保障制度に関する情報の開示が強く求められるようになってきている。一例をあげよう。

　少子高齢化が進行していくなかで豊かな高齢者問題が脚光を浴びがちであるが、その半面において、生活保護を受けている高齢者世帯・高齢者単身世帯が増え、被保護者の大半が中高年となっている、という事実に多くの人びと気付いているであろうか。イギリスでは救貧法（The Poor Law）を淵源とする公的扶助としての生活保護は、租税を財源とし、資力調査

（means-test）を伴う、さまざまな事情で困窮に陥っている人びとを対象
にして、生活上の危険全般に関わる、次のような扶助を提供する救貧制度
として発展を遂げてきたが、近年は、被保護人・世帯ともに高齢化が一段
と加速している。ちなみに、「世帯類型別被保護世帯数」の1カ月平均年
次推移をみると、福祉元年といわれた1973年の21万7578世帯が、高齢
社会対策基本法が制定された1995年には25万4292世帯に増え、1999年
には30万世帯を超えている。その後も、被保護人員、被保護世帯とも増
加傾向が続き、2010年に60万世帯に達し、2015年には80万世帯を超える。
被保護実人員は、1960年の142万5353人が、一時、70万人台にまで減少
するものの、2010年に170万人を超えた後、180-190万人台で推移して
いる。表8-2に2019年10月1日現在の生活扶助基準額の例を示す。

　社会全体が豊かになるにつれ、社会保障のなかにおける公的扶助の比重
は低下してくるが、貧困を相対的な状況・概念として理解する限り、公的
扶助は、現代社会においても、基本的人権としての生存権を最終的かつ具
体的に裏付ける重要な役割を担っており、少子化が今後一段と加速化する
一方で、公的年金額が低位に抑えられ、男女間の平均寿命の差がいっそう
拡大し、非婚化傾向が強まるならば、1人暮らしの高齢者が一段と増加し、
生活保護制度の重要性はいっそう増してくるであろう。

表8-2　生活扶助基準額の例（円：2020年10月1日現在）

	東京都区部等	地方郡部等
3人世帯（33歳、29歳、4歳）	158,760	139,630
高齢者単身世帯（68歳）	77,980	66,300
高齢者夫婦世帯（68歳、65歳）	121,480	106,350
母子世帯（30歳、4歳、2歳）	190,550	168,360

注：児童養育加算等を含む。
資料：厚生労働省「『生活保護制度』に関するＱ＆Ａ」。

社会保険の構造的特徴

　公的扶助・生活保護に対して社会保険は、確率計算を応用して算出された保険料によって固有の財源を調達し、あらかじめ定めておいた特定の事象、たとえば、傷病・失業・老齢などに保険加入者が直面した場合にのみ給付を行う仕組みとして発展してきた。保険加入者による保険料負担は、社会保険の最大の特徴の1つとされる。保険料を負担できる、ということは、その時点で保険加入者が一応の経済力を有している、あるいは一応の生活水準にあることを意味する。社会保険は、この経済力あるいは生活水準の維持に関わる制度である。社会保険は、特定の事象が発生することによって、保険加入者が決定的な経済的打撃を被り、貧困に陥ることがないようにするための制度といえよう。こうしたことから社会保険には、人びとが貧困に陥ることを防止する機能つまり防貧機能がある、とされる。豊かになった現代の日本の社会保障制度のなかで社会保険制度が占める比重が圧倒的に大きくなっている。

　社会保険は、社会的な所得再分配を通じて、たとえば、疾病、傷害、障害、出産、労働災害、死亡、老齢、退職、失業など、社会的事故あるいは社会的事態と呼ばれる偶然性を有するとされる事象が労働者の身に発生した場合に、労働者とその家族の生活に決定的な経済的打撃を与えることがないようにするための制度として歴史的には登場した。社会保険は、これらの生活危険に対処するための制度であることから、その生成の初期から今日まで、医療保険、年金保険、失業保険、労働災害補償保険（労災保険）の4部門で、基本的に構成されているが、ドイツでは1995年から、日本でも2000年から社会保険としての公的介護保険制度が実施されている。イギリスなどでも介護保険制度導入をめぐる議論があった。ごく近い将来、社会保険が5部門によって構成される国が増えてくる可能性もあり、社会保障給付費の財源をめぐる議論は、過熱の度合いを高めてくることであろう。

元来、社会保障は、生活危険・貧困に対する社会的責任が少なくとも部分的に承認されるようになってから、国家の責任のもとに制度化された。多くの国々で、まず社会保険の適用を受けたのは、工業鉱業を中心にした基幹産業に従事する肉体労働者（ブルー・カラー）であった。その後、社会保険の適用範囲は、事務職員（ホワイト・カラー）、それぞれの家族、自営業者、農業者、一般国民、さらに近年では外国居住者にまで広げられてきた。かつての社会保険は、その対象からすると労働者保険であったが、今日では国民保険・住民保険とでも呼ぶべき状況になってきている。しかも今日の社会保険は、基本的人権としての生存権の保障を、国家が国民に対して負っている義務として、社会保障制度を通じて具体的なかたちで提供していくための制度として確立している。社会保険によって国民的規模での所得の再分配が、しばしば国民的最低限（ナショナル・ミニマム）と呼ばれる水準においてではあるが、行われる。

社会保険と所得再分配

　かつての社会保険は、所得再分配のための制度であると同時に、労働力の再生産に関わる、という意味で生産政策的意義を有していたが、今日では、直接的には労働力の再生産に関わらない要素や事象が増え、社会保険における福祉性が一段と強まり、分配政策的意義が濃厚になってきている。社会保険では民間保険と異なり、保険料は危険に対応して徴収されるのではなく、通常、負担能力に応じて徴収される。たとえば、社会保険加入者といっても、加入者相互の間には、相対的な賃金・所得の高低や保有する資産の多寡などもあれば、健康状態、年齢、家族構成、などについての違いもある。しかし大方の社会保険加入者は、生活を維持していくために、なんらかの労働に従事せざるをえない、という共通した社会経済的な事情あるいは状況の下におかれている。社会保険においては、このような立場にある人びとの間での社会的な所得再分配がなされる。これを水平的所得

再分配という。また被用者とその家族を対象にした社会保険の保険料は、保険によって直接的に経済的保障を受ける被用者だけでなく、企業・事業主も一部これを負担する。ここでは、後者から前者への、いわば一方的な所得の移転が行われる。これを垂直的所得再分配という。もちろん、社会保険の被保険者自身も保険料を負担するので、被保険者個人またはその家族についても、生涯間またはそのうちの一定期間についての所得再分配が行われる。これを保険的所得再分配あるいは時間的所得再分配という。このようにして社会保険を通じての所得格差の是正を図り、社会的平等を推進し、社会的連帯の強化を図ることが、社会保障の重要な今日的課題となっている。

これに対して公的扶助をめぐる所得再分配については、低所得層・貧困層がその対象になることから、その財源は、相対的に所得の高い階層が、通常は一方的に負担せざるをえない。したがって、ここでも相対的に所得の高い階層から低所得層への所得の移転が行われることになる。これも垂直的所得再分配である。この種の垂直的所得再分配の程度は税制のあり方によって異なるが、所得税の累進度が高いほど垂直的所得再分配効果も一般に高まる。

いずれにしても、少子高齢社会にふさわしい社会保障を通じての所得再分配のあり方が、あらためて問われるところであるが、従来から所得保障・生活保障のあり方については、今日的には公助―共助―自助ともいわれる公的―半公半私的―私的の３段階保障・３層保障あるいは３本柱保障という考え方が、多くの人びとから支持され、現代の福祉国家・福祉社会においては、これら３者が一体化しつつ、しかもそれぞれに固有の社会経済的な働きをすることが期待されている。こうしたなかで、私たちの生活を根底で支えている社会保障に代表される公的・国家的な生活保障制度が、いわば国民的な規模での相互扶助の原則あるいは国民連帯の理念によって制度化され、非営利事業として運営されているのに対し、日本ではもっとも

一般的な私的・個人的な生活保障制度の1つとしての生命保険は、生活自己責任の原則あるいは自助の理念に基づいて利用され、事実上、営利事業として経営されている。

　また、公的保障制度と私的保障制度の中間に位置し、しばしば半公半私的あるいは準公準私的な生活保障制度とされるのが、地域社会や企業・職業・産業を基盤に組織される集団保障・団体保障である。とりわけ日本では企業内福利厚生施設が大企業と公的部門を中心に明治期以降に発達し、企業単位の生活保障制度は職場保障・企業保障などと呼ばれ、公的保障・社会保障と私的保障・個人保障の中間にあって、両者を補完したり、結合したりする役割を果たしてきた。しかも企業・雇用主が、費用の全額または一部を負担する場合が多く、労働者・被用者とその家族にとっては、これによって生活保障の厚みと幅を増すことができた。

社会保険と民間保険の関係

　保険事業においては、種類のいかんを問わず、保険料が徴収され、保険資金が形成される。そして、あらかじめ保険金支払いの条件として定められている保険事故と呼ばれる偶然の出来事が発生した場合に、この保険資金から保険加入者に対して保険金が支払われる。この保険資金が保険事業の運営にあたる組織によって管理される状況は、保険の種類や保険者の性格などによって異なる。生命保険会社のもとには、巨額の保険資金が長期にわたって蓄積され、この資金がさまざまな経済分野において投資運用される。高度に生命保険制度が普及した国では、この資金運用のあり方が国民経済・国民生活に及ぼす影響は非常に大きく、ひいては社会保障制度のあり方にも関係してくる。この点においても、生命保険業界の動向は、社会保障との関係において、きわめて重要である。

　生命保険と並んで、損害保険も、一般の市民・消費者にとっては生活自己責任の原則あるいは自助の理念に基づいて利用する、もっとも一般的な

私的・個人的な所得保障制度の1つである。現代の日本は、豊かな社会といわれるほどに文字通り物質的には豊かになった。社会が物質的に豊かになればなるほど、失う可能性のある富が個人的にも増えてくる。元来、損害保険は、こうした私的な富つまり私有財産をさまざまな危険から経済的に守る制度として発展してきた。このような損害保険の基本的な役割は現在も変わっていない。豊かな社会になればなるほど、さまざまな危険が克服されもするが、危険が巨大化したり、新しい危険が出現したりもして、市民・消費者の損害保険に対するニーズは増大し多様化してくる。

　所得保障制度としての損害保険は、偶然性を有するさまざまな危険に対する経済的・金銭的な備えの1つとして、生命保険同様にもっとも合理性に富んだ、より少ない費用負担で必要なときに必要な金額を用意できる、という意味での所得保障の効率性・適時性・適量性を同時に発揮できる仕組みとされている。ただ損害保険の多くは財貨を対象にした保険であるため、同じ保険でありながら、人間の生死に関わる保険としての生命保険とは異なる考え方によって組み立てられている。

　人間の生命・健康の価値とは異なり、多くの財貨の価値は、経済的・金銭的に評価できる。損害保険は、さまざまな偶然性を有する危険が発生することによって、この経済的・金銭的つまり社会的・客観的な評価が可能な財貨の価値が滅失したり減少したりする事態や、経済状態全般が悪化する事態に備えるための社会経済的な制度といえよう。損害保険に加入しておけば、保険の対象になっている偶然の事故つまり保険事故が発生した場合に、保険加入者は、その事故によって被った損害を埋め合わせるための保険金を受け取ることができ、個人的・個別的には保険事故発生後も保険事故発生前と同水準の経済状態を維持することができる。これを損害填補といい、損害保険業界では補償という言葉を一般に使用する。ただし保険事故が発生し、損害が生じたことによって、社会全体としては富がそれだけ減少していることに注意を要する。いくら損害保険が発達し、その普及

率が上昇しても、社会全体を危険そのものから守ることはいうまでもなく、保険加入者から徴収した保険料によって形成される保険資金の限界を超えての給付を行うこともできない。一定の限界はあるものの、これがほとんど唯一できるのが社会保険であり、純然たる私的保険の立場からすると、社会保険には「不純な要素」が社会経済的・国家政策的な視点から付加されている、ともいえよう。

自助努力とイギリス的バランス感覚

　日本人は勤勉で貯蓄好きであるとは、かつてよく耳にした言葉である。そして日本人は生命保険好きといっても過言ではなかった（表7-2参照）。今も私たちの周囲には各種の保険があふれている。しかし、保険の発達は、必ずしも私たちにとって社会が好ましい方向に発展してきたことを意味しない。保険は常に危険の存在と一体化した制度であり、保険に対する社会的ニーズを高める生活危険・生活不安はないにこしたことはなく、危険や不安は小さければ小さいほど好ましい。

　保険は、事が生じてのち、最終的な、原則として貨幣による経済的保障を提供する制度である。不時の災害による死亡はいうまでもなく、寝たきりになって高額の保険金を受領するよりも、まず大方の人びとが、少なくとも平均寿命とされる年齢に達するまで健康であることを望むであろう。保険に加入したからといって、私たちの生活を脅かす、さまざまな危険に遭遇しないですむわけではなく、健康が保障されるわけでもない。保険によって危険に対処するよりも、私たちにとって好ましくない事態の発生そのものを予防し防止するほうが、個人的にも社会的にもはるかに好ましい。

　ただ現実には、今後しばらく（おそらく半永久的に）好むと好まざるとにかかわらず、保険の利用が、生活危険の多様化で一段と日常化し、少子高齢化の進展で一層長期化するであろうが、国民の保険料負担能力には限りがあり、所得が増加しない限り、早晩、「負担」「受益」をめぐる「社会

保障か民間保険か」「年金をめぐる損得論」などの議論が先鋭化したかたちで盛んになるであろう。かつての確定拠出年金法（2001年）に基づく確定拠出型年金制度、いわゆる日本版401kの導入をめぐる議論は、すっかり忘れ去られたようであるが、近年話題のiDeCoと呼ばれる個人型確定拠出年金や少額投資非課税制度NISAは、その具体例といえよう。いずれも、アルファベットを名称に用いて、ことの本質を分かりにくくしているところがミソで、実態は別にして非常に胡散臭い。今や社会保障と個人年金保険に代表される民間金融商品は単純な補完関係にはなく、むしろ保険・金融・証券業界からすれば、日本年金機構の度重なる不手際・不祥事に象徴される公的年金保険・社会保障の運営をめぐる混乱は、見方によると、千載一遇の信頼回復・市場拡大の好機といったところかもしれない。

　いずれにしても、21世紀前半を生きる大多数の人びとにとって、老後・退職後の生活設計は、老後・退職後を迎えるに先立って考え、実行に移しておかなくてはならない非常に重要な生活上の課題である。就労期において、いかに長期的生活設計に着手し、これを実践しうるか．これが基本的に老後・退職後の生活を決定する。むろん、その際、社会保障が、生活設計の基盤として、個人的状況・社会的状況のいかんにかかわらず、常に社会的・制度的に、すべての人びとに一定水準の生活を保障しうることが、大前提になる。現に社会経済的条件に規制されて、十分には老後・退職後に対する個人的・私的な備えをなしえないままに、老後・退職後を、すでに迎えている人びとや間もなく迎えようとしている人びとが少なからず存在している。これらの人びとにほぼ共通する生活不安は、経済問題と健康問題に集約される、といってよかろう。

　経済問題に関しては、国民皆年金が達成されているとはいえ、年金財政の破綻や国民年金の空洞化などが取り沙汰されるなかで、定年退職後も再就職せざるをえない人びとが多い。ちなみに厚生労働省「Press Release 令和2年10月末現在　国民年金保険料の月次納付率」（2020年12月5日）

によると、改善傾向にあるとはいえ、3年経過納付率は76.1パーセント、2年経過納付率は76.5パーセント、1年経過納付率は73.3パーセントにとどまる。にもかかわらず、中高年齢層をめぐる雇用事情はきわめて厳しく、2020年には新型コロナウイルス感染症によって世界中の人びとが社会経済的な大打撃を受け、失業率・失業者が増加している。健康問題に関しても事情は深刻である。公的介護保険制度も実施から20年が経過しているが、その基盤は脆弱で、高齢化が進む一方で、将来に不安を抱えて暮らす人びとの数は多い。しかも医療費の負担も増大してきており、自助努力も限界に近付いている、あるいは限界を越えているかもしれない。今まさに社会保障は、柔軟な発想のもとに、その再構築を図っていかざるをえない段階に到達している。

　「天はみずから助くるものを助く」で始まるサミュエル・スマイルズの『自助論』（中村正直訳『西国立志編』）ですら、「人は宇宙の間にありて、独り立つものにあらず、互いに相依頼し関係するものの一分なり」「君子は人生毎日の小事においても、己を捨てて人に譲り己を損して人を利するなり」と述べ、チャタム卿（Lord Chatham）の言葉を引用しつつ『自助論』をしめくくっている[6]。イギリス的バランス感覚の典型であり、社会保障のあり方を再検討するに際しての原点といえよう。

③　ケアリング・ソサエティの構築に向けて

ケアリング・ソサエティとは何か

　「ケアリング・ソサエティ」という言葉は、多くの日本人にとり馴染みがないであろう。ケアリング（caring）という言葉は、1999年の経済協力開発機構（Organisation for Economic Co-operation and Development：OECD）の公式報告書 *A Caring World : The New Social Policy Agenda*（牛津信忠ほか監訳『ケアリング・ワールド―福祉世界への挑戦―』黎明

書房、2001 年）でも、本書「5. オックスフォードの市民生活と福祉サービス」で紹介した Oxford Regional Health Authority, Trainer's Resource Pack : Caring for People : Working for Health でも、使われている。さらにさかのぼると、Clare Ungerson (ed.), *Gender and Caring : Work and Welfare in Britain and Scotland*, Harvest Wheatsheaf, 1990 でも使われている。

　筆者がこの言葉を海外向けの情報発信で使い始めたのは、1990 年代のことであった。当時、筆者は、日本大学の研究者を中心にした日本グループとオックスフォード大学の研究者を中心にしたイギリス・グループの統括責任者として、6 年余り「21 世紀の地球と人間の安全保障　健康と福祉」(Security of the Earth and Mankind in the 21st Century : Health and Welfare) という学際的研究の一部を構成する「高齢者の健康と福祉に関する日英比較研究」に従事していた。このときのキイ・ワードとして Caring Society を選定し、日本語としては「健康福祉社会」の語を充てた。これについて、故・五十嵐眞博士を筆頭著者とし、野村泰之博士と筆者を共同執筆者とする論文「健康福祉社会と死生学—終末期医療と死の質」で、筆者たちは次のように述べている。

　「健康福祉社会（Caring Society）という表現は、日本語でいう福祉や介護のレベルをはるかに超えた心象的意義を含んでいて、すばらしい。'Care' は、心づかいや思いやりの感覚を中心に据えた心理、哲学、医療、教育などの分野を含む、きわめて含蓄の多い表現である。昔のアラビア、エジプト、ギリシャなどの医者は、哲学を論じ、神学の教典を説明でき、詩を作り、科学が理解でき、そして医療をほどこすことができた、といわれる。まさに care を人々に提供する使命を帯びた人間の理想像といえる。医師は医療を中心とした健康福祉サービスに関する的確な理論と経験によって裏付けられた技術を有する「航海士」であったのだろう。彼らはヒューマニズムに生き、幸せな人間的生きよう（spiritual and physical well-being）

を介助することをその使命としていた。ドイツの精神科医キューブラー゠ロス（Elizabeth Kuebler-Ross）の終末期医療（terminal care）への取り組み方は、まさにこのアプローチといえよう。

　Caring Society の妥当なあり方としては、現存の日本の「官」主導型では限界があり、まず「民」のなかにもっと「公」の概念を根づかせてゆくことができる自主独立の精神を身につけた「個」が育成される必要がある。はき違えられた自由主義、そして拝金主義や快楽主義が蔓延し、公衆道徳が低下している現在の日本では、最も根本的な人間教育から再出発することしか考えられない。そして、健康人間創出のための政治・経済の対応が強く求められている(7)。」

ケアリングのグローバル化

　ケアリング・ソサエティの構築とは、こうした状況を目指すことなのだが、日本経済の国際化・グローバル化がいっそう進展すると、その影響が、さまざまなかたちで社会保険・社会保障に及ぶ。たとえば、日本人の行動範囲が全地球的規模で広がれば、それだけ生活危険も増大する。しかもこうした状況の下で発生する危険は、日本国内においては必ずしも一般的ではない、特異で、異質な危険であることが少なくない。一方、外国人の日本滞在、日本での就業も、今後ますます増加してくるであろう。こうした問題は、社会保険の加入資格、受給要件、適用範囲、給付水準などをめぐる新しい課題を提起することになる。社会保険・社会保障のみならず、政治体制、社会経済機構、生活様式、生活慣習、価値観などが、まったく異なる諸外国と日本との間における社会保険に関する協定・協約の締結を急がなくてはならない。また社会保険・社会保障に関する情報の伝達交換が活発化することによって、外国の事例を参考にしながらの社会保険制度の改正が盛んに行われるだけでなく、国民の社会保険に対する国際比較的視点からの認識も、広がると同時に高まり、変化することになる。すでに社

会保険・社会保障の分野における条約・勧告という形式での国際基準は、たとえば、国際労働機関（ILO）の創設によって推進されてきた。

　この点に関連して、平田冨太郎『社会保障研究』では、半世紀以上前（1957 年）に、大略、次のような指摘がなされている。

　世界の多数の国々で、いろいろに意義づけられ、また異なった程度で実施されている社会保障は、何がゆえに、今日、大きな国際的反響（international repercussions）を呼んでいるのか。それは、端的にいえば、社会保障の経済的結果が、国際貿易の経過・進行に大いに影響するのみならず、労働力の移動に対しても直接の影響を及ぼすからである。さらにいえば、これまでの国際労働条約にみられない新たなる社会保障制度が、すでに若干の ILO 加盟諸国において、それぞれの国民的な事情に応じて有効に実施されており、したがって、そこに社会保障に関する何らかの国際規則が確立され、これによって各国の社会保障制度の間における国際的な標準化をもたらす必要性が存するからである。また社会保障の前提ないし要因とみなされている雇用保障（security of employment）が国際的基盤の下に初めて実現できるものであることに鑑みても、社会保障は ILO 加盟国間に共通の関心事項であり、そこにどうしても社会保障に関する国際規則を必要とするからである。要するに、世界の諸国にとって、社会保障費を含む労務費の大小が、国際貿易競争において有利な地位を維持せんとする場合の重要なポイントであるから、社会保障に関する一定の国際的基準を確立して、かつて日本が受けたソーシャル・ダンピングの非難の発生をできるだけ排除して、この面からする国際間の公正競争の実現を確保することが必要とされるからである。また新たに他国に移る労働者は、これまで住んでいた国においてすでに支払った保険料や、従来行った仕事に関連して引き出される各種の利益を保持したい、という正当な要求を持つことが、社会保障の国際的反響を生み出した一理由である。[8]

　ここには社会保障の国際化に関わる経済的論理が述べられている。確か

に社会保障の動向を根本的に規定する要因は、21世紀の今に至るも経済的なそれである、といえようが、社会保障には、非経済的理念も否定し難く存している。後者を、かりに人道的・福祉的な発想と呼ぶならば、人道的・福祉的な発想は、日本においてはむろん、国際的な次元においても、常に弱い力しか持ちえないで今日に至っている。しかし経済大国・日本に寄せられる多くの国々、とりわけ発展途上国からの期待には大なるものがある。日本には、日出づる？経済大国としてのある種の義務（noblesse oblige）ともいえる人道的・福祉的な発想に基づく社会保障の国際化・グローバル化への協力・貢献が、強く求められている。今後、日本の社会保険・社会保障が、積極的に取り組んでいかなければならない最重要課題の1つは、まさに国際化・グローバル化への対応ということになろう。そこでは、経済力に裏付けられた人道的・福祉的な発想が、これまで以上に大きい比重を持つことになるであろう。というのも、第三世界・開発途上国なかんずく最貧国・最貧地域における福祉問題について、実は私たち自身が無関心でいることを許されない事情があるからである。たとえば、栄養不良は、多くの第三世界の国々では、ごくありふれた問題であるが、これらの国々では、その国民・住民の必需食糧の生産のためではなく、日本を含む豊かな国々への輸出用のコーヒーや果物や花や、果てはタバコなどを栽培するために最良の土地が利用されている。葉タバコを寝かせる過程では「大規模な森林破壊」が行われてもいる。[9] 私たちの豊かな生活は、こうした犠牲の上に成り立っている。私たちは、第三世界・発展途上国の貧困問題に、全く責任がない、と断言できないはずである。日本が、今後、社会保険・社会保障の国際化を図っていく上で、留意すべき問題点と取るべき基本姿勢については以下のように整理できよう。こうした考え方は、1987年に発行された総合研究開発機構編『事典1990年代日本の課題』において早くも示唆されているが、[10] その後30年余りの間に残念ながら大きな進展は見られない。

日本型ケアリング・ソサエティ構築のための５つの指針

＜第１の課題：移動性＞

　ケアリングの国際化推進の第１条件は、移動性（mobility）を高めることである。人的・物的な移動に関わる諸々の制約をできるかぎり取り除くことによって、社会の移動性を高めることは、国際化への基本的条件である。現状においては、法的、制度的、経済的、政治的、慣習的、文化的、などの理由によるさまざまな障害が存在する。移動の方向には、国内から国外へ向かう移動と、国外から国内へ向かう移動、そして国内における移動がある。移動性の制約制限には、政治、経済、外交、軍事、などに関する政策として意図的に課せられている面と、地理的、歴史的、慣習的、文化的な要素の相互作用の結果として派生している面とがある。

　相互依存が自明の理となった今日の世界システムのなかにおいて、世界有数の経済大国・日本の長期的な国益（self-interest）は、排他的な自己利益追求のなかにではなく、世界経済との調和ある共存を図るとともに、経済のみならず、科学技術、文化、学術面での世界への貢献に求められる。少なくとも「非」日本人の目には、日本人だけの狭隘な自己利益の保護増進のためと映る移動制限を緩和撤廃していくことは、日本の国際化にとって急務である。

＜第２の課題：閉鎖性・非開放性＞

　第２の課題は、日本社会の閉鎖性・非開放性に関わる問題である。問題の根元には国際社会では通用しない日本語の問題があり、付け焼刃の英会話教育程度でどうなるものでもない。日本製のアニメーション作品が国際的な評価を受けたり、人気を呼んだりしていても、それで、日本（人）が国際社会で本当に理解されたことにはならないし、英語教育以前の問題として、国際社会をみすえての日本語教育を通じての日本人としてのアイデンティ「日本人とは何か？」「日本人として国際社会でいかに生きるべきか？」などを、若い世代が中心にはなって、日本人全員が世界と日本の歴

史をふまえて考える必要がある。

　しばしば指摘されてきた日本社会の閉鎖性・非開放性は、経済市場に限られたものではない。それは、日本の制度、慣習、組織、思考および行動パターンを含むシステム総体のすみずみにわたって、さまざまな度合いで存在し、日本特殊論に象徴されるように、日本人の心のなかに根強く居座り続けている。閉鎖性が「正」の要因として日本の発展に作用した時期は終わり、今や、それが「負」の要因に転じたことは明らかである。日本が、国際システムの受益者から貢献者への転身を、単なる御題目としてではなく、真剣に考えていることを、世界の人びとに示すには、開放性が心のなかにも及ばなければならない。心の開放性を高めるうえで、とりわけ重要なのは、外圧ではなく、家庭教育、学校教育、社会教育を含む最広義の教育である。にもかかわらず、日本の教育は、さまざまな段階での受験戦争や各種の資格取得に備えての、いわば詰め込み主義・実用主義のものであることが多く、人間の持つ多様な可能性を開花させるための教育、人間性を高めるための教育からは、ほど遠い。

<第3の課題：多様性・多元性>

　地球規模での移動性と開放性が大きくなれば、それに従って自らのなかに自らとは異質な多元的な要素が混入してくるのは当然である。世界の主要文明の中核から遠隔の地理的環境のなかで、高度に均質化された社会と価値観を形成した歴史的・文化的な背景を持つ日本人にとって、異質で多元的な要素を積極的かつ急速に取り入れることは、容易でないかもしれない。しかし、世界の文明史を振り返り、また今日の世界を全体的に見渡した場合、世界の主要国にして、今日の日本のように均質性の高い社会は、むしろ例外中の例外というべきであり、その存在がグローバルな影響力を有するようになればなるほど、多様性・多元性の内包の度合いが大きいのが通例である。この点については、欧米諸国に目を向けるだけで容易に理解できるであろう。これが、取り組むべき第3の課題である。

＜第4の課題：寛容性＞

多様性・多元性を内包することに、違和感、不安感、不快感、緊張感を感じなくなり、しかも自己のアイデンティティを見失うことのない状態に達することが、日本人の国際化の第1段階であり、こうした発想からすると、感情的・皮相的な嫌韓や嫌中など論外といえよう。

異質な多様性を単に内包するだけでは、国際化の必要かつ十分な条件を満たすことにはならない。異質なものを自らのなかに内包することを消極的に許容するだけでは、不十分である。許容から、さらに一歩進み、これに寛容性をもって接することによって自らを豊かにし、創造的な活力を生み出す刺激としなければならない。成熟した文明が、自己満足から衰退への道をたどることになるか、あるいは成熟のなかから新しい文明が興隆するか。それは、1つには、その文明の、異質なものに対する寛容性の度合いによる。この意味では、国際化は、さまざまな混沌とした外国文化との交流を通じ、自らのアイデンティティを保持しつつ、他との調和を保つ道を探るだけでなく、新しい文明の創造へ繋がるものでなければならない。特に異文化との直接的接触が非常に限られていた日本・日本人にとって、このような認識を持つことが、きわめて重要である。これが、第3の課題ともつながる第4の課題である。こうした感性を身につけるには、小学校からの付け焼刃の英会話学習などではなく、日本語学習と内外の古典の学習が絶対に不可欠である。

＜第5の課題：直接性・明確性・論理性＞

急激に変化しつつあるとはいえ、日本語の性格と日本人の感性を含めての日本人の意思疎通方法の特徴として、論理的であるより情緒的・感情的であること、明確性より曖昧性が強いこと、直接的であるより間接的・暗示的であることなどを挙げることができよう。これまでのところ、多くの矛盾を内包しながらも、このような日本人の持質が個人や集団などの対立抗争を和らげ、社会の緊張緩和と調和維持にある程度役立ってきた。それ

ぞれの文化には、それぞれの文化に持有な言語の体系と意思疎通の方法があるのは当然であり、しかもそれは、それぞれの文化を豊かならしめている要素でもある。

　しかし、異なる複数の文化が接触する場においては、ある文化だけに持有な意思疎通の方法に固執すると、単に相互の意思疎通を困難にするだけでなく、誤解、偏見、反発、敵意を醸成する危険性をはらむことにもなる。日本・日本人の国際化を、異質な文化を包摂しつつ、自らの文化を豊かにし、ひいては人類の文化を豊かにしていくことに貢献することにあるとすれば、異文化との接触における日本人の意思疎通のあり方を、より直接性・明確性・論理性の高いものにしていく必要がある。これが第5の課題である。

　さて、近未来における見通しはどうか。率直にいって、他人が代筆した文章であるにしても、普通の日本語で用意された原稿を正しく読み上げることさえできない人物が、首相通算在職・連続在任日数で歴代最長を記録するような国に明るい展望は、残念ながら開けそうもない。この元・首相を補佐した首相経験者でもある副首相の日本語能力も元・首相に輪をかけたお粗末さで救いようがない。現・首相も大同小異で無為無策。これは、3氏の資質というよりも、こうした人物を首相にいただいて恥じない、筆者もその1人である日本人の知性と感性の貧困の表出以外の何物でもない。それでも、本章の冒頭に掲げた福沢諭吉の言葉「仮令ひ前途は遠くして、僅に一歩を進ると雖も、進は則ち進なり」を思い出し前進する以外ない。福翁が嫌ったとされる『論語』の「子罕第九」にも次の言葉がある。「譬えば地を平かにするが如し。一簣を覆うと雖も、進むは吾が往く也」[11]。

　最後に、いまだに日本がいかに独善的で閉鎖的な社会であるか、を示す直近の事例を1つ取り上げておこう。2019－2020年は（そしてあってほしくないが、それ以降も）、世界中がコロナ禍に巻き込まれ、大混乱・大恐慌を来たした年として歴史に刻まれるであろう。日本は、諸外国同様、

コロナ水際対策として多数の国や地域からの入国を禁止した。ただし、日本人は 14 日間の自己隔離などの条件付きで帰国（入国）できた。これに対し、在日外国人は、永住権を持つなど、生活の基盤を日本に据えていても、家族が日本人であっても、一定の日付以降に出国した場合には、日本に入国（帰国）できなくなる可能性が高い。これらの外国人は、日本人同様、税金を払い、社会保険料を負担するなどの義務を果たし、社会的・経済的・文化的に日本・日本人にとって有益な存在であり、日本社会に十分貢献してきていても、日本人とは違った扱いを受けている。

　世界に目を向けると、その日その日、何とか命をつなぐことだけを考えなければならない 1 日 1 ドル（100 円玉 1 個程度）にも満たない所得での暮らしを強いられている最貧国・最貧地域の人びとの存在を、豊かな社会に生きる私たちは、過去を振り返り、現在をみつめ、未来を展望しつつ、どのように考えれば、よいのだろう。おそらく多くの日本人は、以下に紹介する事実を知らないであろうし、知らなければ、意に介することもないであろう。アフリカやアジア、その他の最貧国・最貧地域には、かつて「貧者のバスティーユ（監獄）」と呼ばれた「救貧院」さえ用意されていない状況下で、HIV／AIDS やマラリアなどの疾病に脅かされながら、かろうじて飢餓線上で生命を維持している人びとが多く存在する。ちなみに、世界銀行の報告書『貧困と繁栄の共有：貧困のパズルを解く』(International Bank for Reconstruction and Development ／ The World Bank, *Poverty and Shared Prosperity 2018*：*Piecing Together the Poverty Puzzle*, 2018) によると、1 日 1.90 ドル未満で暮らしている人びとの数は、2015 年の時点で 7 億 3600 万人にもなる。足元をみることも大切だが、たまには世界に目を向ける必要があるのではありませんか。

注
(1) 福沢諭吉『文明論の概略』1875 年（富田正文編集代表『福沢諭吉選集』第 4 巻、

岩波書店、1981 年)、152 ページ。

(2) Alissa Goodman, Paul Johnson and Steven Webb, *Inequality in the UK*, Oxford University Press, 1997, p. 282.

(3) J. A. Muir Gray, *Evidence-based Healthcare : How to Make Health Policy and Management Decisions*, 2nd ed., Churchill Livingstone, 2001, p. 45.

(4) 厚生省編『制定 50 年目を迎えた生活保護制度の現状』厚生省、2000 年、1、2、10 ページ。

(5) 厚生労働省「Press Release 生活保護の被保護者調査(平成 30 年度確定値)の結果を公表します」2020 年 3 月 4 日。

(6) Samuel Smiles, *Self-Help*, 1859, rpt., Penguin Books, 1986, pp. 220, 244 : サミュエル・スマイルズ(中村正直訳)『西国立志編』講談社(講談社学術文庫)、1981 年、470、542 ページ。

(7) 真屋尚生編『社会保護政策論─グローバル健康福祉社会への政策提言』慶應義塾大学出版会、2014 年、121 - 122 ページ。

(8) 平田冨太郎『社会保障研究』日本評論社、1957 年、75 ページ。

(9) 日本公衆衛生協会翻訳・発行『たばこアトラス』2003 年(Judith Mackay and Michael Eriksen, *The Tobacco Atlas*, WHO, 2002)、46 ページ。

(10) 総合研究開発機構編『事典 1990 年代日本の課題』三省堂、1987 年、429 - 432 ページ。

(11) 吉川幸次郎『中国古典選 3　論語　上』朝日新聞社(文庫版)、1978 年、311 ページ。

あとがきにかえて　日英五輪狂想曲

上段の写真：オックスフォード大学の公園（University Park）でみかけた親・娘・孫と思しき3世代。イギリスの公園・美術館・博物館などは、ほとんどすべて無料で外国人旅行者を含む市民に開放されており、お金がなくても、気持ちにゆとりを持って暮らすことができる。2007年8月。

　中段の写真：2004年のテニスのウインブルドン選手権（The Championships Wimbledon）の試合会場（Court）と組み合わせを知らせる掲示板。この大会で優勝したマリア・シャラポヴァ（Maria Sharapova）の名前が世界中に知れ渡った。久しく大会開催国のイギリス人選手が優勝することはない。こうした状況をふまえ、市場開放によって外資系企業が国内の企業を淘汰し、市場を支配することをウインブルドン効果／現象（Wimbledon effect）という。2004年6月。

　下段の写真：春学期が終わった初夏のオックスフォード大学のカレッジ（Green College）の塵一つ落ちていない庭で語り合う大学院生と教員。日本の大学・大学院で、こうしたゆとりを感じさせる光景を目にすることは、まずない。2005年6月。

あとがきにかえて　日英五輪狂想曲

知者は惑わず。仁者は憂えず。勇者は懼れず。

孔子『論語[(1)]』

　2016年夏、第31回リオ・デ・ジャネイロ五輪競技大会での日本選手の活躍は目覚ましく、連日大きく報道された。終わってみれば、ドーピング違反によるロシアの不参加もあり、日本選手のメダル獲得総数は過去最高に達した。五輪に続くパラリンピックでも日本選手が躍動し、多くの日本人の心を揺さぶった。でも観戦も含め、この種の行事に直接参加できるのは、ほんの一握りの人たちだけですし、私はスポーツ嫌いではないが、みんながみんなスポーツ好きというわけでもないでしょう。五輪はそれほど特別なものなのでしょうかねえ。

　五輪に出場するほどの選手の大半は、今やスポーツを職業とする事実上のプロフェッショナルで、五輪運動の創始者クーベルタン男爵（Charles Pierre de Frédy, Baron de Coubertin）が運動の理念として唱えた、スポーツを通じての金銭的報酬を禁止し排除する、アマチュアリズムとは無縁の存在です。少なくとも私にはそのようにみえるが、それが必ずしも悪いわけではない。だが年金暮らしの私は、国家行事化し、政治利用されている商業五輪に、熱くなることができない。

　1世紀を越える歴史を有する近代五輪競技大会は、この間に、その性格を大きく変えてきた。それでも、五輪憲章（2015年8月2日から有効）が掲げる7項目の「オリンピズムの根本原則」では、「人間の尊厳」と「人類の調和のとれた発展」がうたわれているが、「国家」の繁栄とか名誉などの文字は、どこにもみられない。それどころか、次のように「国家」の

介入を排している。「オリンピック憲章の定める権利および自由は……政治的またはその他の意見、国あるいは社会のルーツ……などの理由による、いかなる種類の差別も受けることなく、確実に享受されなければならない。」

　ところが、なぜか現実はまるで違う。リオ五輪日本代表選手団団長は、元スケート選手の前歴が売り？の族議員。当時の首相と都知事は、政策課題山積の最中に競技とは無関係な閉会式への公務？出張。東京五輪・パラリンピック競技大会組織委員会会長は、傘寿目前にして意気衝天？の元・首相。数え上げれば、きりがない。複雑怪奇にして単純明快！金と政治が怪しくからむ五輪。2020 年の東京五輪のエンブレムや競技場設計などをめぐる不明朗な話題は、フェア・プレイの精神からはほど遠く、海外のメディアは、東京五輪を Yakuza Olympics と報じている。本音をいえば、東京五輪を中止して、社会保障に金を回してほしいところだが、まず無理だろうから、せめて組織と運営だけでも透明性の高い公明正大なものに一新してほしい、と考え願っていたところに、コロナウイルス騒動が地球規模で勃発し、東京五輪がひとまず延期になった。予断を許さないが、中止になる可能性も出てきて、筆者は「内心心底喜んでいる」と公言している。

　2004 年 8 月 22 日午後―日本時間 23 日深夜―アテネ・オリンピック・女子マラソンの後半を、オックスフォードに滞在中の筆者は断続的にテレビ観戦した。世界記録保持者で、優勝候補の筆頭と目されていた、イギリス期待のポーラ・ラドクリフ（Paula Jane Radcliffe）選手の首の揺れ方がおかしい、と思っていたら、案の定、レースを途中放棄する結果になってしまった。イギリスでは、テレビを視る時間帯の関係で、日本選手が活躍する種目が放映されることはあまりなかった。日本でのリアル・タイム放映は、時差の関係で、大方、深夜から早朝にかけてだったはずだが、イギリスでは、朝 8 時頃のニュース・ショーの時間帯あたりから中継が始まり、夜遅くになってダイジェスト版の放映があった。

　多くのスポーツ（競技会）についていえることだが、多分、日本人とい

う以外には、ほとんど何の共通点・接点もない選手に、テレビ受信機の前から、まったく無意味な—けっして届くことがない—声援を送る、多分、筆者を含めての多くの日本人。日本人だけではないかもしれないが、これは、あまり賢い行為ではない。ただ、アテネ・オリンピックで、ほっとしたことが１つだけある。たまたまテレビ観戦した競技の多くが、予選段階・１−２回戦あたりだったせいかもしれない。いつも観客席がガラ空きだった。多分、日本でオリンピックが開催されると、いつもほとんど（超）満員になるであろうし、2008年に開催された北京大会では、チベット問題もあって、中国政府は国家の威信を賭けた国民総動員の応援体制を敷いた。こうした現象は、市民社会の未成熟の象徴以外の何物でもない。

　それとは対照的に、アテネ・オリンピックでは、テロに対する危惧が若干あったかもしれないし、（高い）金を払ってまで日ごろ関心のない競技は見に行かない、自国の選手だからといって誰もが夢中になって応援するわけではない、という人たちがギリシャには多くいたのではないか、と思われるふしがあった。筆者は、こうした社会が成熟した社会といえるのではないか、と考える。たかがスポーツのことであり、出場している選手の多くは実質的にはプロばかりで、声援を送っている無名の善良単純な市民の大多数よりも高額所得者であり、実は声援を送ってもらってよいのは選手を応援している側なのである。自分では実現できそうもない、はかない夢を選手に託している、ということなのだろう。愚といって悪ければ、あまりに無邪気で、人がよすぎる、というほかない。

　もともとスポーツには金と時間がかかり、生活にゆとりがある人間だけが、楽しんだり、嗜んだりできたにすぎなかった。多くの人びとが、曲がりなりにもスポーツを楽しむことができるようになった現代は、ある意味で、よい時代といえるが、手放しで喜んでばかりもいられない。というのも、今の時代、スポーツが楽しむもの・嗜みとして身につけるものではなくなってきているからである。見世物としてのスポーツ、メシのタネとし

てのスポーツが、定着している社会は健全とはいえないように思う。見世物としてのスポーツの起源は、古くはローマの剣闘士時代まで、あるいはさらにさかのぼることができるかもしれない。当時の状況は、1960年に公開されたスタンリイ・キューブリック（Stanley Kubrick）監督／カーク・ダグラス（Kirk Douglas）主演の「スパルタカス」（Spartacus）、近年では、リドリイ・スコット（Ridley Scott）監督／ラッセル・クロウ（Russell Crowe）主演で2000年公開の「グラディエイター」（Gladiator）、という剣闘士を主人公にした傑作娯楽映画を観ると、ある程度想像できる。

　一挙に時空を超えた19世紀末のロンドンには、非常に退廃した部分があり、このころからプロ・ボクシングが広まっていった。その頃の日本、明治時代の日本では、仕事にありつけない元・侍が、自慢の腕を頼りに、大道で見世物まがいの演武を披露したり、賭け試合を行ったりして、糊口をしのいでいた。その一方で、教育制度が整備されてくるにつれ、かなりいびつなかたちだったようではあるが、戦前の日本には文武両道を奨励する土壌・雰囲気が残っていた。

　しかし、今の日本はどうみても、そうではない。アテネ・オリンピック出場選手については知らないが、これまでにオリンピックなどで大活躍をした、ヨーロッパやアメリカの選手のなかには、ときどき文武両道組が含まれていた。オリンピックがらみの映画としては、ヒュー・ハドスン（Hugh Hudson）監督の作品で、作品賞ほか多くのアカデミー賞を受賞した『旧約聖書』にちなむ題名の「炎のランナー」（Chariots of Fire）とアメリカ・ドイツ・カナダ合作の「栄光のランナー／1936ベルリン」（Race）をお薦めします。

　日本の社会には本当の意味でのスポーツが根付いていないのではないか。その意味で、日本は依然として貧しい社会であり、日本人は貧しい。国民体育大会（国体）などは、その象徴である。国体で好成績を収めるために、開催自治体では、地方公務員などとして一時的に運動選手をかき集める。

それで、地域スポーツが盛んになるわけではない。国体が終わった後に残るのは、グロテスクな競技場の廃墟と巨額の借金、あるいは巨額の施設維持費負担だけである。イギリスには、知る限りでは、国体的な催しはまったくない。ロンドンが2012年のオリンピック開催地に決定したとき、喜び浮かれているイギリス人がいる一方で、オリンピックに無関心なイギリス人やオリンピック・バブルの後を案じるイギリス人が少なからずいた。

　宗教儀式の名残りとしてスポーツを考えることも可能である。そもそもオリンピックそのものが、宗教儀式であった。宗教とスポーツの関係では、フット・ボールのオフサイド・ルールの起源・発想などを調べると、実に面白い。あれは、年に1度の収穫祭のゲーム・楽しみを、早く終わらせたくないために考えられたようである。点を取りにくくして、ゲームを長引かせ、終日楽しむ、というわけである。スポーツマンシップと絡めての議論もあるが、それは、どうやら後知恵のようである。

　近代スポーツの母国といわれるイギリスにしても、元来は、けっして紳

＜オックスフォード大学ケンブリッジ大学ラグビー対抗戦：右側の濃い色
（Oxford Blue）のジャージがオックスフォード：2004年12月＞

士の国ではなかった。今でもそうかもしれない。最高級レベルのイギリス紳士を作り出す教育機関とされるオックスフォード大学とケンブリッジ大学の 123 回ラグビー対抗戦を、ロンドン郊外のラグビーの聖地トウィッケナム競技場（Twickenham Stadium）で 2004 年 12 月 7 日に観戦したときのことである。レフェリーの眼が届かないところでは、両チームともに、ラフなプレーというよりも、ほとんど蹴り合い／殴り合いと大差がない行為を繰り返していた。

　話をアテネ・オリンピックの女子マラソンに戻そう。この競技で、日本の野口みずき選手が優勝したことを今でも記憶している人は多いであろう。競技翌日の 8 月 24 日のイギリスの新聞の第 1 面は、高級紙・大衆紙ともに、ほとんどすべて、途中でレースを棄権した、マラソン優勝候補の筆頭だった、イギリス選手ポーラ・ラドクリフに関する記事で埋まっていた。しかも彼女が、取り乱し、路端で泣き崩れている様子が、大きな写真入りで紹介されていた。その一方で、優勝した野口選手についての記事は実に簡単なもので、彼女が金メダルを取ったことと、その記録がラドクリフ選手の持つ世界記録よりも 10 分以上遅かったことを伝えるだけだった。

　どの新聞の記事や解説も、ラドクリフ選手の敗因は「暑さ」という点で、ほぼ一致しており、イギリス人を含む北ヨーロッパ人は、暑い時期・土地でのレースには、少々のトレーニングを積んで臨んでも、体質的・人種的に勝てない、という専門家の意見が紹介されていたり、彼女が「つぶれたこと自体」に対しては比較的同情的な論調が多かったりしたのに対し、「つぶれ方」に対しては、かなり手厳しい見方が多かった。とりわけ、人前で涙を見せ、取り乱した姿をさらしたことが、イギリス人の美意識・倫理観に反したようで、実に手厳しく批判されていた。特に彼女は世界記録保持者であり、イギリスの期待を担っていたので、たとえレースに敗れても、王者・女王らしい態度を保持すべきであった、というわけである。その一方で、これまでにも、世界記録保持者として、オリンピックに出場したイ

ギリス選手が、何人も期待を裏切る結果しか出せなかったことなどを取り上げ、彼女も、イギリス人好みの悲劇の英雄になりそうだ、といった論調も目立った。

　少し変わったところで、鋭い指摘をしていたのは、競技時間についての記事だった。アテネの気温・天候を考えると、マラソンなどは、気温が低い朝行うべきであり、こうした点についての配慮が通常なされるが、昨今のオリンピックでは、テレビ中継との関係で、大口スポンサーが多いアメリカで視聴率を稼げる時間帯に競技を行うことになる。スポーツ／オリンピックが商業化されると、競技そのもの、選手の健康などより、ビジネスの論理が優先される。

　そして、さらに一夜明けた８月25日の新聞では、ポーラ・ラドクリフ選手とは対照的なケリイ・ホームズ（Kelly Holmes）選手の女子800メートルでの優勝を、（本人にとっても）予想外といった調子で、明るく取り上げると同時に、ラドクリフ選手の記者会見の様子や関係者の好意的なコメントが紹介されていた。ホームズ選手は黒人のイギリス人である。アメリカほどではないが、黒人のオリンピック・イギリス代表選手がかなりいる。新聞記事を総合すると、ラドクリフ選手のレース放棄は、ふくらはぎの故障による練習計画の狂いが影響していたとしても、肉体的な要因が決定的なものではなく、35−36キロメートル地点で、4位に落ち、金メダルはむろん、銅メダルも絶望的になったことからくる絶望感が、最大の原因であったらしい。もともと彼女は、トラック競技の選手で、8月27日の１万メートルに出場して雪辱を期すのではないか、という見方があったのに対して、専門家筋の多くは、出るべきではなく、北京を目指すべき、という見解であった。その根拠は、素人の筆者には、非常に説得力があるものだった。トラックで勝てなくて、マラソンに転向し、成功を収めたわけだから、１万メートルに挑戦しても、マラソンで消耗しているため、アフリカ勢には勝てない。彼女は、あくまでマラソンで勝負すべきだ。

＜アイシスでの The Osler-Green Boat Crew の練習風景：右から 3 人目が招待参加の筆者：2005 年 4 月＞

　結局、彼女は、1 万メートルに出場して、マラソンと同じ失敗を繰り返すことになる。それでも 2004 年 11 月 7 日に開催されたニュー・ヨーク・シティ・マラソンに優勝し、汚名を晴らす。ちなみに、彼女が、アテネ・オリンピック前のロンドンとシカゴのマラソンで優勝し、世界記録を出して以後、手に入れた金は、日本円換算で、10 億円以上と推定されている。オックスフォードとケンブリッジのラグビー対抗戦中に、スポーツマンシップに反するような行為が少なくなかった、と書いたが、彼らの名誉のために一言補足しておく。彼らの多くは、通常、日中は勉強し、早朝や夕刻・夜間に、個別に練習し、授業などのない週末にチームとしての練習をする、という文武両道型の人間である。大学院生の代表選手も少なくない。

　帰国直前の 2005 年 4 月のある日、グリーン・カレッジのボート部の若い友人たちに誘われて、エイトの 3 番でオールを握り、テムズ川上流を 2 時間ばかり上り下りしたことが、非常に楽しい思い出となって残っている。

　ローマでのアベベ・ビキラ（Abebe Bikila）選手の裸足の快走に世界が驚愕し、東京での東洋の魔女たちの回転レシーブに日本が沸きかえった時

代とは違います。コロナウイルス問題を離れて、少し覚めた目で、東京五輪開催の可否を判断してはどうでしょう。

（追記）

　巷間、「無学無能無言無答無知無恥無為無策」などの冠がよく似合う、とされる菅義偉首相が、2021年1月18日の施政方針演説の中で「グリーン」と「デジタル」を「次の成長の原動力」にしていくとの意欲をお示しになりました。でも、私は、グリーン社会・脱炭素社会が実現する（？）2050年まで生きている自信はありませんし、「ガースー」君だって、私よりほんの少し若いだけですから、2050年まで生き続けることは難しいのではないでしょうか。この施政方針演説から、私は、2009年12月にコペンハーゲンで開催された国際連合気候変動枠組条約締結国会議（COP15）が、参加国のエゴむき出しの混乱のうちに、鵺のような「コペンハーゲン合意」の承認を取り付けて、課題を先送りし、ひとまず幕を閉じたことを思い出しました。

　ちなみに、環境省のホームページには次の記載があります。「1992年、大気中の温室効果ガスの濃度を安定化させることを究極の目標とする「国連気候変動枠組条約」が採択され、世界は地球温暖化対策に世界全体で取り組んでいくことに合意しました。同条約に基づき、国連気候変動枠組条約締約国会議（COP）が1995年から毎年開催されています。日本からは全てのCOPに環境大臣が出席しています。」

　こうした国際的な利害関係が錯綜する会議の様子を断片的ではあっても知るにつけ、「国際社会における、ある国の国益を地球規模の "私益" とするとき、それに対応する地球規模の "公益" はありうるのか？」「あるとすれば、それは何か？」と私は自問自答し、ひとまず「地球規模の "公益" は人類の福祉」と考えることにしています。しかし、その実現方法については、議論百出、甲論乙駁で、今世紀中に解答を見出すことはできな

いかもしれません。たとえ、そうではあっても、私たちは課題の解決に取り組んできています。こうした取り組みを推進していく上で、絶対に欠かすことができないのが、国際社会の動向に関する情報です。ところが、だれにでも理解できるかたちでの、この種の情報提供が、日本では少なすぎます。日本では、従来、グローバルな視点からの「健康と福祉」に関連する問題提起や情報伝達が乏しく、マス・メディアも、大地震や大津波などの直後を除くと、あまりこうした問題を取り上げません。今、地球規模で猛威を振るう新型コロナ感染症によって「人間の安全保障」が脅威にさらされていますが、これでは、日本は国際社会の孤児になるほかない。

国際化・グローバル化は、閉られた系として存在し、外国人を阻害している国内の法律や慣習を、外国人にも開かれた系に近づけ、外国において日本人が活動する能力を身につけるための自己革新の努力の過程でもあります。その際、特に国内において閉じられた系を前提として、その国における多数派民族が独占的に享受してきた利益・利便・権益などを、少数派民族や外国人と共有したり、これらをめぐる公正な競争をしたり、譲歩をしたりするなど、既得権者ともいえる多数派にとっては、けっして愉快とはいえない事態も生じえます。閉じられた系として存在していた国家・社会を、開かれた系に改造するには、多大なエネルギーを必要とします。ましてや、地球規模で問題解決に取り組もうとする場合には、理念の次元においてはともかく、実践の場ともなると、さまざまな利害の対立を引き起こすことになります。こうした対立や障害を取り除くには、時間はかかるでしょうが、歴史的かつグローバルな視野に立って思考し、行動できる人材を育成する教育が必要です。今や、最貧国や発展途上国はいうまでもなく、先進国においてさえ「人間の安全保障」が脅かされています。

COP15開催から10年後の2019年7月20日、17歳のスウェーデンの少女グレタ・トゥンベリ（Greta Thunberg）さんの地球温暖化防止に対する寄与が評価され、ポルトガルの首都リスボンにある芸術・科学・教育

などの助成を目的とするカルースト・グルベンキアン財団（The Calouste Gulbenkian Foundation）から、彼女に「人類のためのグルベンキアン賞」が授与され、約1億2200万円が贈られました。受賞後、彼女は、賞金を地球温暖化防止に取り組む団体やプロジェクトに寄付する、と話したそうです。1億円程度で地球の温暖化を防ぐことはとうてい無理にしても、彼女の志は立派です。

　私が彼女の存在を知ったのはイギリスに滞在中の2019年9月21日のことで、私は、オックスフォード大学ボドリー図書館の入館証を入手するため、図書館事務室に出向き、所定の手続きを終えて、館外に出たところ、通りにプラカードを持った比較的若い人たちがあふれ、多くの若い母親らしき女性たちが、子どもを乳母車に乗せたり、負ぶったり、子どもと手をつないだりして歩いている姿が、目に飛び込んできました。歌い踊りながら行進している一団もあり、実に明るく楽しげでしたが、催しの目的は深刻で、子どもたちの将来を危うくする気候変動による環境悪化の元凶ともいえる各国の政府や企業に対する抗議運動が繰り広げられていました。これがきっかけで彼女の存在を知り、その言動に関心を持つことになりました。日本の若い世代にも、こうした問題意識と気概を持ってもらいたいものです。孔子は「後生可畏」（こうせいおそるべし(3)）といって、若者に期待しています。

注

(1) 吉川幸次郎『中国古典選3　論語　上』朝日新聞社（文庫版）、1978年、318ページ。

(2) 中村敏雄『増補　オフサイドはなぜ反則か』平凡社（平凡社ライブラリー）、2001年。

(3) 吉川前掲『中国古典選3　論語　上』313ページ。

主要参考文献

〈日本語文献〉

天野郁夫『教育と選抜の社会史』筑摩書房（ちくま学芸文庫）、2006年。

安保則夫著／井野瀬久美恵・高田実編『イギリス労働者の貧困と救済―救貧法と工場法』明石書店、2005年。

飯田鼎『イギリス・衰亡と再生』亜紀書房、1976年。

井桁碧訳『死の学び方』法藏館、1992年（Dale V. Hardt, *Death : The Final Frontier*, 1979）。

上田和夫訳『過去と現在　カーライル選集III』日本教文社、1962年（Thomas Carlyle, *Past and Present*, 1843）。

牛津信忠ほか監訳『ケアリング・ワールド―福祉世界への挑戦―』黎明書房、2001年（OECD, *Caring World: The New Social Policy Agenda*, 1999）。

大河内一男『増補　社会政策の基本問題』日本評論社、1954年。

大沢真理『イギリス社会政策史―救貧法と福祉国家―』東京大学出版会、1986年。

大前朔郎『社会保障とナショナル・ミニマム―イギリスを中心にして―』ミネルヴァ書房、1975年。

岡沢憲芙・宮本太郎監訳『福祉資本主義の三つの世界　比較福祉国家の理論と動態』ミネルヴァ書房、2001年（Gøsta Esping-Andersen, *The Three Worlds of Welfare Capitalism*, 1990）。

柏倉俊三訳『砂漠の反乱　アラビアのロレンス自伝』角川書店（角川文庫）、1966年（Thomas Edward Lawrence, *Seven Pillars of Wisdom*, 1926）。

金融広報中央委員会編『暮らしと金融なんでもデータ』2019年版、金融広報中央委員会、2019年。

草間平作・大和邦太郎訳『眠られぬ夜のために』第1部、岩波書店（岩波文庫）、1977年（Carl Hilty, *Für Schlaflose Nächte*, Erster Teil, 1901）。

厚生省編『制定50年目を迎えた生活保護制度の現状』厚生省、2000年。

厚生労働省「『生活保護制度』に関するQ&A」。

厚生労働省「OECD加盟国の保険医療支出の状況（2018年）」。

厚生労働省「Press Release 生活保護の被保護者調査（平成30年度確定値）の結果を公表します」2020年3月4日。

小林登美枝・米田佐代子編『平塚らいてう評論集』岩波書店（岩波文庫）、1987年。

小松隆二・伊藤光明著『ナショナル・ミニマム論―その史的展開と現代的意義―』総理府社会保障制度審議会事務局、1977年。

坂井昭夫「シビル・ミニマム論の特質ならびに公共経済学によるその包摂の方向性

をめぐって―公共経済学批判の一環として―」『商学論集』創立 90 周年記念特輯、関西大学商学会、1975年。

清水俊二訳『プレイバック』早川書房（ハヤカワ・ミステリー文庫）、1977 年 (Raymond Chandler, *Playback*, 1958)。

社会保障研究所編『住宅政策と社会保障』東京大学出版会、1990年。

鈴木晶訳『「死ぬ瞬間」と死後の生』中央公論社（中公文庫）、2001 年 (Elizabeth Kübler-Ross, *On Death and Dying*, 1969)。

高須裕三訳『医療保障―福祉国家の基本問題―』誠信書房、1963 年 (Harry Eckstein, *The English Health Service: Its Origins, Structure, and Achievements*, Harvard University Press, 1958)。

高田実・中野智世編著『近代ヨーロッパの探求 15 福祉』ミネルヴァ書房、2012年。

竹内信夫訳『自死の日本史』講談社（講談社学術文庫）、2011 年 (Maurice Pingue, *La mort volontaire au Japon*, Ed. Guallimard, 1984)。

竹内真人編著『ブリティッシュ・ワールド　帝国紐帯の諸相』日本経済評論社、2019年。

竹内幸雄『自由主義とイギリス帝国主義―スミスの時代からイラク戦争まで―』ミネルヴァ書房、2011年。

舘野之男・榎本勝之訳『医の倫理：医師・看護婦・患者のためのケース・スタディ』東京大学出版会、1985 年 (Howard Brody, *Ethical Decisions in Medicine*, 1981)。

長沼弘毅訳『貧乏研究』千城、1975 年 (Benjamin Seebohm Rowntree, *Poverty―A Study of Town Life*, 1922)。

中村敏雄『増補　オフサイドはなぜ反則か』平凡社（平凡社ライブラリー）、2001年。

行方昭夫訳『どん底の人びと―ロンドン 1902 ―』岩波書店（岩波文庫）、1995 年 (Jack London, *The People of the Abyss*, 1903)。

日本公衆衛生協会翻訳・発行『たばこアトラス』2003 年 (Judith Mackay and Michael Eriksen, *The Tobacco Atlas*, WHO, 2002)。

庭田範秋『社会保障論―現代における保障と保険の理論―』有斐閣、1973年。

早川和男『災害と居住福祉　神戸失策行政を未来に生かすために』三五館、2001年。

平田冨太郎著『社会保障研究』日本評論社、1957年。

福沢諭吉『西洋事情外編』1868 年（富田正文編集代表『福沢諭吉選集』第 1 巻、岩波書店、1980年）。

福沢諭吉『文明論の概略』1875 年（富田正文編集代表『福沢諭吉選集』第 4 巻、岩波書店、1981年）。

藤澤益夫『社会保障の発展構造』慶應義塾大学出版会、1997年。

藤澤益夫「ナショナル・ミニマムの理論と政策(1)」『三田商学研究』15 巻 2 号、

慶應義塾大学商学会、1972年。

逸見謙三監訳『喫煙と社会 よりバランスのとれた評価にむけて』平凡社、1987
年（Robert D. Tollison (ed.) *Smoking and Society*, D. C. Heath, 1986）。

堀田一吉「イギリスのコミュニティ・ケア 介護サービスの現状と課題（下）高齢
者福祉の理想と現実」『月刊 介護保険情報』2001年9月号。

本田季子訳『オリヴァ・ツウィスト』（上・下）、岩波書店（岩波文庫）、1989年
（Charles Dickens, *Oliver Twist*, 1838）。

真屋尚生『保険理論と自由平等』東洋経済新報社、1991年。

真屋尚生『保険の知識』第2版、日本経済新聞出版社、2004年。

真屋尚生『学び心 遊び心—古典／名著／傑作／快作 と 人生／教育／社会／経済』
慶應義塾大学出版会、2008年。

真屋尚生編『社会保護政策論—グローバル健康福祉社会への政策提言』慶應義塾大
学出版会、2014年。

マルクス＝エンゲルス全集刊行会訳『イギリスにおける労働者階級の状態』(2)、大
月書店（国民文庫）、1974年（Friedrich Engels, *The Condition of the Work-
ing Class in England*, 1845）。

宮田親平訳『いつ死なせるか—ハーマン病院倫理委員会の六カ月』文藝春秋、1994
年（Lisa Belkin, *First, Do No Harm*, 1993）。

武藤光朗『経済史の哲学 経済学 I』創文社、1968年。

毛利健三『イギリス福祉国家の研究—社会保障発達の諸画期—』東京大学出版会、
1990年。

毛利健三編著『現代イギリス社会政策史— 1945〜1990 —』ミネルヴァ書房、1999年。

望月友美子監修『Recommendations for Tobacco Control Policy: Tobacco Free ＊
Japan ニッポンの「たばこ政策」への提言 Instruction Book』Tobacco
Free ＊ Japan 事務局ほか、2004年。

森嶋通夫『イギリスと日本—その教育と経済—』岩波書店（岩波新書）、1977年。

安原和見訳『戦争における「人殺し」の心理学』筑摩書房（ちくま学芸文庫）、
2013年（Dave A. Grossman, *On Killing*, 1995）。

柳澤桂子『われわれはなぜ死ぬのか 死の生命科学』筑摩書房（ちくま文庫）、
2010年。

吉川幸次郎『中国古典選3 論語 上』朝日新聞社（文庫版）、1978年。

〈外国語文献〉

Abel-Smith, Brian, *Value for Money in Health Services: A Comparative Study*, St.
Martin's Press, 1976.

Bay, Christian, *The Structure of Freedom*, Stanford University Press, 1970：横越

英一訳『自由の構造』法政大学出版局、1979年。

Barou, N., *Co-operative Insurance*, P. S. King, 1936：水島一也監修『協同組合保険論』共済保険研究会、1988年。

Briggs, Asa, *Victorian Cities,* Penguin Books, 1982.

Briggs, Asa, *Victorian People*, Penguin Books, 1982.

Bromhead, Peter, *Life in Britain*, Longman, 1982.

Brown, R. G. S., *The Management of Welfare: A Study of British Social Service Administration*, Robertson, 1975.

Burch, Martin and Moran, Michael, Who Are the New Tories?, *New Society*, No. 1138, 1984.

Burley, Jeffery and Plenderleith, Kristina（eds.）*A History of the Radcliffe Observatory Oxford：The Biography of a Building*, Green College at the Radcliffe Observatory, 2005.（325 ページ参照。）

Central Office of Information, *Education in Britain*, HMSO, 1982.

Cochrane, R. et al., I am not National Front myself, but …, *New Society*, No. 1121, 1984.

Community Care: Agenda for Action: A Report to the Secretary of State for Social Services by Sir Roy Griffiths, HMSO, 1988（as known The Griffiths Report）.

Cook, Chris and Stevenson, John, *The Longman Handbook of Modern British History 1714－1980*, Longman, 1983.

Cooper, Jilly, with drawings by Timothy Jaques, *Class: A view from middle England*, revised ed., Corgi Book, Transworld Publishers, 1980.

Dahrendorf, Ralf, *On Britain*, British Broadcasting Corporation, 1982：天野亮一訳『なぜ英国は「失敗」したか？』ティビーエス・ブリタニカ、1984年。

Daunton, Martin, *State and Market in Victorian Britain: War, Welfare and Capitalism*, The Boydell Press, 2008.

Davidson, Clive, Teach Your Own Children, *New Society*, No. 1177, 1985.

Department of Health, *Caring for People: Community Care in the Next Decade and Beyond*, Cmnd. 849, HMSO, 1989.

Department of Health and Social Security, *Reform of Social Security: Technical Annex*, HMSO, 1985.

50th Anniversary of the Beveridge Report 1942－1992, prepared by The Department of Social Security and The Central Office of Information, 1992.

Galbraith, John Kenneth, *The Affluent Society*, Houghton Mifflin, 1958.

Gamble, Andrew, *Britain in Decline: Economic Policy, Political Strategy and the British State,* 4th ed., Macmillan Press, 1994：都築忠七・小笠原欣幸訳『イギ

リス衰退 100 年史』みすず書房、1987年。

Gaskell, G. et al., How young blacks see the police, *New Society*, No. 1182, 1985.

Goodman, Alissa, Johnson, Paul and Webb, Steven, *Inequality in the UK*, Oxford University Press, 1997.

Gray, J. A. Muir, *Evidence-based Healthcare: How to Make Health Policy and Management Decisions*, 2nd ed., Churchill Livingstone, 2001.

Gray, Muir, illustrated by David Mostyn, *Sod Seventy! : The Guide to Living Well*, Bloomsbury Publishing, 2015. （325 ページ参照。）

Gray, J. A. Muir, Four Box Health Care: Development in a Time of Zero Growth, *The Lancet*, November 19, 1983.

Griffiths, Nigel, O'Brien, Nicholas et al., *The Oxford Handbook*, 7th ed., Oxford University Students' Union, 1984.

Halsey, A. H., *Change in British Society*, 2nd ed., Oxford University Press, 1982.

Halsey, A. H., Who Owns the Universities?, *New Society*, Vol. 68 No. 1119, 1984.

Hargenbuch, Walter, *Social Economics*, Cambridge University Press, 1965.

Harris, Jose, *William Beveridge — A Biography —*, Oxford University Press, 1997.

Harris, Jose, Beveridge's Social and Political Thought, in John Hills et al. (eds.) *Beveridge and Social Security: An International Retrospective*, Oxford University Press, 1994.

Harrison, Paul, *Inside the Inner City: Life Under the Cutting Edge*, Penguin Books, 1983.

Holmes, C., The Impact of British Society 1870 – 1980, in T. Barker et al., *Population & Society in Britain 1850 – 1980*, New York University Press, 1982.

International Bank for Reconstruction and Development / The World Bank, *Poverty and Shared Prosperity 2018 : Piecing Together the Poverty Puzzle*, 2018.

Jay, Margaret, Religious Instruction in Schools: Come all ye faithful?, *The Listener*, No. 2889, 1984.

Johnson, Paul, *Saving and Spending: The Working-class Economy in Britain 1870 – 1939*, Oxford University Press, 1985：真屋尚生訳『節約と浪費—イギリスにおける自助と互助の生活史—』慶應義塾大学出版会、1997年。

Jowell, Roger and Airey, Colin, British Social Attitudes, in Ted Ramprakash (ed.) *Social Trends* 15, 1985 ed., Central Statistics Office, 1985.

Judge, K. and Salomon, M., Public Opinion and the National Health Service: Patterns and Perspectives: Consumer Satisfaction, *Journal of Social Policy*, Vol. 22 Part 3, 1993.

Keating, Peter (ed.) *Into Unknown England 1866 – 1913 : Selections from the So-*

cial Explorers, Fontana / Collins, 1981.

Kostakos, Vassilis et al., Designing Urban Pervasive Systems, *Computer*, 2006.

Laurence, Jeremy, Frozen to Death, *New Society*, 16 January 1987.

Le Carré, John, *Smiley's People*, Coronet ed., Hodder and Stoughton, 1992：村上博基訳『スマイリーと仲間たち』早川書房（ハヤカワ文庫）、1987年。

Macfarlane, Alan, *The Origin of English Individualism*, Basil Blackwell, 1985：酒田利夫訳『イングランド個人主義の起源』リブロポート、1990年。

McBriar, A. M., *Fabian, Socialism and English Politics 1884-1918*, Cambridge University Press, 1962.

Malthus, Thomas Robert, *An Essay on the Principle of Population,* 1798, In Wrigley, E. A. and Souden, David (eds.) *The Works of Thomas Robert Malthus,* Vol. 1, *An Essay on the Principle of Population,* William Pickering, 1986：永井義雄訳『人口論』中央公論社（中公文庫）、1984年。

Marshall, Alfred, *Principles of Economics, An introductory volume,* 8th ed., 1930 (1st ed. 1890), Macmillan and Co.：馬場啓之助訳『マーシャル経済学原理 II・IV』東洋経済新報社、1966年、1967年。

Mathias, Peter, *The First Industrial Nation: An Economic History of Britain 1700-1914,* 2nd ed., Methuen, 1983.

Maya, Yoshio (ed.) *Interdisciplinary Research Project by the Sponsorship of Nihon University President's Grant: The Comprehensive Study of Global Society: Security of the Earth and Mankind in the 21st Century: Health and Welfare,* University Research Center, Nihon University, 2004.（325ページ参照。）

Mayhew, Henry, *London Labour and the London Poor*, Selections Made and Introduced by Victor Neuburg, Penguin Books, 1985.

Mill, John Stuart, *The Subjection of Women,* 2nd ed., Longman, Green, Reader, and Dyer, 1869：大内兵衛・大内節子訳『女性の解放』岩波書店（岩波文庫）、1984年。

Montesquieu, Charles-Louis de, *De l'Esprit des Lois,* 1748, in *Œuvres completes de Montesquieu,* tome II, Text présenté et annoté par Roger Caillois, Gallimard, 1951：野田良之ほか訳『法の精神』上巻、岩波書店、1987年。

The Oxford English Dictionary, Being Corrected Re-issue with an Introduction, Supplement, and Bibliography of a New English Dictionary on Historical Principles Founded Mainly on the Materials Collected by the Philological Society, Volume VIII Poy - Ry, 1933 (rpt. 1978), Oxford University Press.

Parker, Julia, *Social Policy and Citizenship*, Macmillan Press, 1979.

Parker, Julia, *Women and Welfare: Ten Victorian Women: Public Social Service,*

Macmillan Press, 1989.

Pigou, A. C., *The Economics of Welfare*, 4th ed., Macmillan and Co., 1946（1st ed. 1920）：賀気健三・千種義人・鈴木諒一・福岡正夫・大熊一郎共訳『ピグー厚生経済学　Ⅲ・Ⅳ』東洋経済新報社、1977年。

Purvis, Phillida and Headley, Rodney（真屋尚生訳）*UK-Japan Homeless Project UK Report: 2004*『英国から見た日英ホームレスレポート』Links Japan, 2004.

Raski, Harold J., *Liberty in the Modern State*, new ed., George, Allen & Unwin, 1948：飯坂良明訳『近代国家における自由』岩波書店（岩波文庫）、1981年。

Reform of Social Security Presented to Parliament by the Secretary of State for Social Services by Command of Her Majesty June 1985, HMSO, 1985：Volume 1：*Reform of Social Security*, Cmnd. 9517：Volume 2：*Reform of Social Security: Programme for Change*, Cmnd. 9518：Volume 3：*Reform of Social Security: Background Papers*, Cmnd. 9519.

The Report of the Housing Benefit Review Team, *Housing Benefit Review*, Cmnd. 9520, HMSO, 1985.

Reform of Social Security: Programme for Action Presented to Parliament by the Secretary of State for Social Services by Command of Her Majesty June 1985, Cmnd. 9691, HMSO, 1985.

Roberts, Robert, *A Ragged Schooling: Growing up in the Classic Slum*, Fontana Paperbacks, 1984

Robson, William A., *Welfare State and Welfare Society: Illusion and Reality*, George Allen and Unwin, 1976：辻清明・星野信也訳『福祉国家と福祉社会　幻想と現実』東京大学出版会、1980年。

Sen, Amartya, *Development as Freedom*, Oxford University Press, 1999.

Sen, Amartya, *Identity and Violence: The Illusion of Destiny*, Penguin Books, 2006.

Smiles, Samuel, *Self-Help*, 1859, rpt., Penguin Books, 1986：中村正直訳『西国立志編』1872 年、講談社（講談社学術文庫）、1981年。

Smith, Adam, *An Inquiry into the Nature and Causes of the Wealth of Nations*, in Campbell, R. H. and Skinner, A. S.（eds.）*The Glasgow Edition of the Works and Correspondence of Adam Smith*, Vols. Ⅰ & Ⅱ, Liberty Classics（An exact photographic reproduction of the edition published by Oxford University Press in 1976 and reprinted with minor corrections in 1979）：大河内一男監訳『国富論 Ⅰ・Ⅲ』中央公論社、1976年。

Smith, George, Peretz, Elizabeth and Smith, Teresa, *Social enquiry, social reform and social action: one hundred years of Barnett House*, The University of Oxford Department of Social Policy and Intervention, 2014.（325 ページ参照。）

Social Insurance and Allied Services: Report by Sir William Beveridge, Presented to Parliament by Command of His Majesty, November 1942, Cmd. 6404, His Majesty's Stationary Office, 1942：山田雄三監訳『ベヴァリジ報告　社会保険および関連サービス』至誠堂、1969年。

Stanworth, Philip, Elites and Privilege, in Abrams, Philip and Brown, Richard (eds.) *UK Society: Work, Urbanism and Inequality*, Weidenfeld and Nicholson, 1984.

Stropes-Roe, M. et al, As others see us …, *New Society*, No. 1192, 1985.

Tawney, R. H., *Religion and the Rise of Capitalism: A Historical Study*, with a Prefatory Note by Dr Charles Gose（1st ed. 1926), Penguin Books, 1984：出口勇蔵・越智武臣訳『宗教と資本主義の興隆　歴史的研究』（上・下）、岩波書店（岩波文庫）、2017年。

Thomas, D., The job bias against blacks, *New Society*, No. 1141, 1984.

Thompson, E. P. and Yeo, Eileen（eds.）*The Unknown Mayhew: Selections from the Morning Chronicle 1849–50*, Penguin Books, 1984.

UNICEF, Child poverty facts：https://www.unicef.org/social-policy/child-poverty, 10 August 2020.

The University of Oxford, *Examination Decrees and Regulations 1983 for the Academic Year 1983–84*, Oxford University Press, 1983.

The University of Oxford, *Proctors' Memorandum 1983–1984*, Oxford University Press, 1983.

Webb, Sidney and Beatrice, *Industrial Democracy*, Longmans, Green and Co., 1920 ed. with New Introduction, 1920：高野岩三郎監訳『産業民主制論』覆刻版、法政大学出版局、1969年。

Wiener, Martin J., *English Culture and the Decline of the Industrial Spirit*, Cambridge University Press, 1981.

Wilson, Sir Arnold and Levy, Hermann, *Industrial Insurance: An Historical and Critical Study*, Oxford University Press, 1937

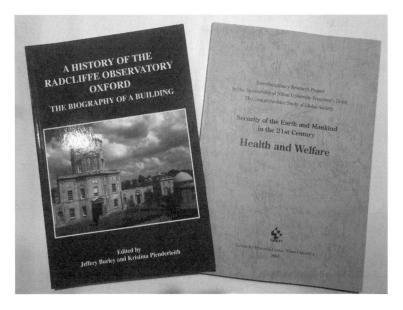

索　引

ア

アジア（人／系）　14, 17, 34, 35, 37, 39, 182,
　　206, 242
足利義満　56
足治療　185
芦原義信　111
アシュモール博物館　12, 19, 20
アシュリー＝クーパー（Ashley-Cooper,
　Anthony）　114
アトリー（Attlee, Clement Richard）　220
アベベ・ビキラ　（Abebe Bikila）312
アルバイト　41
安全衛生　91, 105

イ

飯田鼎　83
五十嵐眞　231, 234–237, 271, 293
育児　21, 23, 24
池田潔　41
一般医(GP)　181, 194–199, 216, 252, 263, 264
移動性　297, 298
命の重さ　240
移民　34, 36–38, 40, 44
医療費　15, 26, 292
医療（福祉）サービス　18, 116, 150, 162,
　191, 195, 206, 208, 211, 212, 233, 251, 255,
　263, 264, 266, 267, 271–274
医療保険　16, 22, 125, 129, 142, 164, 165,
　224, 251, 255, 260, 285
医療保障 22, 28, 129, 154, 155, 165, 168, 175,
　205, 251, 252, 255, 263
院外救済　100, 101
インナー・シティ　40, 223

ウ

ウィーナー（Wiener, Martin A）　82
ウインブルドン　304
ウェッブ夫妻（Webb, Sidney and Bea-
　trice）　110, 125,

　141, 146, 147, 153, 164, 169, 172, 277
ウエルズ（Wells, H G）　110

エ

映画　42, 308
エックルズ（Eccles, John）　243
NHS → 国民保健サービス
エリート　65, 82, 84, 163
エンゲルス（Engels, Friedrich）　106, 115,
　139
煙突（掃除）　112–114

オ

老い　239
オープン・ユニバーシティ　53, 190
大河内一男　57, 85, 140, 174
大沢真理　95
オックスフォード（大学）　5, 6, 19, 20, 27,
　36, 51, 54–56, 58, 64, 65–67, 73, 75, 77,
　112, 197, 210, 215, 217, 250, 254, 262, 293,
　304, 309, 315
オプティマム → 最適

カ

カーライル（Carlyle, Thomas）　99, 138
階級　14, 18, 33, 36, 40, 50, 64, 82–84,
　93, 101, 106, 115–122, 133, 139, 143, 145,
　182, 184, 188, 197, 221, 224, 256
開業医 → 一般医
介護（者）　21, 99, 132, 160, 204
介護管理（者）　201, 204, 208
介護者支援センター　206
介護保険　224, 238–240, 251, 260, 270, 272,
　285, 292
開放性　171, 298
科学技術　297
核家族化　14
格差（給付格差, 所得格差, 男女間格差）
　1, 14, 18, 22, 24, 64, 153, 166, 207, 219,
　223, 226, 279

学生の保険ニーズ　79
囲い込み　94, 95
家事　21, 24
価値観　34, 84, 163, 222, 224, 279, 294, 298
学校教育　34, 49, 298
家庭医　181, 184, 186, 194, 208, 226, 255, 264, 265
ガルブレイス（Galbraith, John Kenneth）　129, 169
カレッジ　64-74, 81, 84, 304, 312
簡易（生命）保険　33, 116-123, 125
環境　28, 38, 83, 92, 104, 106, 110, 119, 132, 145, 149, 159, 160, 162, 169, 171, 186, 219, 220, 222-225, 246, 268, 271, 275, 279, 298
看護師　17, 39, 43, 65, 190, 212, 216, 226, 229, 245, 263-265
寛容性　299
緩和医療　237, 246

キ

機械工業／機械制工場　91, 92, 95, 102, 104
機械破戒運動　92
気候・季節　89-91
技術革新　18, 261, 278
規制（緩和）18, 24, 26, 27, 30, 33, 34, 62, 70, 89-91, 95, 97, 104, 110, 112, 145, 150, 152, 162, 163, 168, 206, 221, 222, 266, 277, 283, 191
喫煙／禁煙　26, 27, 191, 228
基本的人権　22, 28, 127, 277, 284
義務教育　17, 40, 49, 51-53, 116
キャロル（Carroll, Lewis）　19
ギャザラー（Gatherer, Alexzander）　217, 250
ギャンブル（Gamble, Andrew）　82
救急サービス　216
給食配送サービス　268
休息　141, 144, 145, 160, 163, 200, 204, 227, 270, 277
救貧（院／法）3, 29, 89, 90, 95, 98-101, 103, 106, 107, 125, 128, 155, 228, 242, 283, 301
キューブラー＝ロス（Kübler-Ross, Eliza-beth）　243, 247, 294

窮乏（化）　96, 143, 151
協業　91
教区　98, 100
共済組合　92, 93, 106-108, 117, 123, 125
強制（保険）　61, 62, 95, 100, 120, 125, 145, 149, 152
競争（原理）　57, 91, 92, 105, 120, 125, 135, 149, 156, 163, 170, 171, 261, 266, 295, 314
協同（組合）　57, 107
共同住宅　231, 232, 268
共同診療所　196
極貧　115, 242
規律　1, 59, 84, 91

ク

クーパー（Cooper, Jilly）　83
クーベルタン（Baron de Coubertin）　305
グッドマン（Goodman, Roger）　254
クライミング・ボーイ　113, 114
グラッドストン（Gladstone, William Ewart）　121
車イス　111, 183, 253, 255
グレイ（Gray, Muir）191, 192, 250, 251, 276
グローバル（化）　56, 171, 247, 274, 294, 296, 298, 302
グロスマン（Grossman, Dave）　138, 140

ケ

ケアリング・ソサエテー　3, 275, 292, 297
経済騎士道　145
経済協力開発機構（OECD）　292
経済効率／経済性　99, 111, 135
経済的保障　108, 122, 169, 225, 287, 290
警察（官）　17, 35, 42, 43, 80, 92
継続教育　53
現金給付　100, 142
健康（水準）　91, 116, 144, 147, 251
健康記録　197
健康福祉社会 → ケアリング・ソサエティ
健康保険　21, 122, 125
健康保障　192
ケンブリッジ（大学）　55, 56
権利意識　211, 212, 278

コ

公園 13, 15, 23, 147, 226, 253, 304
公共（性）／公（的）14, 26, 31, 32, 82, 143, 144, 156, 159, 161, 168, 189, 199, 200, 204, 209, 215, 226, 227, 247, 279, 292, 294
公共の福祉 65
孔子 305, 315
公衆衛生 104, 143, 279, 281, 302
工場法 91, 103
厚生年金保険 22
公的扶助 29, 98, 128, 130, 171, 281, 285
功利主義 240
合理性 123
効率（化／性） 99, 155, 156
高齢（化／者）13-15, 18, 29, 35, 41, 42, 90, 93, 98, 109, 132, 152, 156, 158, 159, 162–164, 166, 170, 171, 178–182, 184–186, 188, 191, 193, 194, 197, 200, 205–207, 215, 216, 219, 221–233, 238, 251, 253, 258, 260, 268, 275, 281–284, 287, 290, 292, 293
国際連合児童基金（UNICEF） 139
国際労働機関（ILO） 295
黒人（系） 17, 34–36, 38–40, 42, 43, 182, 186, 190, 311
告知 243, 244
国富論 49, 56, 57, 85
国民健康保険 136, 251
国民的最低限 → ナショナル・ミニマム
国民扶助（法） 102, 128, 130, 152, 153, 155, 226
国民負担率 15, 167, 169, 259
国民保険（法） 122, 125, 155, 219
国民保健サービス（NHS） 39, 154, 155, 159, 161, 179, 181, 183, 185, 191, 195, 196, 199, 205, 207, 210–213, 216, 217, 233, 234, 252, 263–265, 267, 270
国民年金 21, 22, 291
国立美術館（ナショナル・ギャラリー） 261
心／こころ 243, 245, 298
コミュニティ・ケア（法） 159–161, 199, 200, 204, 207, 211, 233, 255, 267, 269, 270
コミュニティ・センター 205–207

顧問医 194, 226
雇用（保険／保障）3, 14, 18, 28, 33, 37, 39, 92, 93, 95–97, 100, 102, 104, 105, 127, 130, 132, 143, 152, 157, 166, 167, 169, 171, 207, 225, 253, 275, 281, 295
孤立 225
五輪 305, 306
コロナ（ウイルス）264, 278, 292, 300, 301, 306, 313
困窮／生活困窮（者）92, 98, 104, 123, 280, 284

サ

在宅介護 99, 179, 180, 181, 184, 188, 189, 204, 205, 229, 230, 246, 270
最低限／最低（生活）45, 61, 65, 69, 99, 100, 104, 106, 115, 118, 120, 121, 141–144, 148–152, 155, 165, 168, 169, 227, 279, 280, 286
最適／オプティマム 76, 150, 168, 169, 197, 201
最貧国／最貧地域 242, 296, 301
再分配 91, 171, 212, 252, 277, 280, 285–287
サウス（South, James） 214
サッチャー（Thatcher, Margaret）30, 33, 51, 64, 156, 169, 186, 193, 259, 266, 269
差別 3, 14, 16, 21, 29, 34–40, 42, 43, 75, 171, 181, 253, 255, 262, 279, 306
産学共同 84
産業革命 3, 89, 90, 93–95, 102, 103, 113, 124, 219
散歩 72

シ

死 148, 238, 239, 242–246, 293
GP → 一般医
シェリー 19
シェルタード・ハウス 159
自己責任 24, 107, 171, 233, 288
自助（努力）30, 47, 107, 109, 110, 139, 158, 162, 163, 171, 172, 191–193, 243, 256, 275, 276, 283, 288, 292
市場原理 74, 161, 169, 171

死生学　　　3, 237, 238, 243, 245, 246, 293
慈善（事業／団体）　　　101, 106, 109, 227
自然史博物館　　　19, 20
失業（者）　14-16, 28, 39, 92, 102, 104-107, 109, 122, 125, 127-130, 152, 155-157, 190, 193, 206, 219, 223, 261, 269, 280, 292
失業保険　　122, 125, 127, 128, 219, 285
自転車　　　24, 72, 78-80, 84, 215
児童（福祉）法　　　158
児童労働　104, 110, 114, 115, 142, 149
シビル・ミニマム　　　166
市民社会　　　164, 277, 307
社会化　　　142, 143, 154
社会サービス　13, 18, 29, 132, 157-159, 171, 179, 181, 182, 184, 199, 201, 206, 208, 225-227, 251, 252, 255, 258, 264, 268, 276
社会参加　　　225
社会政策　28, 38, 95, 102-104, 106, 108, 124, 130, 136, 155, 171, 223, 283
社会的危険　　　127
社会的責任　　　60, 271, 286
社会的地位　33, 107, 119, 147, 213, 221
社会福祉　14, 16, 103, 116, 132, 136, 144, 225, 276, 279, 281
社会保険 16, 28, 102, 108, 120, 122-127, 129, 130, 132, 133, 136, 137, 139, 150-153, 155, 172, 174, 219, 220, 251, 252, 255, 256, 259, 260, 275, 276, 278, 280, 281, 285, 286, 294-296
社会保護　　3, 14, 16, 130, 171, 225, 279
社会保障　3, 6, 13, 14, 16, 21, 22, 26, 28, 29, 81, 98, 102, 116, 123, 126-130, 132, 136, 141, 150-158, 164-173, 175, 181, 182, 190, 199, 201, 204, 211-213, 224, 225, 247, 258-260, 267-270, 275-288, 291, 292, 294-296, 302, 306
社会問題　16, 28, 38, 92, 102, 109, 180, 184, 194, 264
弱者救済　　　81
自由主義　30, 61, 63, 84, 130, 138, 139, 153, 256, 294
自由放任　　　106, 110, 124, 125
住居／住宅　14, 16, 25, 28, 33, 37-40, 70, 75, 92, 93, 104, 132, 141, 144, 146, 157, 159, 168, 171, 180, 182-188, 190, 200, 203, 209, 219-225, 227, 230-232, 247, 254, 265, 268, 275, 277, 281
住宅金融協会　　　221, 227
終末期医療　　　243, 294
受給権　　　157
出席　　　60-63, 73, 79
ショー（Shaw, George Barnard）　　　110
生涯教育　　　54, 260
障害者／障害児　　16, 30, 40, 42, 111, 154, 158, 161, 170, 171, 185, 190, 193, 200, 206, 207, 215, 238, 253-255, 262, 269, 285, 297
奨学金　　　53, 75
少子（化）　　　14, 18, 284
消費者主権　　　201
情報（化）／情報革命　18, 44, 84, 90, 97, 106, 138, 171, 196, 211, 212, 233, 261, 275, 278, 283, 293, 294
消防士　　　17, 43
植民地　　38, 43, 91, 92, 110, 154, 190, 206
食料　　　38, 278
女性労働（者）　　18, 104, 142, 144, 149
所得再分配　　91, 171, 252, 280, 285-287
所得（の）保障　　28, 117, 130, 132, 142, 151-155, 165, 168, 170, 224, 256, 258, 275, 280, 287, 289
ジョンソン（Johnson, Paul）　97, 120, 122
ジョン・ラドクリフ病院　　210, 212, 216
資力調査　30, 99, 128, 155, 158, 182, 233, 252, 283
信号無視　　　24, 25
人種　14, 16, 28, 29, 33-36, 39, 40, 42, 43, 75, 181, 207, 279, 310
人道（主義）　　　84, 296
診療記録　　　196

ス

スコットランド　　48, 50, 52, 54, 55, 58
スタンワース（Stanworth, Philip）　　82
スティグマ／汚名（stigma）　　27, 29, 128, 155, 181, 184

スピーナムランド制度　　　　　　　100
スポーツ　　　　60, 66, 226, 307, 309
スマイルズ（Smiles, Samuel）256, 292, 302
スミス（Smith, Adam）49, 54, 56-58, 60, 63
　　　　　　　　　84, 85, 130, 140
スミス（Smith, Teresa）　　　　　250
スラム　　　　38, 40, 101, 219, 220

セ

生活危険　107, 122, 123, 125, 286, 290, 294
生活権　　　　　　　　　　45, 101
生活水準　　97, 99, 117, 119, 134, 145, 148,
　　　　　　　156, 163, 190, 285
生活の質　　　　　　239, 240, 246
生活保護　3, 109, 167, 168, 225, 283-285,
　　　　　　　302
生活保障　116, 122, 123, 128, 129, 132, 155,
　　　　　156, 158, 171, 256, 275, 277, 287,
　　　　　288
生活様式　35, 96, 117, 119, 122, 163, 294
正規労働／非正規労働　　　　21, 171
政策（課題／手段／提言／目的）13, 14, 16,
　　24, 27-29, 32, 35, 39, 43, 47, 65, 91, 97,
　　100, 102, 104, 108, 114, 116, 124-126, 128,
　　130, 131, 133, 137, 141-144, 151, 153, 155,
　　156, 158, 166-168, 170-175, 206, 219, 220,
　　222-225, 247, 252, 256, 258-261, 266,
　　270-274, 277, 279, 280, 283, 297, 302
生存権　22, 28, 127, 276, 277, 279, 284, 286
生命保険　80, 117, 120, 121, 256, 257, 260,
　　　　　288-290
セイント・クリストファーズ・ホスピス
　　　　　234, 235
世界銀行　　　　　　　242, 301
世界経済フォーラム　　　　　　22
世界人権宣言　　　　　　　　277
世界保健機関（WHO）　148, 193, 217
世襲　　　　　　　　　　14, 17
戦争（国家）29, 93, 95, 134-140, 219, 281,
　　　　　298
選択（の自由）　16, 30, 60, 65, 82, 120, 157,
　　159, 160, 163, 164, 196, 200, 202, 205, 240,
　　241, 268, 269, 282

選別（主義）　　50, 54, 99, 171
専門医　　　194, 195, 226, 230

ソ

ソーシャル・ワーカー　178, 180, 186, 188,
　　197, 206, 212, 223, 226, 264-266
葬儀／葬祭　　　　118-120, 122
相互扶助　57, 60, 89, 92, 93, 107, 224,
　　　　　225, 287
相互保険　　　　　　　　　142
損害保険　　　256, 257, 288, 289

タ

ターミナル・ケア　　　234, 237
ダーレンドーフ（Dahrendorf, Ralf）　82
退院計画　　　　　　　　　270
第三世界　　　　　　　　75, 296
第三の道　　　　　　　　　241
退職（後）　18, 21, 125, 129, 158, 162-164,
　　　　　183, 224, 251, 271, 285, 291
代替医療　　　　　　　　　236
竹内真人　　　　　　　　　138
竹内幸雄　　　　　　　84, 139
多元性　　　　　　　　298, 299
タバコ　　26, 27, 47, 112, 296, 302
多様性　　　34, 54, 282, 298, 299

チ

地域医療（福祉サービス）191-193, 197,
　　　　　216
地域開発　　　　　　　　　222
地域社会　89, 90, 118, 159, 160, 166, 179,
　　180, 182, 188, 191, 193, 194, 205, 206, 224,
　　228, 230, 264, 266-268, 282, 288
地方創生　　　　　　　　　166
チャタム卿（Lord Chatham）　292
チャーチル（Churchill, Winston）220
駐車違反取締員　　　　　　　43
中華料理　　　　　　　　44, 45
長期入院患者用病院　　　　　227
直接性　　　　　　　　299, 300
賃金　37, 41, 45, 93, 96, 97, 100, 104, 106-
　　108, 115, 116, 118, 121, 126, 127, 134, 141,

142, 144, 157, 168, 221, 229, 277, 286

ツ

通院患者送迎車　216
通所介護　160

テ

デイ・ケア／デイ・サービス　225, 267
ディケンズ（Dickens, Charles）　101, 219, 247
帝国主義　84, 110, 138, 139
テュートリアル　64
電信柱　110, 112

ト

トインビー（Toynbee, Arnold）　101
道路交通規則　24
図書館　69, 75, 76, 78, 226
ドン　67

ナ

ナイティンゲイル（Nightingale, Florence）263
中村止直　292, 302
ナショナル・ミニマム／国民的最低限
3, 104, 110, 130, 141–146, 148–155, 164–166, 168, 169, 172–175, 219, 225, 261, 277, 286
難民の地位に関する条約　277

ニ

ニーズ　21, 22, 38, 79–81, 97, 117, 119, 130, 132, 156–161, 164, 180, 188, 193, 199–202, 204, 206, 207, 211, 212, 229, 235, 251, 253, 255, 260, 267–270, 275, 290
日本語／日本人　14, 18, 19, 21, 36, 44, 56, 66, 71, 83, 183, 189, 214, 222, 232, 257, 260–262, 271, 277, 278, 290, 292, 294, 297–301, 305, 307, 308
任意保険　130, 153

ネ

年金（制度／保険）18, 21, 22, 27, 109, 121,

124, 125, 155, 157, 158, 164, 168, 189, 191, 213, 219, 223–225, 233, 258, 269, 276, 284, 285, 291, 305

ノ

ノーマライゼイション　111
農業革命　95
農業社会　89
野口みずき　310
野村泰之　242, 293

ハ

パーカー（Parker, Julia）　83
ハーゲンブック（Hargenbuch, Walter）154
ハート（Hardt, Dale）　245, 248
バーネット夫妻（Barnett, Samuel and Henrietta）　102
排除　35, 100, 120, 126, 163, 171, 225, 251, 262, 279, 295, 305
博物館　19, 72, 111, 226, 304
バス　24, 32, 33, 185, 214, 216
発展途上国　26, 242, 296
バトラー（Butler, Jenny）　250
パブ（Pub）　28, 30, 31, 71, 111, 253
パブリック・スクール（Public School）30, 50, 51, 71
バリア・フリー　111, 253
ハリス（Harris, Jose）　154, 175
バルー／バルウ（Barou, N）118, 119, 139
パンゲ（Pingue, Maurice）　138, 140
バンティング　72

ヒ

ビール　46, 253
非開放性　171, 297, 298
ピグー／ピグウ（Pigou, A C）　148–150, 153, 164, 174
ビスマルク（Bismarck, Otto Eduard Leopold von）　124
評価 1, 22, 24, 39, 54, 60, 116, 119, 122, 133, 147, 160, 161, 199–205, 207, 261, 262, 265–267, 270, 276, 289, 297

平等／不平等　14, 16, 18, 21, 22, 28, 43, 54, 81, 129–133, 148, 162–164, 169, 171, 172, 207, 252, 276, 277, 280, 283

平賀源内　57

平田冨太郎　295, 302

平塚らいてう　21, 47

ヒルティ（Hilty, Carl）　63, 86

貧困（化／者）／貧乏　3, 14, 26, 27, 32, 40, 49, 92, 96, 98, 101, 102, 109, 110, 115, 124, 127, 135, 156, 166, 172, 188, 190, 219, 220, 233, 279, 283–286, 296, 300, 301

貧困線／貧乏線　109, 233

フ

ブース（Booth, Charles）109, 124, 125, 219

ファウラー（Fowler, Norman）　157, 269

フェア・プレイ　306

フェイビアン　110, 153

フェロー　67–69, 73, 197, 240

フォンティン（Fontein, J）　19

福沢諭吉　257, 274, 275, 300, 301

福祉（サービス／施設／政策／制度）　28, 65, 130, 205, 223, 255

福祉国家／福祉社会　28–30, 37, 84, 95, 110, 116, 128, 133, 134, 153, 155, 157, 159, 169, 175, 219, 220, 225, 242, 247, 269, 277, 279, 293, 302

フレミング（Fleming, Alexander）　210

ブローディ（Brody, Howard）　245, 248

浮浪者（取締）法　95

分業　91, 252

ヘ

閉鎖性　171, 297, 298

ベバリジ（ベヴァリジ）（Beveridge, William）　119, 128–130, 139, 140, 150, 151, 153–157, 164, 165, 169, 174, 220, 224, 269

ベルキン（Belkin, Lisa）　245, 248

偏見　16, 33–36

ホ

ボーア戦争　219

ポーター　69

ホームズ（Holmes, Kelly）　311

ホーム・ヘルプ　159

ホームレス　223, 247, 250

包摂　14, 170, 171, 175, 225, 282, 300

ボドリー図書館　75

防貧　125

訪問介護／訪問看護　159, 160

訪問看護師　179–181, 184, 197, 230, 266

保険料　21, 33, 81, 117, 119, 121, 127, 128, 152, 171, 252, 257, 259, 268, 280, 285

補償（制度）　105, 289

ホスピス　219, 234–239

堀田一吉　231, 233

ボランタリー　84, 161, 179, 185, 188–190, 192, 200, 206, 223, 224, 227, 228, 252, 265, 274

ホルゼイ（Halsey, A H）　36

マ

埋葬保険　119, 120, 122

マーシャル（Marshall, Alfred）　144–148, 153, 164, 173

マクファーレン（Macfarlane, Alan）　89, 138

マクブライア（McBriar, A M）　153, 174

松下圭一　166

マルクス（Marx, Karl）　106, 153

マルサス（Malthus, Thomas Robert）　101

ミ

三浦綾子　241

看取り方　239

ミル（Mill, John Stuart）　83

民営化　43, 156, 206, 221, 259

民族　14, 16, 34, 38–40, 43, 44, 48, 73, 146, 207, 235

ム

無料　19, 20, 31, 261, 262, 266, 304

メ

明確性　299, 300

メイヒュー（Mayhew, Henry）　101

モ

燃え尽き症候群　246
森嶋通夫　84
モリス（Morris, William Richard）　84
モンテスキュー（Montesquieu, Charles-Lou-
　is de）　172, 176

ユ

友愛（組合）　54, 84, 92, 107
郵便局　120, 121
ゆとり　18, 111, 164, 189, 262, 304, 307
ユニバーサル・デザイン　253

ヨ

余暇　28, 141, 144, 145, 277

ラ

ラウントリー（Rowntree, Benjamin See-
　bohm）　109, 110, 220
ラドクリフ（Radcliffe, Paula Jane）　306,
　310, 311
ランドル（Randle, John H）　214

リ

リカード（Ricardo, David）　101
リハビリテーション（サービス）　130, 152,
　169, 238
理性　60
理念　22, 29, 96, 102, 107, 110, 127, 131, 144,
　159, 164, 166, 171, 209, 252, 255, 267, 272,
　278, 281, 282, 287, 288, 296, 305, 314

ル

ル・カレ（Le Carré, John）　179, 218

レ

レジデンシャル・ホーム　159
レックス（Lex, J）　36
劣等処遇の原則　99, 100
レノックス（Lenox, John C）　240, 241
連携／連帯　170, 225, 230, 287

ロ

ローズベルト（Roosevelt, Franklin Delano）
　128
老朽化　209, 211, 221
老後　18, 21, 125, 162-164, 180, 183, 224,
　232, 233, 271, 291
老人ホーム　17, 99, 159, 161, 179, 186, 200,
　211, 224-228, 231-233, 235, 246, 268
労働権　45, 101, 277
労働組合　37, 92, 97, 103, 106, 110, 123, 124,
　134, 142, 144, 153, 170, 205
労働災害補償保険（労災保険）　285
労働時間　19, 89, 91, 96, 97, 106, 142,
　143, 145, 149
労働条件　18, 96, 104, 106, 123, 142, 165,
　171, 236, 264
労働生産性　167, 169, 252, 259
労働保護（立）法　91, 96, 103
老齢年金　125
ロブソン（Robson, W A）　133, 140
ロレンス（Lawrence, T E）　13, 47
ロンドン（London, Jack）　141, 172
論理性　299, 300

●著者略歴

真屋　尚生（まや・よしお）

　1968年　慶應義塾大学商学部卒業：1973年　同大学院商学研究科博士課程満期退学：1992年　同大学より博士号（商学）取得。日本大学商学部専任講師、助教授を経て、1983年　教授（2015年　定年退職）。専門は社会保障思想と保険理論。

　現在：日本大学名誉教授、日本保険学会名誉会員：公益財団法人年金融資福祉サービス協会理事長、公立学校共済組合審査会会長、日本年金機構運営評議会委員、一般社団法人全国年金受給者団体連合会副会長、公益財団法人辻国際奨学財団評議員ほか。

　この間、Visiting Researcher, St Antony's College and the Department of Social and Administrative Studies, Honorary Visiting Research Fellow, the Department of Public Health, Visiting Fellow, Green College, and Visiting Research Fellow, the Oxford Institute of Ageing, the University of Oxford, 日本大学本部学務部長、慶應義塾大学・横浜市立大学の講師、日本保険学会理事・日本経済学会連合評議員、厚生省中央社会福祉審議会委員、財務省独立行政法人評価委員会委員、農林水産省農林漁業保険審査会漁業共済保険部会部会長、財団法人社会福祉振興・試験センター（厚生省）社会福祉士試験委員ほかを歴任。

　主な著書：『保険理論と自由平等』東洋経済新報社（吉村記念厚生政策研究助成基金吉村賞受賞）、『節約と浪費—イギリスにおける自助と互助の生活史—』慶應義塾大学出版会（翻訳）、*Health and Welfare*, University Research Center, Nihon University（編著）、『保険の知識』日本経済新聞社、『学び心　遊び心—古典／名著／傑作／快作　と　人生／教育／社会／経済—』慶應義塾大学出版会、『社会保護政策論—グローバル健康福祉社会への政策提言—』慶應義塾大学出版会（編著）ほか多数。

不思議の国イギリスの福祉と教育
　　——自由と規律の融合——

■発　行——2021年3月19日
■著　者——真屋尚生
■発行者——中山元春
■発行所——株式会社芦書房　　〒101-0048　東京都千代田区神田司町2-5
　　　　　　　　　　　　　　　電話 03-3293-0556／FAX 03-3293-0557
　　　　　　　　　　　　　　　http://www.ashi.co.jp

■印　刷——モリモト印刷
■製　本——モリモト印刷

ISBN978-4-7556-1315-9 C0036